Das Mittelalter

Herausgegeben von
Nicky Born

Dein Online-Angebot zum Lehrwerk findest du hier:
www.cornelsen.de/webcodes

Forum Geschichte

Band 6 wurde erarbeitet von:
Nicky Born, Hans-Joachim Cornelißen, Christine Fuchs, Tim Lodemann, Marko Schulz, Josephine Storch, Stefan Weißhampel, Andreas Zodel

Redaktion: Andreas Holy
Bildassistenz: Franziska Becker, Berlin
Grafik und Illustrationen: Erfurth Kluger Infografik GbR, Berlin; Hans Wunderlich, Berlin
Karten: Carlos Borrell Eiköter, Berlin
Technische Umsetzung: zweiband.media, Berlin
Layoutkonzept und Umschlaggestaltung: Ungermeyer – grafische Angelegenheiten, Berlin
Umschlagbild: Blick auf die Ruine von Corfe Castle in Dorset, Großbritannien, aufgenommen durch einen mittelalterlichen Pranger, Foto von Graham Horne/Corbis, 2012

www.cornelsen.de

1. Auflage, 1. Druck 2017

Alle Drucke dieser Auflage sind inhaltlich unverändert und können im Unterricht nebeneinander verwendet werden.

Druck: Mohn Media Mohndruck, Gütersloh

ISBN 978-3-06-065664-6 (Schülerbuch)

ISBN 978-3-06-065665-3 (E-Book)

1 Die Dreiteilung der Mittelmeerwelt

2 Machtausübung im Mittelalter

3 Mittelalterliches Leben auf dem Land

4 Leben in der mittelalterlichen Stadt

5 Fachpraktikum: Die Geschichte mittelalterlicher Städte untersuchen

Anhang

Umschlag

So arbeitest du erfolgreich mit Forum Geschichte

Hier bekommst du einige Hinweise, damit du dich in diesem Buch gut zurechtfindest: wie die Kapitel aufgebaut sind, was die unterschiedlichen Farben bedeuten oder welche Texte, Materialien und Aufgaben es gibt.

Fragen stellen und sich orientieren

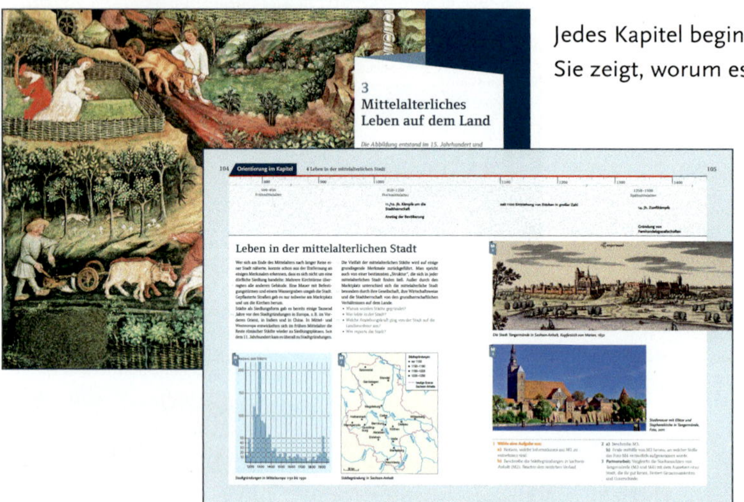

Jedes Kapitel beginnt mit der **Auftaktseite**. Sie zeigt, worum es in dem Kapitel geht.

Auf der **Orientierungsseite** erfährst du mehr: Die Zeitleiste gibt dir den Zeitraum an, mit dem du dich beschäftigen wirst. Ereignisse, die in dem Kapitel vorkommen, sind fett gedruckt. Die anderen, nicht-fetten Einträge, verweisen auf Ereignisse davor und danach oder auf gleichzeitige Entwicklungen. Die Karte zeigt dir den Raum, um den es geht. Der Text führt dich in das Kapitelthema ein.

Ein Thema untersuchen

94 3 Mittelalterliches Leben auf dem Land

Das Kloster: Ein Ort der Bildung

Wenn du z. B. für ein Referat Informationen benötigst, kannst du diese im Internet, in Büchern oder Zeitungen recherchieren, wo du Quellen und Darstellungen finden kannst. Im Mittelalter gab es keine vergleichbaren Informationsangebote. Nur wenige Menschen konnten lesen und waren deshalb auf mündlich vermittelte Informationen angewiesen. Oft wandten sie sich hilfesuchend an die Mönche oder Nonnen eines Klosters.
- *Über welche besonderen Kenntnisse verfügten Mönche und Nonnen?*
- *Wieso wurden die Klöster zu den zentralen Orten des Wissens, der Kultur und der Bildung?*

Klöster als Zentren der Bildung und Kultur
Im frühen Mittelalter übernahmen die Klöster Verwaltungsaufgaben für Könige und Fürsten, denn nur in den Klöstern gab es genügend Personen, die lesen und schreiben konnten. Klöster blieben während des gesamten Mittelalters die einzigen Bildungseinrichtungen. Adlige brachten ihre Kinder für eine gewisse Zeit in Klöstern unter, wo sie Singen und Beten, Lesen und Schreiben sowie Rechnen und Latein lernten.
Andere traten ins Kloster ein, um ihr ganzes Leben dort zu bleiben. Sie wurden dann Angehörigen 1. Standes. Es war in den meisten Adelsfamilien üblich, eines der Kinder „Gott zu weihen". Meist handelte es sich um Söhne, die vom Erbe ausgeschlossen waren und im Kloster wirtschaftliche Sicherheit suchten. Die Quellen berichten auch von adligen Männern, die das brutale Kriegshandwerk des Ritters verabscheuten und die Arbeit und Gelehrsamkeit des Klosterlebens vorzogen. Für Mädchen und Frauen waren Klöster der einzige Ort, sich wissenschaftlich oder künstlerisch zu betätigen. Viele gingen lieber ins Kloster, als zwangsverheiratet zu werden.
Viele Adlige gründeten selber ein Kloster oder stifteten einem Kloster Landbesitz. Die Mönche beteten dann für das Seelenheil des Geldgebers. Durch Stiftungen wurden viele Klöster reich, auch wenn Mönche und Nonnen arm blieben.

Die Klosterbibliotheken: Wissen für die Nachwelt
Klöster wetteiferten darin, antike Schriften aufzufinden und zu erwerben. In den Schreibstuben schrieben Mönche und Nonnen diese Bücher sorgfältig ab oder übersetzten sie. Das Abschreiben eines Buches konnte Monate oder Jahre dauern, denn alles musste mit Federkielen von Hand geschrieben werden. Da es in Nordeuropa noch kein Papier gab, schrieb man auf behandelte Tierhäute, dem Pergament. Dann wurde die Abschrift mit kunstvollen Abbildungen verziert. Die Farben dafür mussten sorgfältig gemischt werden und waren in der Herstellung sehr teuer.

Was wurde in den Klöstern erforscht?
Besonderes Wissen erlangten Mönche und Nonnen in den Bereichen Medizin und Pharmazie. In vielen Klöstern entstanden Bücher zur Kräuterheilkunde, in denen Aussehen und Wirkung von Heilpflanzen beschrieben wurde. Medikamente und die Anweisungen für die Einnahme stellten die Klöster selber her, da ihre Kräutergärten ständig vergrößert und mit neuen Pflanzen ausgestattet wurden.
Daneben entstanden in den Klöstern Schriften über Architektur, Werkzeugherstellung, Landwirtschaft, Viehzucht und Fischzucht. Die Klosterangehörigen wurden daher zu Fachleuten, die bei Fragen zu den verschiedensten Dingen des Alltags des Rechts und der Wirtschaft Auskunft geben konnten.

M1
Adlige Eltern bringen ihren Sohn in eine Klosterschule. Buchmalerei, 13. Jh.

95

M2 **Der englische Mönch Beda Venerabilis notierte um 730 n. Chr.:**
Ich, Beda, bin ein Diener Christi und Priester im Kloster zu Wearmouth und Jarrow, das den heiligen Aposteln Petrus und Paulus geweiht ist. Ich wurde in der Nähe des Klosters geboren. Als ich 7 Jahre alt war, übergaben mich meine Verwandten zuerst dem verehrungswürdigen Abt Benedikt und dann dem Abt Ceolfrid zur Erziehung. Von dieser Zeit an habe ich immer in diesem Kloster gelebt. Meine ganze Kraft hat immer dem Studium der Schriften gegolten. Den klösterlichen Lebensregeln und dem täglichen Lobgesang in der Kirche habe ich mich stets gewissenhaft unterzogen. Besondere Freude aber hatte ich am Lernen, Lehren und Schreiben. In meinem 19. Lebensjahr wurde ich zum Diakon, in meinem 30. zum Priester geweiht … Von der Zeit meiner Priesterweihe an bis zu meinem 59. Lebensjahr war ich darum bemüht, aus den Schriften der Kirchenväter zu meiner und meiner Mitbrüder Belehrung Auslegungen der Heiligen Schrift zusammenzustellen oder auch eigene Erläuterungen zum besseren Verständnis hinzuzufügen.
Historia Ecclesiastica Gentis Anglorum, zit. nach Bertram Colgrave & Roger Aubrey Baskerville Mynors (Hg.), Bede's Ecclesiastical History of the English People, Oxford (Clarendon) 1969. Übers. d. Verf.

M3
Vier dominikanische Mönche an ihren Schreibtischen, Fresko, 1342

1 Erläutere anhand des Darstellungstextes und M1 die Bedeutung von Klosterschulen im Mittelalter.
2 Beschreibe am Beispiel des Mönchs Beda (M2), welche (Aufstiegs-)Chancen sich einem Jungen nach der Übergabe in ein Kloster boten.
3 **Methode:** Untersuche M3 mithilfe der Arbeitsschritte „Eine Bildquelle interpretieren" (siehe S. 83).
4 Der Junge Beda (M1) ist inzwischen 13 Jahre alt. Durch einen Brief seiner Eltern weiß er, dass diese sich überlegen, auch seine Schwester Franziska in ein Frauenkloster zu geben. Der junge Mönch entschließt sich, einen Brief an Franziska zu schreiben. Gestalte diesen Brief – du kannst zwischen zwei Briefanfängen wählen:
„Liebe Franziska, das Kloster ist für mich eine Art Paradies …"
„Liebe Franziska, hier im Kloster ist es wie in einem Gefängnis …"
5 **Wähle eine Aufgabe aus:**
a) Klöster waren kulturelle Zentren des Mittelalters. Begründe diese Aussage mithilfe des Darstellungstextes und M1.
b) Erstelle mithilfe des Darstellungstextes eine Mindmap zum Thema „Klöster".
Architektur
Kloster
Medizin

Auf den **Themenseiten** erklärt dir ein kurzer Text unterhalb der Überschrift, um welches Thema es auf der Doppelseite geht. Der Schulbuchtext (= Darstellungstext), die Abbildungen, die blau unterlegten „Quellentexte" oder Begriffserklärungen helfen dir, ein geschichtliches Thema zu untersuchen. Die Arbeitsaufträge sind vielfältig: Oft kannst du eine Aufgabe **auswählen** oder du findest Hinweise zu **Partner- oder Gruppenarbeit**.

Differenzierung: Unterschiedliche Lernwege auswählen

4 Wähle eine Aufgabe aus:
a) Beschreibe das Verhalten der Kreuzritter bei der Eroberung Jerusalems (M1).
b) Fasse das Verhalten der Kreuzritter bei der Eroberung Jerusalems zusammen (Darstellungstext).

Auf vielen Seiten siehst du **„Wähle-aus-Aufgaben"**. Wie der Name schon sagt, darfst du hier **a**, **b** oder **c** auswählen. Die Aufgaben sind unterschiedlich, aber sie beziehen sich auf eine gemeinsame Frage.

2 Arbeite mithilfe des Darstellungstextes und M2 die Erfolge und Misserfolge Ottos I. als Herrscher heraus.
Tipp: Suche in M1 auf S. 46, wo Ungarn liegt.

Bei manchen Aufgaben findest du **Tipps** zur Lösung. Nutze sie, wenn du möchtest.

Zusatzaufgaben

zu S. 112/113:

M1
In einer Chronik aus dem Jahr 1488 wird über den Baubeginn des Ulmer Münsters im Jahr 1377 berichtet:
Sie wählten einen Platz zur Errichtung der neuen Kirche fast im Zentrum und der Mitte der Stadt, wo schon lange ein Badehaus gebaut war mit mehreren anderen Häusern. Diese Häuser kauften die Bürger, rissen sie ab und richteten den Platz her, um die Fundamente zu legen … Als nun auf dem geebneten und gereinigten Platz die Größe, Länge und Breite der zu erbauenden Kirche bezeichnet war, … gruben sie die Fundamente der Mauern bis aufs Wasser und schlugen in den Schlamm Pfähle aus dem stärksten Ulmenholz ein, um darauf die Grundsteine und große Felsblöcke zu legen, die eine so gewaltige Masse tragen sollten … Als nun der Platz zum Fundament bereitstand, kündigten die Werkmeister … an, dass die Fundamente zu legen seien. Da dies das Werk der Ratsherren war, mussten mit Recht die Vornehmeren von ihnen die ersten Steine legen. Sie beabsichtigten nämlich, dieses große Gebäude auf Kosten ihrer Stadt anzufangen, zu vollenden und abzuschließen.
Zit. nach Felix Fabri, Abhandlungen über die Stadt Ulm. In: Ulm-Oberschwaben, H. 13–15, Ulm 1908/09, S. 24 ff.

1 Liste anhand von M1 auf, wer welche Aufgaben bis zur Grundsteinlegung des Ulmer Münsters übernahm und ausführte.

Wenn du dich für weitere Aspekte eines Themas interessierst, findest du manchmal **Zusatzaufgaben** im Anhang. Du kannst sie entweder mit den Informationen der Doppelseite oder mit anderen Materialien lösen.

Wähle-aus-Seiten

126 Wähle aus 4 Leben in der mittelalterlichen Stadt

Die Hanse – mehr als ein Bund von Kaufleuten?

Noch heute sind Städte stolz darauf, dass sie zu den Hansestädten gehören. Sie zeigen dies auf ihrem Stadtschild (Freie und Hansestadt Hamburg) oder in ihrem Autokennzeichen (HH, HB, HL, HR). Die „Hanse" war ein mächtiger Städtebund, der im Mittelalter gegründet wurde. Entscheide dich für A oder B und untersuche:*
- *Wie funktionierte die Hanse und was waren ihre Ziele?*

Alltag der Fernhändler
Fernhändler versorgten die Bevölkerung mit Waren und Luxusgütern, die sie auf festen Handelsrouten aus aller Welt nach Europa brachten. Das Leben der Fernhändler bestand aus Reisen. Das war im Mittelalter mühsam, teuer und oft gefährlich, denn Transporte wurden oft überfallen. Die Wege waren nicht befestigt, sodass die Wagen oft umkippten oder bei schlechtem Wetter steckenblieben. Deshalb reisten die Fernhändler, wenn es möglich war, auf Flüssen. Aber auch hier, wie auf den Landstraßen, mussten sie für die Benutzung Zoll bezahlen. Während der oft monatelangen Abwesenheit führten die Frauen das Geschäft zu Hause selbstständig weiter. Wie die Handwerker schlossen sich auch die Kaufleute zusammen: In Gilden vertraten sie ihre Interessen. Die Mitglieder einer Gilde unterstützten sich gegenseitig in Notsituationen.

Gründung der Hanse
Mit der Ausweitung des Handels in Europa seit dem 12. Jahrhundert gewannen für viele Fernhändler die Gilden immer mehr an Bedeutung. Sie wurden zu Fahrtgenossenschaften, in denen die Kaufleute neben ihrer Sicherheit auf Reisen auch ihre Handels- und Gewinnmöglichkeiten verbessern konnten. Aus einer solchen Fahrtgenossenschaft norddeutscher und nordwestdeutscher Kaufleute bildete sich 1358 die Deutsche Hanse*. Dort schlossen sich nicht mehr die Kaufleute selbst zusammen, sondern die Städte, aus denen sie stammten. Zeitweise gehörten 160 Städte zu diesem Städtebund, der von der Hansestadt Lübeck aus geleitet wurde. In Sachsen-Anhalt waren die Städte Magdeburg, Halle, Gardelegen, Osterburg, Salzwedel, Seehausen, Stendal, Werben und Halberstadt Mitglied in der Hanse.

Aufgabe für alle:
Diskutiert, warum eine mittelalterliche Stadt Interesse daran haben konnte, Mitglied der Hanse zu werden.

A

M1
1469 schrieb die Hanse an den englischen Kronrat:
Die Hansa Theutonica [deutsche Hanse] ist … ein festes Bündnis von vielen Städten, Orten und Gemeinschaften zu dem Zwecke, dass die Handelsunternehmungen zu Wasser und zu Land den erwünschten und günstigen Erfolg haben und dass ein wirksamer Schutz gegen Seeräuber und Wegelagerer geleistet werde, damit nicht durch deren Nachstellungen die Kaufleute ihrer Güter und ihrer Werte beraubt würden.
Zit. nach Philippe Dollinger, Die Hanse, 5. Aufl., Stuttgart (Kröner) 1998, S. 549.

M2 *Das Lübecker Stadtsiegel von 1256. Vorn im Schiff steht der binnenländische Kaufmann, der für Fertigwaren aus dem Westen und aus den Niederlanden sorgte, hinten befindet sich der seefahrende Kaufmann, der Rohstoffe aus dem Norden lieferte und die skandinavischen Absatzmärkte erschloss. Die Umschrift lautet: Sigillum burgensium de Lubeke. Durchmesser: 9,5 Zentimeter.*

1 Beschreibe die Probleme der Fernhändler (Darstellungstext).
2 Erarbeite, warum die Hanse gegründet wurde und welche Ziele sie hatte (M1).
3 Erkläre: Welchen Zusammenhang haben die Umschrift und das Bild des Siegels mit dem Begriff der Hanse (M2)?

Wähle aus 127

B

M3 *Handelswege und Waren in Europa um 1400*

1 Beschreibe mithilfe des Darstellungstextes die Probleme der Fernhändler.
2 Vergleiche den Handel mittels Fuhrwerk und Hansekogge (M4).
3 Ein Händler möchte Wolle von Toledo nach Königsberg transportieren. Entwickle einen Vorschlag für eine günstige und schnelle Handelsroute. Berechne, wie lange er jeweils auf dem Land- und Seeweg brauchen würde (M3, M4)?

Hanse
Die Deutsche Hanse war ein Städtebund. Sie vertrat die Interessen der städtischen Fernhandelskaufleute. An zentralen Handelsplätzen Nordeuropas wurden Hansekontore (Stadtviertel mit Lagerräumen und Hafenanlagen) errichtet. Die Hansevertreter verhandelten über Fahrttermine und Ladegüter der großen Handelsschiffe („Koggen") oder sie sprachen mit ausländischen Herrschern über Zollvergünstigungen. 1669 wurde die Hanse aufgelöst.

M4 *Die Kogge, das Handels- und Kriegsschiff der Hanse im 14./15. Jahrhundert, Modellnachbau, 20. Jh. Frachtraum: 200 t, Geschwindigkeit: ca. 9 km/h, 20 Seeleute. Zum Vergleich: Ein Fuhrwerk trug ca. 2 t Last, hatte eine Geschwindigkeit von ca. 2 km/h und benötigte einen Fuhrmann und Bewachung.*

Webcode: FG640232-125
Film: Die Hanse

Historische Fragen lassen sich auf verschiedene Weise beantworten. Auf den orangefarbenen **Wähle-aus-Seiten** kannst du dich für ein Material entscheiden: Traust du dir zu, eine längere Textquelle zu bearbeiten? Oder arbeitest du lieber mit Bildquellen? Interessieren dich Zahlen und Statistiken? Wähle aus, was zu dir passt! Bei einer abschließenden **Aufgabe für alle** könnt ihr trotz unterschiedlicher Lösungswege zu einem gemeinsamen Ergebnis kommen.

Mit Methoden arbeiten

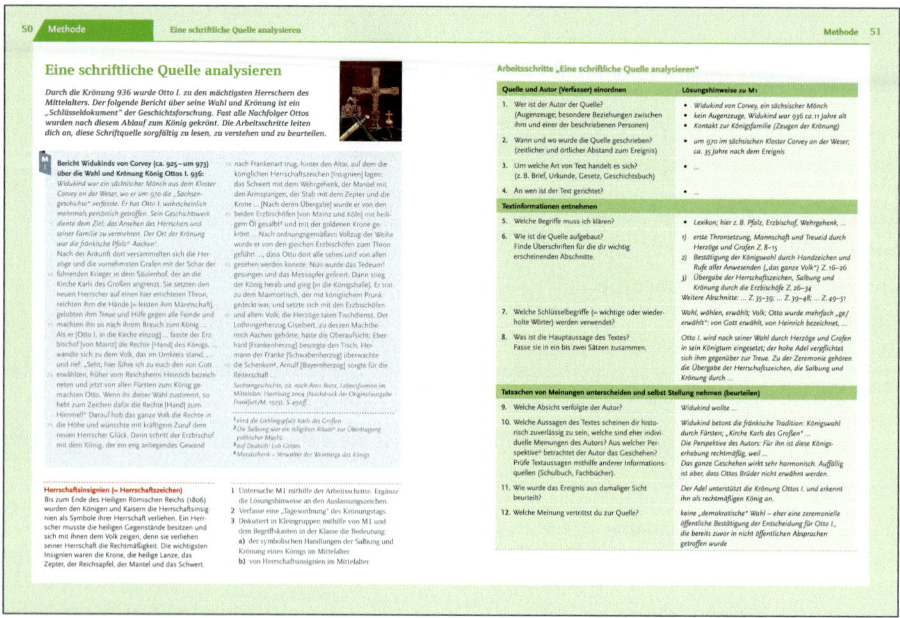

Auf den **Methodenseiten** lernst du, gegenständliche und schriftliche Quellen, Bilder oder Karten fachgerecht auszuwerten. Du findest auch Tipps, wie du Sachtexte gut verstehst. In der grünen Tabelle stehen links die Arbeitsschritte, nach denen du vorgehst. In der rechten Spalte gibt es Lösungshinweise zu dem Beispiel auf der Seite.

Geschichte darstellen und Geschichte heute

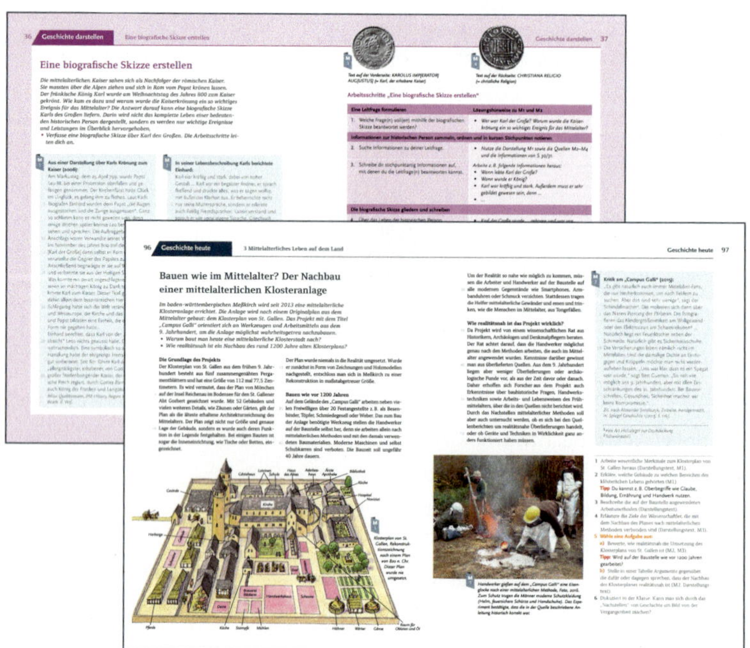

Auf den **Geschichte-darstellen-Seiten** und bei den **Geschichte-darstellen-Aufgaben** lernst du, wie du Ereignisse oder Handlungen aus der Vergangenheit mündlich oder schriftlich darstellen kannst – du lernst, Geschichte zu erzählen.

Auf den **Geschichte-heute-Seiten** und bei den **Geschichte-heute-Aufgaben** untersuchst du, wie heute mit der Vergangenheit umgegangen wird. Welche Spuren haben vergangene Ereignisse bis heute hinterlassen? Wie wird an bestimmte Ereignisse oder Personen erinnert?

Wiederholen und die eigenen Kompetenzen prüfen

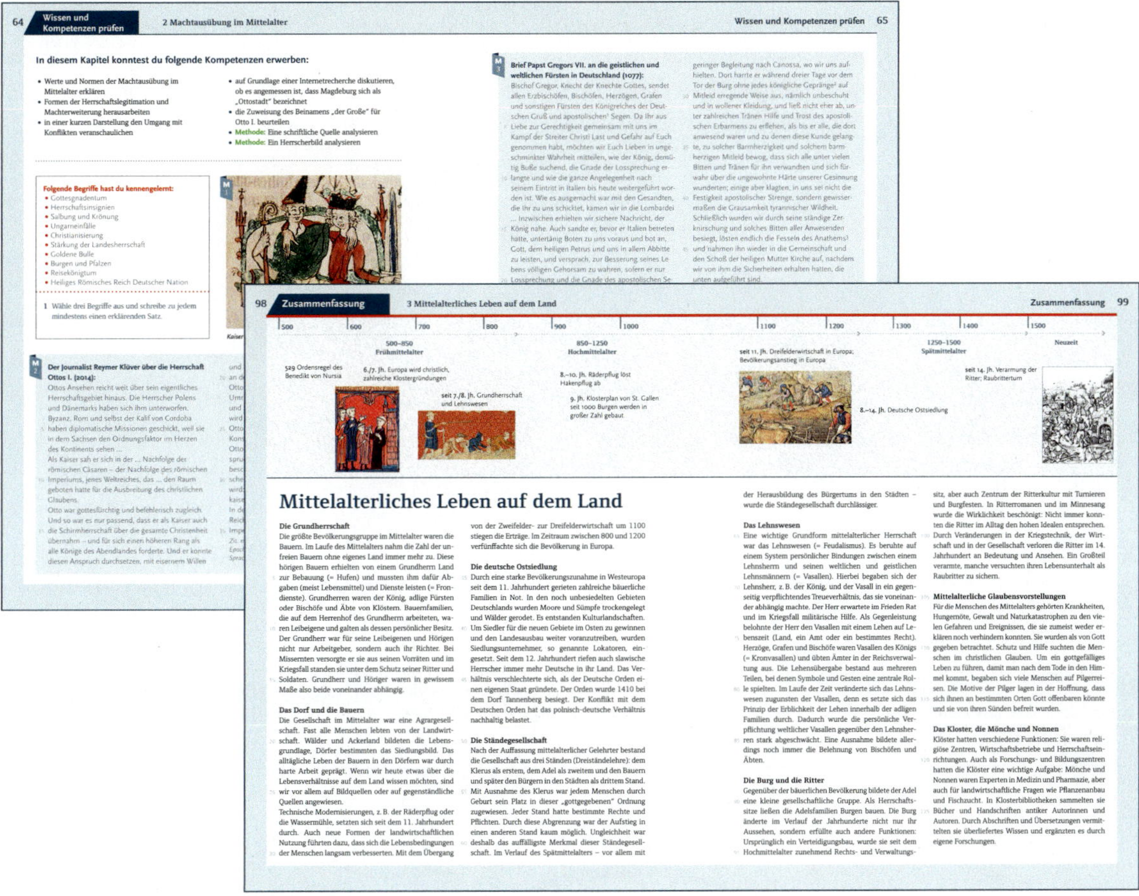

Auf der **Zusammenfassungsseite** am Schluss des Kapitels fasst ein Text den Inhalt noch einmal zusammen. Die Zeitleiste hilft dir, die wichtigsten Daten zu wiederholen. Wenn du wissen möchtest, was du im Kapitel gelernt hast, solltest du die Aufgaben auf der Seite **Wissen und Kompetenzen prüfen** lösen. Falls du mit einzelnen Aufgaben Schwierigkeiten hast, liest du im Kapitel noch einmal nach. Lösungshilfen findest du im Anhang.

Hilfen im Anhang und im Umschlag

Der **Anhang** unterstützt dich bei der Arbeit.
Hier findest du:

- Zusatzaufgaben
- Lösungshinweise zu den Seiten „Wissen und Kompetenzen prüfen“
- ein Lexikon mit Erklärungen schwieriger Begriffe
- ein Register zum schnellen Nachschlagen
- Tipps für Kurzreferate oder Rollenspiele („Unterrichtsmethoden“)

In den **Umschlagklappen** kannst du die „Operatoren“ nachschlagen, die in den Arbeitsaufträgen verwendet werden.

Audiovisuelle Materialien

Passend zu diesem Buch gibt es Selbsteinschätzungsbögen, Filme, Kartenanimationen, Tonquellen, virtuelle Museen und Archive im Internet. Du findest sie mithilfe der **Webcodes**, die auf den Schulbuchseiten abgedruckt sind, z. B.
FG656646-035
So geht es:

1. Gehe auf die Seite www.cornelsen.de/webcodes
2. Gib dort den Webcode ein und du findest ein passendes Internetangebot.

1

Die Dreiteilung der Mittelmeerwelt

Nach dem Ende des Römischen Reichs im 5. Jahrhundert kam die Mittelmeerwelt in Bewegung. Auf dem Herrschaftsgebiet der Römer bildeten sich neue Machtzentren heraus. Deren Herrscher gründeten ihre Macht auf den neuen Religionen, dem Christentum und dem Islam.
Die Bildquelle zeigt ein kriegerisches Aufeinandertreffen zwischen Christen und Muslimen im Mittelalter. So wurde die Epoche genannt, die nach dem Zerfall des römischen Weltreichs um 500 begann und um 1500 endete.

Beschreibe die Bildquelle. Warum könnte es zu diesem Kampf gekommen sein?

Aufeinandertreffen von Christen und Muslimen, französische Buchmalerei aus dem frühen 15. Jahrhundert

100 | 200 | 300 | 400 | 500

2. Jahrhundert n. Chr. größte Ausdehnung des Römischen Reichs

3. Jahrhundert n. Chr. Krisen des Römischen Reichs

391 Christentum wird Staatsreligion im Römischen Reich

395 Teilung des Römischen Reichs in ein Ost- und Westreich

498 Taufe des Frankenkönigs Chlodwig

Die Dreiteilung der Mittelmeerwelt

Im 4. und 5. Jahrhundert n. Chr. wurde es immer schwieriger für die römischen Kaiser, ihre Herrschaft durchzusetzen. In den Provinzen stellten sich einzelne Heerführer gegen den Herrscher in Rom, benachbarte Völker wie die Germanen bedrohten die Grenzen des römischen Weltreichs.

Im Inneren führte die Ausbreitung des Christentums zu Veränderungen. Unter Kaiser Theodosius wurde das Christentum um 391 zur Staatsreligion erhoben. Gleichzeitig wurden alle anderen Religionen verboten. Damit wollte Theodosius seine Herrschaft sichern.

Die zweite neue Religion, die auf dem Boden des ehemaligen römischen Weltreichs entstand, war der Islam. Er breitete sich seit dem 7. Jahrhundert von der arabischen Halbinsel über Nordafrika bis Südeuropa aus, nach Osten bis an die Grenzen Chinas. Daneben gab es noch die dritte und älteste Religion, das Judentum. Die Juden lebten in der römischen Provinz Judäa. Sie wurden von den Römern vertrieben und siedelten sich in verschiedenen Teilen der Welt an.

Um 700 waren drei neue Machtzentren entstanden: das christlich geprägte Byzantinische (Oströmische) Reich mit der Hauptstadt Konstantinopel, die islamischen Reiche sowie in Westeuropa das ebenfalls christliche geprägte Frankenreich. Die Verbindung von Herrschaft und Religion war ein wichtiges Merkmal des Mittelalters.

Am Ende des Kapitels kannst du folgende Fragen beantworten:

- Warum kam es nach dem Zerfall des Römischen Reichs zur Dreiteilung der Mittelmeerwelt?
- Welche neuen Reiche entstanden auf dem Gebiet des antiken Römischen Reichs?
- Wie beeinflussten die Religionen Herrschaft und Gesellschaft am Ende der Antike und im frühen Mittelalter?
- Wie war das Verhältnis zwischen den neu entstandenen Reichen?

M 1

Die Machtzentren der Mittelmeerwelt um 750 n. Chr.

600	700	800	900	1400	1500

622 Übersiedlung Mohammeds von Mekka nach Medina (Hedschra)

6. Jh. Blütezeit des Byzantinischen Reichs unter Kaiser Justinian

seit 661 islamische Herrscher in Damaskus, Bagdad und Córdoba

800 Kaiserkrönung Karls des Großen in Aachen

1453 Eroberung von Konstantinopel durch die Türken

1492 Fall des letzten islamischen Königreichs Granada in Al-Andalus

M 2

Hagia Sophia (griechisch Ἁγία Σοφία „heilige Weisheit", türkisch Ayasofya) in Istanbul/Konstantinopel, Foto, 1986. Das Bauwerk war viele Jahrhunderte die größte christliche Kirche der Welt. 1453 wurde die Hagia Sophia zur Moschee und ist seit 1932 Museum.

M 3

Die Taufe Chlodwigs I., Buchmalerei, 14. Jh. Chlodwig (482–511), der König des germanischen Stammes der Franken (in der Mitte) ließ sich vermutlich im Jahr 498 n. Chr. taufen. Vor einer Schlacht soll er den Gott der Christen erfolgreich um Hilfe gebeten haben. Aus Dank ließ er sich taufen und übernahm den christlichen Glauben.

M 4

Übersetzerschule in der königlichen Bibliothek von Bagdad, arabische Buchmalerei (Ausschnitt), 13. Jh. Die islamischen Herrscher ließen griechische und römische Schriften aus Medizin, Naturwissenschaften und Philosophie ins Arabische oder Persische übersetzen.

1 Untersuche die Karte M1. Welche neuen Reiche sind entstanden?

2 a) Beschreibe M2–M4 und ordne die Bilder den neuen Reichen zu.

b) Nenne die Religionen in den drei Reichen.

Warum zerfiel das Römische Reich?

Ab dem 3. Jahrhundert n. Chr. geriet das Römische Reich in eine Zeit andauernder innen- und außenpolitischer Krisen. Zum einen entwickelte sich die christliche Kirche durch die Ausbreitung des Christentums zu einer neuen Macht im Reich. Zum anderen kostete die Verteidigung der Grenzen des Reichs vor äußeren Angriffen viel Geld, was zu einer Wirtschaftskrise führte.

- ***Untersuche weitere Gründe für den Untergang des Römischen Reichs.***

M 1

Skulptur der vier Kaiser Diokletian, Maximian, Galerius und Constantius Chlorus aus der Zeit der Vierkaiserherrschaft, Anfang 4. Jh. n. Chr. Die Skulptur ist in die Außenfassade des Markusdoms in Venedig eingefügt.

Bedrohung der römischen Herrschaft

Im 3. Jahrhundert drangen germanische Stämme von Norden ins Römerreich ein. Der Limes* musste aufgegeben werden. Im Osten erlitten die Römer schwere Niederlagen. Die Verstärkung der Grenzbefestigungen und der Unterhalt des Heeres verschlangen so gewaltige Summen, dass die Steuern für Handel, Gewerbe, Bauern und Wohlhabende drastisch erhöht wurden. Dadurch erlahmte das Wirtschaftsleben. Keiner der Kaiser fand eine Lösung, es fehlten neue Ideen für die Verbesserung der Verwaltung. Die Befehlshaber der römischen Armeen an den Grenzen erlangten zunehmende Macht und wurden von ihren eigenen Soldaten zu Kaisern ausgerufen. Zwischen 234 und 284 regierten 22 solcher „Soldatenkaiser".

Kaiser Diokletian versuchte 285 durch die Einführung einer Viererherrschaft (Tetrarchie) die staatliche Ordnung wiederherzustellen. Vier Herrscher regierten von den vier neuen Hauptstädten Trier, Mailand, Thessaloniki und Nikomedia (heute Izmit/Türkei) aus, um näher an den Konfliktherden zu sein. Ihr Nachfolger, Konstantin (324–337 n. Chr.), gründete auf den Mauern der griechischen Stadt Byzanz an der Meerenge zwischen Europa und Asien eine neue Hauptstadt und nannte sie Konstantinopel. Im Jahre 395 kam es unter Kaiser Theodosius zur Teilung in das lateinische Weströmische Reich und das griechisch geprägte Byzantinische (Oströmische) Reich.

Die Wanderbewegungen

Um 375 tauchte im Osten Europas das Nomadenvolk der Hunnen auf. Als hervorragende Reiter und Bogenschützen waren sie gefürchtete Krieger. Die Hunnen lösten eine Reihe von Wanderbewegungen germanischer Völker aus, ehe sie sich in den Ebenen des heutigen Ungarn niederließen. Lange Zeit waren die Historiker der Ansicht, dass ganze Völker mit Pferd und Wagen auf der Suche nach einer neuen Heimat unterwegs waren („Völkerwanderung"). Die moderne Forschung betrachtet viele dieser Wanderungen nur noch als mythische Erzählungen späterer Zeiten. Unbestritten ist jedoch, dass es größere Wanderungsbewegungen gab. Die Gründe dafür waren vermutlich Verdrängung durch andere Völker, Ernährungsprobleme durch Klimaveränderungen und die Nachrichten über günstigere Lebensbedingungen im Römischen Reich.

Römer und Germanen

410 eroberten die Westgoten Rom und zogen weiter. Das Ende des Weströmischen Reichs war um 500 gekommen, als ein Germanenfürst den letzten römischen Kaiser Romulus Augustulus absetzte. Die Römer mussten sich

nun einer kleinen Führungsschicht von Germanen unterordnen. Die an Dorf- und Stammesgemeinschaften gewohnten Germanen übernahmen die funktionierende römische Verwaltung und brauchten dazu römische Experten. Römer und Germanen lebten nach eigenem Recht mit eigenen Richtern. Ehen zwischen Römern und Germanen waren verboten.

Im Laufe der Zeit nahmen die Germanen die römische Kultur und das römische Rechtswesen an. Auch das Christentum breitete sich unter den Germanen aus.

M 2

Germanische Heerzüge und Reiche auf römischem Gebiet im 5. Jahrhundert n. Chr.

1 Schreibe mithilfe der folgenden Sätze eine eigene zusammenfassenden Darstellung:
Auf die Bedrohungen von außen reagierten die römischen Kaiser durch …
Schließlich wurde das Reich geteilt in …
Das Auftauchen der Hunnen erzeugte …
Nach der Eroberung Roms lebten Römer und Germanen …
Der Begriff Völkerwanderung ist unzutreffend, weil …

2 Erläutere, was die Skulptur (M1) über die Herrschaftsverhältnisse im Römischen Reich aussagt.

3 a) Arbeite aus der Karte M2 die Zahlenverhältnisse von Römern und Germanen (West- und Ostgoten, Wandalen) heraus.
Tipp: Die Zahlen der Römer findest du in der oberen Legende.
b) Begründe mithilfe des Darstellungstextes und M2, warum es trotz dieser Zahlenverhältnisse zum Untergang des Weströmischen Reichs kam.

Byzanz – neue Hauptstadt im Osten

Eine bedeutende Sehenswürdigkeit der türkischen Stadt Istanbul ist eine riesige christliche Kirche aus dem 6. Jahrhundert: die „Hagia Sophia" (siehe S. 13). Sie wurde gebaut, als Istanbul noch Byzanz oder Konstantinopel hieß und Hauptstadt des Byzantinischen (Oströmische) Reichs war.

- ***Warum ließen die byzantinischen Kaiser ihre Hauptstadt so prächtig ausbauen?***

M 1

Der byzantinische Kaiser Justinian I. mit seinen Beratern am Hof, Mosaik in der Kirche San Vitale in Ravenna, um 547. Links auf dem Schild ist das Christogramm zu sehen. Die griechischen Buchstaben X (CH) und P (R) sind die Anfangsbuchstaben von Christus.

Merkmale des Byzantinischen Reichs

Um 500 musste sich zwar das Weströmische Reich dem Ansturm der Germanen geschlagen geben, die andere Hälfte des Römerreichs, das Byzantinischen (Oströmische) Reich, bestand aber noch fast 1000 Jahre weiter. Das Oströmische Reich wird auch Byzantinisches Reich, nach der Stadt Byzantion (ab 337 Konstantinopel, heute Istanbul), genannt. Die Herrscher des Byzantinischen Reichs sahen sich in ihrem Selbstverständnis als einzig legitimer (= rechtmäßiger) Nachfolger des römischen Imperiums. Sie beanspruchten daher auch die Herrschaft über die westlichen Gebiete, die jetzt von Germanenvölkern regiert wurden.

Ein bedeutender Kaiser in Konstantinopel war Kaiser Justinian (482–565). Innerhalb von 20 Jahren gelang es ihm, große Gebiete in Nordafrika und Teile Italiens für das Byzantinische Reich zurückzuerobern. Viele Gebiete gingen allerdings unter seinen Nachfolgern wieder verloren.

Das Byzantinische Reich war ein eigenständiges Herrschaftsgebiet mit einer eigenen Kultur, die griechisch geprägt war und in der Traditionen der römischen und vor allem der griechischen Antike weiterlebten. Die hohen Posten in Politik und Verwaltung übten Griechen aus. Da die Mehrheit der Bevölkerung die griechische Sprache verstand oder als Muttersprache hatte, war Griechisch die „Amtssprache".

Byzanz – ein „zweites Rom"?

Die Lage Konstantinopels war ideal: an der Verbindung von Europa und Asien, zwischen Mittelmeer und Schwarzem Meer, am Treffpunkt wichtiger Handelswege. So verwundert es nicht, dass die Stadt bald zu ungeheurem Reichtum gelangte und zur größten Stadt des frühen Mittelalters wurde.

Prunk und Luxus prägten auch das Leben am Kaiserhof. Ein strenges Hofzeremoniell, das beispielsweise von einem Besucher das dreimalige Niederknien und das Küssen der kaiserlichen Füße forderte, spiegelte die außerordentliche Machtstellung des Kaisers wider, der sich als Auserwählter Gottes sah. Er war oberster Richter, Befehlshaber des Heeres und Gesetzgeber. Als Schutzherr des Christentums beanspruchte er auch in kirchlichen Fragen die höchste Entscheidungsgewalt. Die Kaiser sorgten für den glanzvollen Ausbau der Stadt durch gewaltige Verteidigungsmauern, riesige Paläste und prächtige Kirchen: Konstantinopel wurde ein „zweites Rom".

Der bedeutendste Bischof der oströmischen Kirche war der Patriarch* von Konstantinopel. Er stritt mit dem Bischof in Rom, der heute noch den Titel „Papst" trägt, wer die Führungsrolle unter den Christen besaß. Ost und West lebten sich in Glaubensfragen auseinander. Im Jahre 1054 kam es zur Trennung in die orthodoxe Kirche unter Leitung Konstantinopels und die katholische Kirche unter Leitung Roms. Diese Trennung gibt es bis heute.

M 2

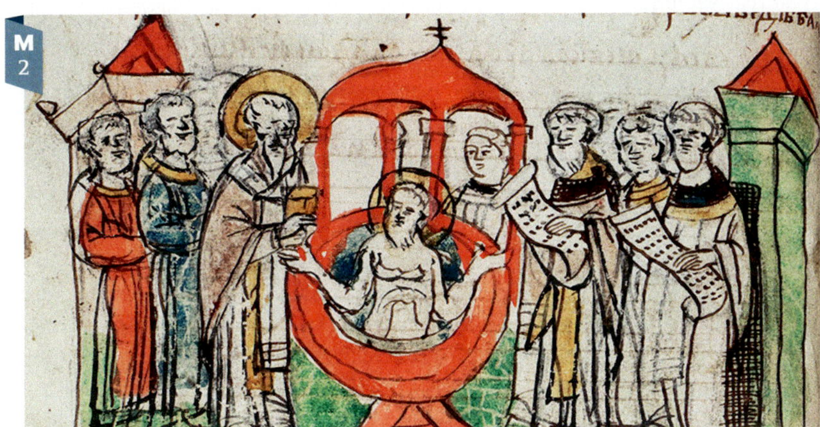

Bekehrung und Taufe des Großfürsten Wladimir von Kiew (in der heutigen Ukraine) 988, Illustration in einer Kiewer Chronik, 13. Jh. Von Byzanz aus missionierten die beiden Brüder Kyrill und Method viele Völker in Osteuropa. Mit dem aus dem Griechischen abgeleiteten „kyrillischen" Alphabet schreiben z. B. Russen, Bulgaren, Mazedonen, Serben und Ukrainer noch heute.*

M 3

Essensvorbereitungen in einem Kloster der Mönchsrepublik Athos, Foto, 2013. In Athos in Nordgriechenland hat sich ein winziger Teil des Byzantinischen Reichs bis heute erhalten. Frauen ist der Zutritt verboten.

1 **Methode:** Werte M1 mithilfe der Arbeitsschritte S. 158 aus.
2 Arbeite aus M1 möglichst viele Hinweise
   a) für die „christliche" Begründung der Herrschaft Justinians und
   b) auf die römische Kultur heraus.
3 Beschreibe, über welche Macht der byzantinische Kaiser verfügte (Darstellungstext).
4 Stelle in eigenen Worten dar, wie das Byzantinische Reich entstand. Gehe dabei auf die Unterschiede zu den neu entstandenen Reichen im Westen ein.
5 **Geschichte heute:** Erläutere, welche Spuren Byzanz in anderen Ländern und in anderen Zeiten hinterließ (Darstellungstext, M2 und M3).

Zusatzaufgabe: siehe S. 146

Die Entstehung des Islam

Der Islam ist im Vergleich zum Christentum eine junge Religion. Er entstand im Frühmittelalter, im 7. Jahrhundert nach Christus. Aus dem Arabischen stammend, bedeutet der Begriff Islam „sich hingeben" und „sich Gott unterwerfen". Ein Gläubiger wird Muslim genannt. Heute bekennen sich auf der ganzen Welt etwa 1,6 Milliarden Menschen zum Islam. In Deutschland leben etwa vier Millionen Muslime.

- ***Wo und wie entstand der Islam und was kennzeichnet ihn?***

M 1

Pilger auf dem Innenhof der Großen Moschee mit der Kaaba in Mekka, Foto, undatiert

Mohammed – Prophet des Islam

Der Islam geht auf Mohammed zurück, der 570 in Mekka (im heutigen Saudi-Arabien), einem Ort auf der Arabischen Halbinsel, geboren wurde. Mohammed gilt als Religionsgründer. Er wurde 610 nach eigenen Berichten vom Erzengel Gabriel zum Verkünder (Propheten*) der neuen Religion berufen. Vorher war er als Kaufmann und Karawanenführer tätig und kam auf seinen Reisen mit Christen und Juden in Kontakt. Diskussionen mit den Anhängern dieser monotheistischen Religionen haben ihn stark beeinflusst.

Mekka war zu jener Zeit eine reiche Handelsstadt, die auch als religiöser Ort von zentraler Bedeutung war. Bevor der Islam entstand, verehrten die in der Region um Mekka lebenden Araber als Polytheisten* über 300 Götter. Als Heiligtum war für sie die Kaaba (arab. Würfel) von großer Bedeutung. Dieser schwarze Stein zog zahlreiche Pilger* an, die in der Stadt viel Geld ausgaben. Zum Schutz der Pilger war in Mekka jede Form von Gewalt verboten. Als Mohammed nach der Begegnung mit dem Erzengel Gabriel als Prophet die Lehre von einem einzigen Gott (arabisch Allah), dem Paradies für die Frommen und dem Verderben für alle anderen predigte, zog er sich die Feindschaft einflussreicher Familien Mekkas zu. Sie fürchteten um ihre Einnahmen aus dem Pilgergeschäft.

Mohammed musste aus diesem Grund im Jahr 622 aus Mekka nach Medina flüchten. Dies ist gleichzeitig auch der Beginn der islamischen Zeitrechnung und wird als Hedschra* bezeichnet. Erst 630 kehrte er in seine Heimatstadt zurück. Er ließ die Bilder der vielen Götter in der Kaaba zerstören und machte sie zum Heiligtum des Islam. Die Eroberung von Mekka wurde als „Anstrengung für den Glauben" (arabisch Dschihad*) bezeichnet. Mohammed sah sich als letzten Propheten in einer Reihe, die von Adam über Noah, Abraham, Moses und Jesus reichte. Die unter seinen Nachfolgern aufgeschriebenen Lehren des Koran*, dem heiligen Buch der Muslime, und die überlieferten Aussprüche Mohammeds (Hadithe*) bestimmen seither den Alltag der Muslime in aller Welt.

Religion und Politik des Islam

Mohammed vertrat die Auffassung, dass im Islam Religion und Staat, also weltliche und geistliche Macht, nicht getrennt sein dürften. Bis heute erkennen strenggläubige Muslime eine Trennung von Religion und Staat nicht an. Heute verfahren islamische Staaten aber unterschiedlich: In der Türkei z. B. ist die Trennung von Staat und Religion seit den 1920er Jahren in der Verfassung festgelegt, und jeder Nichtmuslim darf die Moscheen betreten. In Saudi-Arabien z. B. ist der Koran, die Heilige Schrift der Muslime, gleichzeitig das oberste Gesetzbuch. Die Gesellschaft muss der Koran-Auslegung durch die politischen und religiösen Führer des Landes folgen. Auch Nichtmuslime müssen sich strengen Regeln im Alltag unterwerfen. Die Religion Islam ist nicht zu verwechseln mit dem „Islamismus". Islamisten benutzen den Islam und den Koran, um eine politische Ordnung nach ihren eigenen Vorstellungen zu errichten. Einige islamistische Gruppierungen versuchen, dieses Ziel mit Terror und Gewalt zu erreichen.

Die Stellung der Frau

Verglichen mit der Zeit vor Mohammed wurde die Rechtstellung der Frauen sicherer, da nun der Koran verbindliche Grundlage war. Zur Ehe gehörte ein Vertrag, der Rechte, Pflichten, Besitzverhältnisse und das Erbrecht regelte. Die Vorschrift für Frauen, einen Schleier zu tragen, die Mehrehe (Polygamie) und die Abschirmung der Ehefrauen in einem gesonderten Teil des Hauses (Harem) waren keine islamischen Erfindungen. Sie waren im christlichen Byzantinischen Reich und in Arabien vor dem Islam schon lange üblich.

M 2

Mohammed diskutiert mit christlichen Mönchen, persische Buchmalerei, um 1594

M 3

Ein islamischer Gelehrter predigt in einer Moschee vor Männern und verschleierten Frauen, arabische Buchmalerei, 1237

1 Verfasse einen Artikel für die Schülerzeitung, in dem du die Grundzüge des Islam zusammenfasst (Darstellungstext, M1).

2 Stelle die Bedeutung der Kaaba (M1, Darstellungstext) für Muslime dar.

3 **Wähle eine Aufgabe aus:**

a) Erkläre, worüber sich Mohammed mit den Christen austauschen könnte (M2).
Tipp: Nutze den Darstellungstext.

b) Erkläre, warum die Frauen nicht neben ihren Männern sitzen (M3).
Tipp: Nimm die Methode „Bildquelle" auf S. 158 zu Hilfe.

4 Arbeite mithilfe des Darstellungstextes den Unterschied zwischen Islam und Islamismus heraus.

5 Beschreibe die Bedeutung, die eine Pilgerfahrt nach Mekka für das Zusammengehörigkeitsgefühl der Muslime hat (M1).

Wie verbreitete sich der Islam und wie herrschten die Kalifen?

Nach Mohammeds Tod breitete sich der Islam sehr schnell von der Arabischen Halbinsel bis an die Grenzen Chinas und über den gesamten Norden Afrikas bis nach Spanien aus. Die Bezeichnung Kalif leitet sich vom arabischen Begriff chalifa ab, der den Stellvertreter Mohammeds bezeichnet. Sie waren in den entstandenen Reichen politische und religiöse Führer der islamischen Gemeinschaft.

- ***Was waren die Kennzeichen der Herrschaft der Kalifen?***

Webcode: FG656646-020
Kartenanimation: Die Ausbreitung des Islam

M 1

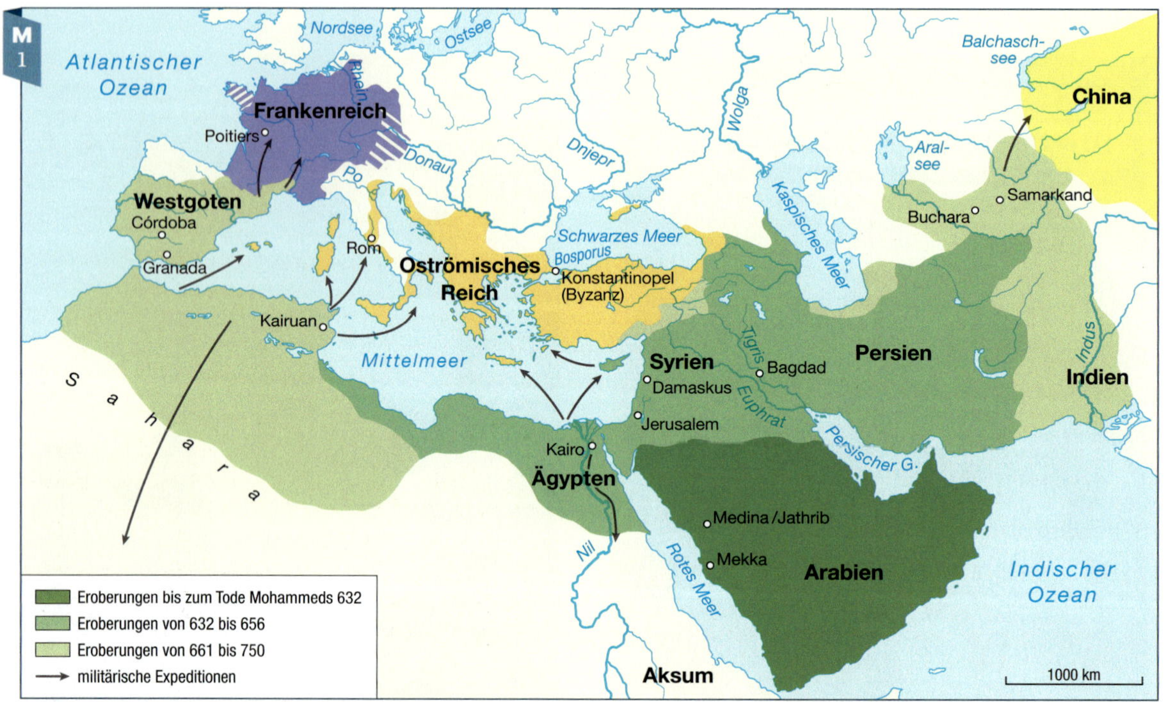

Die Ausbreitung des Islam im 7. und 8. Jahrhundert

Die Verbreitung des Islam nach Mohammeds Tod

Nach Mohammeds Tod übernahm sein Freund und Schwiegervater Abu Bakr (573–634) die Herrschaft über die Gemeinschaft der Muslime. Die Anhänger Mohammeds waren in der Frage der rechtmäßigen Nachfolge uneinig. Dieser Streit verstärkte sich in den folgenden Jahrzehnten und führte zu einer Spaltung des Islam in zwei Lager – das der Sunniten und der Schiiten.

Den nachfolgenden Kalifen gelang es, die Stammeskriege der arabischen Familien zu beenden und sich gemeinsam für die Ausbreitung des Islam einzusetzen. Dies geschah mithilfe von Kriegen. Unter dem Ansturm arabischer Heere brach zuerst das Reich der Perser zusammen. Das christliche Nordafrika wurde islamisiert. Im Jahre 711 überquerten zum Islam übergetretene Berber* die Meerenge von Gibraltar und eroberten Teile der Iberischen Halbinsel (heutiges Portugal und Spanien). In Zentralasien endete die islamische Eroberung 751 nach einer unentschiedenen Schlacht gegen ein chinesisches Heer.

Der Umgang mit den Unterworfenen

Obwohl die islamischen Heere ihre Kriege zur Verbreitung ihrer Religion führten, zwangen die siegreichen Kalifen die Unterworfenen nicht zum Islam. Juden und Christen durften ihre Religionen weiter ausüben, wenn sie eine Sondersteuer zahlten (siehe S. 22) und Benachteiligungen in Kauf nahmen. Widerstand dagegen bestraften die neuen Machthaber allerdings hart. Mancherorts wurden die Eroberer als Befreier von politischer

Unterdrückung begrüßt. Auch wechselten nicht wenige Menschen in den eroberten Gebieten zum Islam. Vor allem ärmere Schichten versprachen sich davon Vorteile.

Islamische Reiche

Zunächst waren Mekka und Medina die Zentren des Islam; bis heute bildet Mekka das religiöse Zentrum für Muslime in aller Welt. Die Herrscherfamilie der Omaijaden* (661–750) machte Damaskus zur Hauptstadt ihres Reichs. Eine blutige Revolte der Familie der Abbasiden* beendete 750 die Omaijaden-Herrschaft. Nun wurde Bagdad zum Zentrum des aus vielen Völkern bestehenden arabischen Weltreichs unter den Abbasiden-Herrschern. Ein einziger Überlebender der Omaijaden-Familie flüchtete aus Damaskus nach Südspanien und legte dort ab 756 den Grundstein für das zukünftige Kalifat von Córdoba. Später beanspruchten nichtarabische Völker, vor allem Perser und Türken, die Vorherrschaft in der islamischen Welt. Trotz des einsetzenden politischen Zerfalls der Großreiche fühlten sich alle Muslime durch den gemeinsamen Glauben an Gott (Allah) und durch das Arabische als Sprache des Korans untereinander verbunden.

Aus einer Rede des ersten Kalifen Abu Bakr vor einem Kriegszug (7. Jh.):

Männer! Zehn Dinge lege ich euch ans Herz, merkt sie euch gut. Betrügt nicht und veruntreut keine Beute. Betreibt keinen Verrat und verstümmelt niemanden. Tötet keine kleinen Kinder, keine alten Männer und keine Frauen. Beschädigt oder verbrennt keine Palmen und fällt keine Frucht tragenden Bäume. Schlachtet keine Schafe, Kühe oder Kamele, es sei denn, ihr braucht sie als Nahrung. Wenn ihr Leute trefft, die sich in die Einsamkeit zurückgezogen haben, lasst sie, damit sie erreichen, was sie erstreben. Wenn ihr auf Leute stoßt, die euch Gerichte unterschiedlicher Art zum Essen vorsetzen, so sprecht den Namen Allahs darüber. Zieht in Gottes Namen los und Gott möge euch vor Schwert und Seuche bewahren.

Zit. nach Bernard Lewis (Hg.), Der Islam von den Anfängen bis zur Eroberung von Konstantinopel, Bd. 1, übers. von Hartmut Fähndrisch, Zürich/München (Artemis) 1981, S. 302.

Auszüge aus dem Koran zum Dschihad:

Sure 2, Vers 218: Diejenigen, die glauben, und diejenigen, die ausgewandert sind und um Gottes willen Krieg geführt haben, dürfen auf die Barmherzigkeit Gottes hoffen.
Sure 2, Vers 190: Und kämpft um Gottes willen gegen diejenigen, die gegen euch kämpfen! Aber begeht keine Übertretung (indem ihr den Kampf auf unrechtmäßige Weise führt)! ...
Sure 4, Vers 74: ... Und wenn einer um Gottes willen kämpft, und er wird getötet ..., werden wir ihm (im Jenseits) gewaltigen Lohn geben ...
Sure 47, Vers 4: Wenn ihr mit den Ungläubigen zusammentrefft, dann haut (ihnen mit dem Schwert) auf den Nacken! Wenn ihr sie schließlich ... niedergekämpft habt, dann legt (sie) in Fesseln, (um sie) später ... auf dem Gnadenweg oder gegen Lösegeld (freizugeben)!

Der Koran. Aus dem Arabischen übertragen von Rudi Paret. Stuttgart (Kohlhammer) 1966.

Sunniten und Schiiten

Unter den Nachfolgern Mohammeds trennten sich die Muslime in Sunniten und Schiiten. Die Sunniten erkannten alle Kalifen als rechtmäßige Führer der Gemeinde an, die Mohammeds Worten und Taten folgten (arabisch sunna = gewohnte Handlung). Sie stellen heute mit 90 Prozent den Hauptanteil der Muslime weltweit. Eine andere Gruppe folgte nur dem Kalifen Ali, einem Schwiegersohn Mohammeds. Aus seinen Anhängern bildeten sich die Schiiten (arabisch schia = Partei). Sie stellen heute im Iran und im Osten des Irak die Mehrheit der Muslime.

1 Untersuche M1 im Hinblick auf die Ausbreitung des Islam nach Mohammeds Tod.

2 Nenne Gründe für die Spaltung des Islam nach dem Tod Mohammeds (Darstellungstext, Begriffskasten).

3 Begründe anhand von M2, warum Abu Bakr seinen Kriegern diese „Regeln“ mit auf den Weg gab.

4 Wähle eine Aufgabe aus:

a) Fasse zusammen, was der Koran zum Kampf für den Glauben erlaubt und verbietet (M3, Begriffskasten).

b) Stelle dar, wann der Koran einen Krieg für gerechtfertigt erklärt (M3, Begriffskasten).

Zusatzaufgabe: siehe S. 146

Al-Andalus: Friedliches Zusammenleben von Religionen, Kulturen und Völkern?

Die südspanische Provinz Andalusien ist heute ein beliebtes Reiseziel. Ihr Name leitet sich von Al-Andalus ab. Das ist das arabische Wort für die Iberische Halbinsel, auf der heute die Länder Spanien und Portugal liegen. Hier gab es im Mittelalter acht Jahrhunderte lang islamische Reiche. An diese Zeit erinnert eine Vielzahl von Bauwerken und Kunstschätzen.

- ***Wie erlangten und festigten die islamischen Herrscher ihre Macht auf der Iberischen Halbinsel?***
- ***Warum konnten dort Muslime, Christen und Juden friedlich zusammenleben und sich so die verschiedenen Kulturen austauschen?***

M 1

Blick ins Innere der Moschee von Córdoba. Sie wurde 786/87 erbaut und in der Folgezeit mehrfach erweitert. Nach der christlichen Eroberung 1236 wurden 63 Säulen aus dem Betsaal herausgebrochen, um eine große Kirche innerhalb der Moschee zu errichten.

Die Entstehung des Kalifats von Córdoba

Im Jahr 711 landeten islamische Truppen aus Nordafrika auf der Iberischen Halbinsel. Hier lebte das christlich geprägte Volk der Westgoten*. Unter ihnen lebten auch Juden. Das Reich der Westgoten brach unter dem Ansturm der islamischen Heere zusammen. Die Bevölkerung der eroberten Gebiete akzeptierte schnell die neuen Herren, da diese keinen Wechsel zum Islam forderten und mehr Wohlstand erwarten ließen. Der einzige überlebende Omaijadenprinz nach der Revolte der Abbasiden (siehe S. 21) gelangte durch eine Flucht aus Damaskus durch Nordafrika bis nach Spanien. Unter seinen Nachfolgern wurde Córdoba mit über 100 000 Einwohnern zu einer der größten Städte der Welt – nur Konstantinopel, Bagdad und Xi'an in China konnten sich mit ihr messen. Unter dem Omaijaden Abd-ar-Rahman III. (889–961) entstand 929 das Kalifat Córdoba. Er und sein Nachfolger sorgten hier für eine Blütezeit. Den Einwohnern Córdobas standen 50 Krankenhäuser, 300 Bäder, 20 öffentliche Bibliotheken und 80 öffentliche Schulen zur Verfügung. Die Straßen waren gepflastert, wurden nachts mit Fackeln erleuchtet und ständig vom Abfall gereinigt.

Religiöse Vielfalt und Kulturaustausch

Wie der Islam waren auch das Christen- und Judentum monotheistisch. Außerdem gab es auch hier eine heilige Schrift – bei den Christen die Bibel und bei den Juden den Tanach*. Die Angehörigen beider Religionen besaßen unter der islamischen Herrschaft einen Schutzstatus und wurden Dhimmi* (Schutzbefohlene) genannt. Für diesen Schutz zahlten sie eine besondere Kopfsteuer. Um diese Steuer zu sparen, traten viele Christen zum Islam über. Einige Christen waren auch vom arabischen Wohlstand und vom Wissen fasziniert. Für die etwa 200 000 Juden bot die islamische Herrschaft in Spanien persönliche Freiheit und die Möglichkeit wirtschaftlicher Entfaltung. Sie arbeiteten als Kaufleute, Architekten, Kunsthandwerker und Berater der Regierung.

Die islamische und jüdische Kultur des 8. bis 10. Jahrhunderts war der Kultur der christlichen Reiche in Westeuropa weit voraus (siehe S. 24/25).

Webcode: FG656646-022
Die Moschee von Córdoba

Die Alhambra (arab. al-hamra = die Rote), Burg, Palaststadt und Regierungssitz islamischer Herrscher in Granada. Erbaut und erweitert in der Zeit vom 9. bis zum 14. Jhd. Sie gilt als Beispiel für die islamische Baukunst in Europa und gehört heute zum UNESCO-Weltkulturerbe.

Der Rechtsgelehrte Abu Yusuf (731–798) schrieb zur Stellung der Dhimmi:

Lass das Land, welches Gott dir als Beute gewährt hat, in den Händen seiner Bewohner, und auferlege ihnen ... die Kopfsteuer ... und verteile sie unter die Muslime. Sie[1] sollen das Land bebauen, denn sie verstehen mehr davon und sind uns darin überlegen. Keiner, weder du noch die Muslime bei dir, darf sie als Beute betrachten und sie verteilen, weil zwischen dir und ihnen Friede geschlossen wurde und du von ihnen, nach Maßgabe ihrer Möglichkeit, Kopfsteuer erhebst ... Wenn du ihnen also die Kopfsteuer auferlegst, so hast du keine Ansprüche gegen sie und keine Rechte über sie. Hast du dir überlegt, was den Muslimen nach uns bliebe, wenn wir sie [als Sklaven] nähmen und sie verteilten? Bei Gott, die Muslime fänden niemanden, mit dem sie reden oder aus dessen Hände Arbeit sie Nutzen ziehen könnten. Die Muslime werden (von der Arbeit) jene(r) Menschen zehren, ... denn sie sind die Diener der Muslime, solange der Islam siegreich ist.

Zit. nach Bernard Lewis (Hg.), Der Islam von den Anfängen bis zur Eroberung von Konstantinopel, Bd. 2, übers. von Hartmut Fähndrich, Zürich/München (Artemis) 1982. Bearb. d. Verf.

[1] *gemeint sind die Nicht-Muslime*

Über den Einfluss des Kulturaustausches in der Landwirtschaft (1999):

In Recemunds[1] Kalender finden wir die früheste Erwähnung einer Reihe von Feldfrüchten, die von den Arabern in Spanien eingeführt wurden: Dazu gehören Reis, Zuckerrohr, Auberginen, Wassermelonen und Bananen. Einige davon waren von Bewässerung abhängig. Der Reis zum Beispiel war eine Spezialität der Gegend um Valencia, wo es bereits hoch entwickelte Bewässerungssysteme gab ... Auch zahlreiche andere neue Feldfrüchte, die Recemund nicht nennt, die aber in anderen Quellen des 10. und 11. Jahrhunderts erwähnt sind, wurden angebaut, so beispielsweise Hartweizen, Baumwolle, Spinat, Artischocken, Orangen, Zitronen und Limonen ... Insbesondere die Bewässerung verlängerte die Vegetationszeit[2] des Jahres – auf gut bewässertem Land kann man ... vier Gemüseernten im Jahr erzielen – und mildert die Abhängigkeit von unvorhersehbaren Faktoren wie dem Wetter.

Zit. nach Richard Fletcher, El Cid, übers. von Martin Pfeiffer, Weinheim u. a. (Beltz Quadriga) 1999, S. 32f. Bearb. d. Verf.

[1] *christlicher Bischof, der die islamische Kultur annahm*
[2] *Zeit, in der die Pflanzen wachsen*

1 Beschreibe die Eroberung der Iberischen Halbinsel durch die islamischen Herrscher (Darstellungstext).

2 Stelle mithilfe des Darstellungstextes, M1, M2 und M4 dar, wie Muslime, Christen und Juden in Al-Andalus voneinander profitierten.

3 Charakterisiere die Stellung von Christen und Juden in Al-Andalus, indem du ihre Pflichten und Rechte in einer Tabelle gegenüberstellst (Darstellungstext, M3).

4 **Partnerarbeit:** Diskutiert die Aussage: „Christen und Juden wurden von den Muslimen toleriert, aber nicht als gleichberechtigt akzeptiert."
Tipp: Haltet Argumente, die dafür und dagegen sprechen, schriftlich in einer Tabelle fest.

5 **a)** Begründe, warum die Moschee in Córdoba heute eine katholische Kathedrale ist. Nutze den **Webcode**.
b) Vergleiche die Entwicklung der Moschee von Córdoba und der Hagia Sophia (siehe S. 13).

Kulturelle und wissenschaftliche Errungenschaften arabischer Gelehrter

Mit der Ausdehnung des Islam und der Eroberung neuer Gebiete stießen die Araber auf Kulturen, denen sie aufgeschlossen und neugierig gegenüberstanden. Sie interessierten sich für die wissenschaftlichen, künstlerischen, aber auch architektonischen Errungenschaften der Unterworfenen. Das Hauptaugenmerk richteten sie dabei auf die Quellen der römischen und griechischen Antike. Diese Zeugnisse wurden ins Arabische übersetzt. Vom 8. bis zum 13. Jahrhundert kann von einer Blütezeit in der islamischen Welt gesprochen werden.

- ***Welche Leistungen die arabischen Gelehrten dabei vollbracht haben, kannst du auf drei Wegen (A, B oder C) untersuchen.***

Aufgabe für alle:
Gruppenarbeit: Bildet Gruppen, in denen alle Materialien vertreten sind. Gestaltet gemeinsam ein Plakat, das die Leistungen arabischer Gelehrter wiedergibt.

M1 Über die wissenschaftlichen und kulturellen Leistungen islamischer Gelehrter (2013):

Die Kultur des Islam ... entstand aus dem Zusammenwachsen verschiedenster Elemente. Die Araber haben, als sie in den antiken Kulturraum[1] vorstießen, sich keineswegs assimiliert[2] ... Aber sie haben viel aufgenommen aus den Kulturen, auf die sie trafen ... Hellenistische[3], iranische und indische Einflüsse treffen hier mit ... arabischen zusammen. Die Araber gehen noch, ohne durch religiöse Vorurteile gehemmt zu sein, mit spontaner und unmittelbarer Neugier an fremdes Wissen heran. Gegen Ende des 8. Jahrhunderts regen die Kalifen Übersetzungen aus den alten Kultursprachen[4] ins Arabische an. So gelangt das geistige Erbe des hellenistischen Raums in den arabisch-islamischen Kulturkreis, können islamische Gelehrte ... weitere Beiträge zur Weltkultur leisten auf der Grundlage der antiken Überlieferung. Übersetzungen zahlreicher griechischer Autoren des Altertums – vor allem naturwissenschaftlicher und philosophischer Werke – entstehen. Oft fungieren[5] Christen, Juden und andere Nicht-Muslime als Übersetzer der griechischen Texte, da sie mit beiden Kulturkreisen verbunden sind ... In Bagdad erkannte man die Bedeutung antiken Wissens durchaus. Die Erschließung des Erbes der Antike erfolgte nicht zufällig, war nicht beliebig, sondern wurde von den Kalifen bewusst gefördert und betrieben. Innerhalb der Grenzen des Kalifenreiches gab es eine ganze Reihe von Zentren hellenistischer Kultur ...
Viele Texte des Altertums sind nur in arabischer Übersetzung überliefert, im Original sind sie verloren. Andererseits wurden nur einzelne Fachgebiete von den Übersetzern berücksichtigt und bearbeitet – literarische Werke im engeren Sinn wurden so gut wie nicht ins Arabische übersetzt.

Alfred Schlicht, Geschichte der arabischen Welt, Stuttgart (Reclam) 2013, S. 81–84. Bearb. d. Verf.

[1] *gemeint ist Europa*
[2] *angepasst*
[3] *griechische*
[4] *zum Beispiel Griechisch oder Latein*
[5] *dienen*

1 Beschreibe anhand von M1, wie die Araber mit der europäischen Kultur umgegangen sind.

2 Erkläre, warum sich die Araber vor allem für die Quellen der Antike interessiert haben (M1).
Tipp: Wiederhole deine Kenntnisse über die wissenschaftlichen und künstlerischen Leistungen im antiken Griechenland und Rom.

M 2

Arabische Wissenschaftler, Buchmalerei, 16. Jh. Die Astronomen rechts oben beschäftigen sich mit dem Astrolabium, einem scheibenförmigen Messgerät, mit dem der sich drehende Himmel nachgebildet werden kann.

M 3

Beispiele für kulturelle und wissenschaftliche Leistungen muslimischer Gelehrter im Mittelalter:

- Muslimische Baumeister beherrschten ihre Kunst wie sonst niemand in jener Zeit. Beispiel: die Moschee in Córdoba (siehe S. 22).
- Die Ziffern 9, 8, 7, 6, 5, 4, 3, 2, 1 sind „arabische" Ziffern, ebenso die Ziffer 0 (arab. as-sifr = die Leere). Mit ihnen können kompliziertere Rechnungen durchgeführt werden als mit den römischen Ziffern I, V, X, L, C, D, M.
- Von den Chinesen hatten die Araber die Papierherstellung gelernt und weiterentwickelt.
- Arabische Gelehrte setzten Forschungen der Chinesen, Inder, Ägypter und Babylonier zur Erforschung des Weltalls fort.
- Vielfältig und entwickelt waren die Kenntnisse muslimischer Gelehrter über die Diagnose und Therapie von Krankheiten und die Herstellung von Arzneien.

Verfassertext

1 Beschreibe M2 und nenne weitere Instrumente und Messgeräte, die du erkennst.

2 Erstelle mithilfe von M2 und M3 eine zweispaltige Tabelle, in der du wissenschaftliche Leistungen der Araber und deren Nutzen gegenüberstellst.

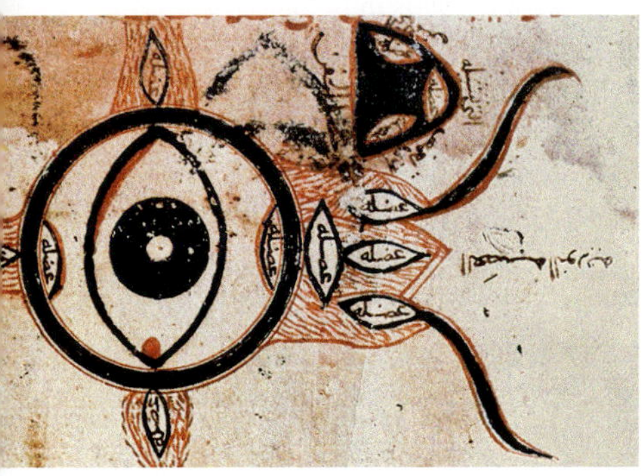

M 4

Anatomie des Auges, 12. Jh., Kopie einer Zeichnung des Gelehrten Hunain ibn Ishāq (809 bis 873)

M 5

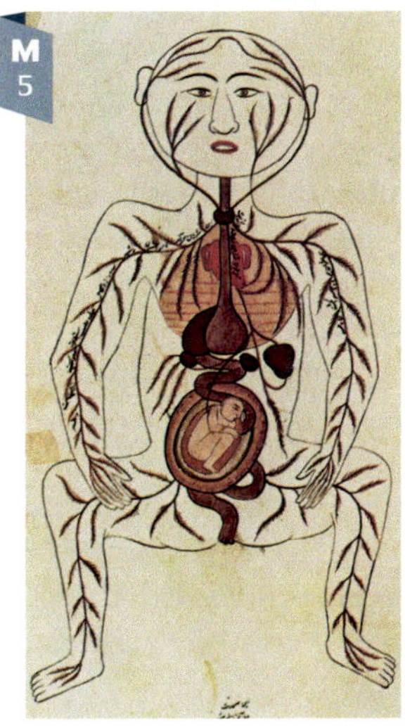

Anatomie einer schwangeren Frau, arabische Zeichnung aus dem 11. Jh.

1 Beschreibe M4 und M5.

2 Erkläre, welche Vorteile solche Zeichnungen (M4 und M5) für einen Arzt und den Patienten haben könnten.

Krieg zwischen Christen und Muslimen – die Kreuzzüge vom 11. bis 13. Jahrhundert

Am Beispiel Al-Andalus wurde deutlich, dass Christen und Muslime friedlich mit- und nebeneinander leben konnten. Trotzdem kam es Ende des 11. Jahrhunderts zu einem Krieg zwischen Christen und Muslimen, dem ersten Kreuzzug. Weitere Kreuzzüge sollten bis ins 13. Jahrhundert folgen.

- ***Warum kam es zum ersten Kreuzzug (1095–1099) und wie verlief er?***

Krieg aus christlichen Motiven?

Im Herbst 1095 wandte sich Papst Urban II. im französischen Clermont in einer Predigt an eine große christliche Menschenmenge. Er beklagte, dass Christen im Byzantinischen Reich und in der heiligen Stadt Jerusalem von Muslimen bedrängt und angegriffen worden seien. Der Kaiser in Byzanz sandte sogar einen Hilferuf an den Papst in Rom. Jerusalem war für die Christen von großer Bedeutung. Dort wurde Jesus gekreuzigt und ist wieder auferstanden. Von der Hilfe für den byzantinischen Kaiser versprach sich der Papst, dass sich die katholische und orthodoxe Kirche wieder vereinen würde (siehe S. 17).

Aus mittelalterlicher christlicher Sicht waren Kriege gerechtfertigt, wenn ihnen als Motive Liebe und Barmherzigkeit zugrunde lagen und wenn die Angegriffenen damit zur „rechten Lehre“ zurückgeführt wurden. Am ersten Kreuzzug beteiligten sich viele Menschen. Die Gründe waren religiöse Sehnsüchte und Hoffnungen, zum Beispiel auf den Erlass aller Sünden. Andere Teilnehmer flohen vor sozialen und wirtschaftlichen Problemen in ihrer Heimat. Die Menschen, die im Kampf für den Glauben starben, bezeichnete die Kirche als Märtyrer*.

Wie verlief der erste Kreuzzug?

Der erste Kreuzzug bestand aus zwei Strömen, dem des einfachen Volkes und dem der Ritter*. Am „Volkskreuzzug“ nahmen u. a. Handwerker, Arme, Frauen sowie Kinder teil. Sie zogen unzureichend ausgestattet hauptsächlich zu Fuß entlang der Flussläufe von Rhein und Donau nach Konstantinopel, wo sie über den Bosporus nach Asien übersetzten.

Der Zug der armen Leute glich jedoch eher einer Räuberbande. Auf ihrem Weg ins „Heilige Land“ plünderten sie die Judenviertel einiger Städte, brannten sie nieder und brachten deren Bewohner um. Sie rechtfertigten dies damit, dass die Juden Jesus hingerichtet hätten. Auf dem asiatischen Kontinent wurde der „Volkkreuzzug“ durch muslimische Reiterheere im Herbst 1096 vernichtend niedergeschlagen.

Im Vergleich dazu verlief der Kreuzzug der Ritter geordnet. Unter der Leitung von mehreren, vor allem französischen Fürsten* gelangten sie auf unterschiedlichen Wegen nach Konstantinopel und von dort über den Bosporus auf den asiatischen Kontinent. Hier vereinigten sie sich im Frühjahr 1097 und begannen mit der Eroberung von Gebieten. Dabei hatten sie den Vorteil, dass es den islamischen Machthabern aufgrund von Streitigkeiten nicht gelang, eine gemeinsame Armee zu bilden.

Die Eroberung Jerusalems 1099

Von den Rittern erreichte ein Drittel nach über zwei Jahren Reisens Jerusalem. Sie eroberten die Stadt und richteten ein Blutbad unter den Muslimen an (M1). Auch die anschließende Gründung von Kreuzfahrerstaaten* im Nahen Osten forderte viele Opfer unter der muslimischen, aber auch jüdischen Bevölkerung. Die Zeit der Kreuzritter* währte allerdings nicht lange: Zwischen 1265 und 1291 wurden sie wieder aus den eroberten Gebieten vertrieben.

Feindbilder und Erfahrungen

Während der Kreuzzüge dienten Feindbilder dazu, Hass und Kampfbereitschaft zu schüren. Feindbilder gab es auf christlicher und auch auf muslimischer Seite.

Es ist dennoch belegt, dass es in den Kreuzfahrerstaaten zwischen Christen und Muslimen häufig zu Verträgen und friedlichen Kontakten, sogar zu engen Freundschaften kam. Aber in den Quellen ist auch von religiösen und kulturellen Gegensätzen die Rede. Während der Kreuzzugsbewegung setzte sich in der Kirchenlehre die Auffassung durch, dass Muslime nicht allein wegen ihres Glaubens angegriffen werden dürften. Vielmehr ginge es um den Schutz der heiligen Stätten und den Einsatz für die Kirche.

Webcode: FG656646-026
Kreuzzüge

M 1 *Die Kreuzritter stürmen 1099 Jerusalem, Buchmalerei, 1460*

Kreuzzüge

Im weiteren Sinne ist unter einem Kreuzzug ein von der Kirche im Mittelalter geförderter Kriegszug gegen Heiden (Ungläubige) und Ketzer (vom rechten Glauben Abgewichene) zu verstehen. Ziel war die Ausbreitung oder Wiederherstellung des katholischen Glaubens. Vom Ende des 11. bis zum Ende des 13. Jahrhunderts waren die Kreuzzüge kriegerische Unternehmungen, um das Heilige Land zu erobern. In der Kreuzzugsidee verband sich der Gedanke der Pilgerfahrt und des Kampfes gegen die Heiden mit dem Ziel, das Heilige Grab in Jerusalem zu befreien. Militärische Gewalt und der Opfertod wurden dabei als Akt der Buße gerechtfertigt.

In den Jahrbüchern von Würzburg notierte ein unbekannter Verfasser (1146):

Es erhoben sich nämlich einige falsche Propheten, die mit nichtigen Worten die Christen verführten und mit hohlen Predigten das ganze Menschengeschlecht antrieben, wegen der Befreiung Jerusalems gegen die Sarazenen[1] zu ziehen. Ihre Predigt hatte so große Wirkung, dass sich Bewohner aller Regionen ... freiwillig zum gemeinsamen Opfergang anboten ... Aber ihre Absichten waren verschieden. Einige Neugierige zogen los, weil sie neue Gegenden besuchen wollten. Andere zwang die Armut; weil es bei ihnen zu Hause knapp zuging, kämpften sie, um der Armut abzuhelfen ... Andere wurden von Schulden bedrückt oder wollten die ihren Herren geschuldeten Dienste verlassen oder hatten wegen Verfehlungen Strafen zu erwarten.

Würzburger Annalen zum Jahr 1147, MGH SS 16, S. 3. Übers. d. Verf.

[1] *Bezeichnung der Christen für die Muslime*

Der französische Geistliche Fulcher von Chartres schrieb über das Leben in den Kreuzfahrerstaaten (1110):

Wir, die wir Abendländer[1] waren, sind Orientalen geworden. Wir haben schon unsere Geburtsorte vergessen ... Manche von uns besitzen in diesem Land Häuser und Diener, die ihnen gehören wie nach Erbrecht. Ein anderer hat eine Frau geheiratet, die durchaus nicht seine Landsmännin ist, eine Syrerin ..., die die Gnade der Taufe empfangen hat ... Sie sprechen verschiedene Sprachen und haben es doch alle schon fertiggebracht, sich zu verstehen.

Zit. nach Reinhard Barth, Taschenlexikon Kreuzzüge, München (Piper) 1999, S. 169.

[1] *Bezeichnung für Europa*

1 Arbeite aus dem Darstellungstext die Ursachen für den ersten Kreuzzug heraus.

2 Nenne anhand des Darstellungstextes und M2 Motive zur Teilnahme am ersten Kreuzzug.

3 Überprüfe mithilfe eines Atlanten den Weg des „Volkskreuzzuges" von Köln (am Rhein) bis zum Bosporus (die Meerenge bei Istanbul).
Tipp: Berechne die zurückgelegten Kilometer.

4 **Wähle eine Aufgabe aus:**
a) Beschreibe das Verhalten der Kreuzritter bei der Eroberung Jerusalems (M1).
b) Fasse das Verhalten der Kreuzritter bei der Eroberung Jerusalems zusammen (Darstellungstext).

5 Erkläre mithilfe des Darstellungstextes und M3, wie Feindbilder und alltägliche Erfahrungen in den Kreuzfahrerstaaten zueinander standen.

Zusatzaufgabe: siehe S. 146

Ein historisches Urteil bilden

Im Geschichtsunterricht wird von dir oft verlangt, dass du etwas beurteilst oder bewertest – du sollst ein Urteil fällen.

- ***Bilde dir mithilfe der Arbeitsschritte ein eigenes Urteil zu der Frage: Papst Urban II. ruft zum Kreuzzug auf – ein gerechtfertigter Aufruf zu einem Krieg?***

M 1

Aufruf Papst Urbans II. zum Kreuzzug, Holzschnitt, 1480. Auf dem Spruchband steht: „Deus vult" (lat. „Gott will es").

Wie fällt man ein Urteil?

Urteilen bedeutet zunächst eine Frage oder ein Problem zu diskutieren, um dann begründet Stellung zu nehmen. Dafür ist es wichtig, aus Quellen oder Darstellungen unterschiedliche Sichtweisen, Meinungen, Einschätzungen, Aussagen, Argumente und Positionen herauszuarbeiten. So wird ein „historisches Sachurteil" gebildet. Dies wird von dir verlangt, wenn in einer Aufgabe der Begriff „beurteile" steht. Danach ist es dir möglich, dich selbst zu der Frage oder dem Problem zu positionieren, dir eine eigene Meinung zu bilden und diese zu begründen – du fällst ein historisches Werturteil. Das wird von dir erwartet, wenn in der Aufgabe der Begriff „bewerte" steht.

M 2

Der Aufruf zum Kreuzzug

Papst Urban II. (Amtszeit: 1088–1099) hielt 1095 in der französischen Stadt Clermont-Ferrand eine Rede. Ihr Inhalt wurde von dem Mönch Robert von Reims (1055–1122) zwölf Jahre später aufgeschrieben:

Ihr Volk der Franken, ihr Volk nördlich der Alpen, ihr seid ... Gottes geliebtes und auserwähltes Volk ... Aus dem Land Jerusalem und der Stadt Konstantinopel kam schlimme Nachricht und drang schon oft an unser Ohr: Das Volk im Perserreich, ein fremdes Volk, ein ganz gottfernes Volk, eine Brut von ziellosem Gemüt und ohne Vertrauen auf Gott, ... hat die Länder der dortigen Christen besetzt, durch Mord, Raub und Brand entvölkert und die Gefangenen teils in sein Land abgeführt, teils elend umgebracht ... Wem anders obliegt nun die Aufgabe, diese Schmach zu rächen, dieses Land zu befreien, als euch? Euch verlieh Gott mehr als den übrigen Völkern ausgezeichneten Waffenruhm, hohen Mut ... Wenn euch zärtliche Liebe zu Kindern, Verwandten und Gattinnen festhält, dann bedenkt, was der Herr im Evangelium[1] sagt: ... Jeder, der sein Haus, Vater, Mutter, Gemahlin, Kinder und Äcker um meines Namens willen verlässt, wird Hundertfältiges erhalten und ewiges Leben haben ... Kein Besitz, keine Haussorge soll euch fesseln. Denn dieses Land, in dem ihr wohnt, ist ... von Meeren und Gebirgszügen umschlossen und von euch beängstigend dicht bevölkert. Es ... liefert seinen Bauern kaum die bloße Nahrung. Daher kommt es, dass ihr euch gegenseitig beißt und bekämpft ... Aufhören soll unter euch der Hass ... Tretet den Weg zum Heiligen Grab[2] an, nehmt das Land dort dem gottlosen Volk, macht es euch untertan! ... Jerusalem ist der Mittelpunkt der Erde, das fruchtbarste aller Länder ... Der Erlöser der Menschheit hat es durch seine Ankunft verherrlicht, ... durch sein Grab ausgezeichnet. Diese Königsstadt ... erbittet und ersehnt Befreiung.

Zit. nach Arno Borst, Lebensformen im Mittelalter, Frankfurt a. M./Berlin (Ullstein) 1979, S. 318ff. Bearb. d. Verf.

1 *Teil der Bibel*

2 *gemeint ist das Grab von Jesus*

Arbeitsschritte „Ein historisches Urteil bilden“

Eine Leitfrage formulieren	Lösungshinweise zu M2
1. Welche Frage(n) soll(en) beantwortet werden?	• *Papst Urban II. ruft zum Kreuzzug auf – ein gerechtfertigter Aufruf zu einem Krieg?*
Informationen zur Quelle und deren Inhalt erfassen	
2. Wer war der Autor/die Autorin der Quelle/der Darstellung?	• *der Mönch Robert von Reims (1055–1122)*
3. Wann und wo wurde die Quelle/die Darstellung geschrieben?	• *zwölf Jahre nach der Rede Papst Urbans II. und acht Jahre nach der Eroberung Jerusalems 1099: im Jahr 1107*
4. An wen war der Text gerichtet?	• *Vermutung: Robert von Reims wollte die Rede Papst Urbans II. von 1095 der Nachwelt übermitteln.*
5. Was ist die Hauptaussage des Textes? (Arbeite die Positionen, Argumente und Meinungen zur Leitfrage aus der Quelle/der Darstellung heraus.)	• *Der Papst verweist darauf, dass die Heilige Stadt Jerusalem durch Muslime … Weiterhin sagt er, dass die Christen dort …*
Ein historisches Sachurteil bilden	
6. Welches Interesse verfolgt der Autor und wie ist der Inhalt der Quelle/der Darstellung zu beurteilen (z. B.: was wollte der Redner erreichen)?	• *Robert von Reims, der uns diese Rede überliefert hat, …* • *Der Redner (Papst Urban II.) möchte, …*
7. Wie würden die Zeitgenossen aus ihrer Zeit heraus die Leitfrage beantworten und wie begründen sie dies?	• *Der Aufruf von Papst Urban II. zum Kreuzzug und Krieg ist gerechtfertigt, da …*
8. Wie könnte die Leitfrage aus einer anderen Perspektive anhand von weiteren Quellen und/oder Darstellungen beantwortet werden (z. B. unterschiedliche Sichtweisen von Beteiligten)?	• *Ein Muslim der Zeit könnte darauf verweisen, dass Christen und Muslime z. B. in Al-Andalus …*
Ein historisches Werturteil bilden	
9. Wie würdest du aus heutiger Sicht die Leitfrage beantworten?	• *Ich bin der Meinung, dass …*

1 Beurteile und bewerte mithilfe von M2 und der Arbeitsschritte, inwiefern der Aufruf des Papstes zum Krieg gerechtfertigt war. Ergänze die Lösungshinweise an den entsprechenden Stellen (…).

2 **a)** Beschreibe M1.
b) Erkläre, warum die Zuhörer vermutlich so begeistert von den Worten des Papstes waren und riefen: „Gott will es!“
Tipp: Der Papst ist nach dem christlichen Glauben der Stellvertreter Gottes auf Erden.

3 Begründe, warum das Dargestellte in M1 vermutlich so nicht stattgefunden hat.
Tipp: Beachte die Entstehungszeit der Rede M2 und des Holzschnitts M1.

Neue Macht im Westen: Das Frankenreich

Neben dem Byzantinischen Reich im Osten und den islamischen Reichen entwickelte sich im Westen Europas das Reich der Franken. Die Franken waren Germanen und siedelten ab dem 3. Jahrhundert östlich des Rheins. Unter ihrem König Chlodwig I. (488–511), der vermutlich im Jahr 498 getauft wurde und zusammen mit 3000 seiner Krieger den christlichen Glauben übernahm, eroberten sie große Teile der vorher römischen Provinz Gallien.

- ***Worauf gründeten die Frankenkönige ihre Macht?***
- ***Welche Rolle spielte die christliche Kirche für die fränkischen Herrscher?***

M 1

Fränkischer Panzerreiter, Buchmalerei aus einem fränkischen Kloster, 9. Jh. Zur Ausrüstung gehörten Helm, Kettenhemd, lange Hose, Wollmantel, Holzschild und Lanze. Seit dem 8. Jahrhundert setzte sich in Europa langsam der Steigbügel durch.

Die Macht der Könige und Königinnen

König Chlodwig stammte aus der Adelsfamilie der Merowinger. Er stützte seine Macht und sein Ansehen auf militärische Erfolge. Wie alle germanischen Könige trug er Bart und lange Haare als Zeichen einer besonderen Macht, des „Königsheils“. Dieses bedeutete, dass nur der König und seine Sippe gute Ernten, Kriegsglück und das Wohlergehen des Volkes garantieren konnten.

Quellen aus der Zeit der Merowinger erzählen auch von Königinnen, die zeitweise über großen politischen Einfluss verfügten. Zum Beispiel regierte Balthild (gest. 680) als Königinwitwe fast acht Jahre lang für ihre minderjährigen Söhne, bevor sie von einigen Adligen gestürzt wurde und ins Kloster ging. Nach germanischer Sitte verwalteten die Frauen der merowingischen Könige den Königsschatz und banden, besonders während der Abwesenheit ihrer Männer, hohe Adlige durch Geschenke an sich. So sicherten sie sich die Unterstützung der Beschenkten in politischen Angelegenheiten.

Die Söhne Chlodwigs führten die fränkische Eroberungspolitik fort und gliederten die Stämme der Thüringer, Burgunder und Bayern ins Frankenreich ein. Starb ein fränkischer König, dann wurde das Reich wie ein Familienbesitz unter den Söhnen aufgeteilt. Diese Reichsteilungen führten immer wieder zu Machtkämpfen.

Warum verbündet sich der Karolinger Pippin mit dem Papst?

Die inneren Streitigkeiten der Merowinger-Familie schadeten der Machtstellung des Königs. Im 8. Jahrhundert erlangte deshalb der „Hausmeier“ am Königshof immer mehr an Einfluss. Die Hausmeier waren für das Personal am Hof und für die königlichen Landgüter verantwortlich. Auch gewannen sie militärische Befehlsgewalt: Der Hausmeier Karl Martell, der aus der Adelsfamilie der Karolinger stammte, besiegte 732 bei Poitiers im heutigen Frankreich eine Truppe islamischer Krieger aus Al-Andalus, die auf Beutezug ins Frankenreich eingedrungen war. Karl Martells Sohn Pippin wurde ebenfalls Hausmeier. Er strebte nach noch mehr Macht und ließ beim Bischof von Rom, dem Papst, anfragen, wer die Königskrone verdient habe: derjenige, der die Macht ausübt, oder derjenige, der den Königstitel trägt? Der Papst antwortete, dass derjenige König genannt werden solle, der die Macht besitze. Daraufhin ließ Pippin dem letzten Merowinger-König Childerich die Haare und den Bart abrasieren und ihn in ein Kloster bringen. So erlangte Pippin als erster Karolinger die Königswürde.

Die Karolinger – Könige von „Gottes Gnaden“

Im Jahr 754 reiste Papst Stephan II. ins Frankenreich und bat Pippin um militärischen Schutz gegen Angriffe der Langobarden, einem Volk aus Norditalien. Bei seinem Besuch salbte* er nach biblischem Vorbild König Pippin und seine Söhne mit heiligem Öl und verlieh Pippin den Titel „Schutzherr der Römer“ (Patricius Romanorum).

Mit der Entscheidung, den fränkischen König Pippin zu salben, hatte sich der Papst zum ersten Mal an die Seite eines germanischen Herrschers gestellt.

Pippin führte zwei Feldzüge nach Italien durch und schenkte dem Papst fünf Hafenstädte an der Adria und einen Streifen Land bis nach Rom. Diese Gebiete gehörten rechtlich in den Herrschaftsbereich des byzantinischen Kaisers.

Der Bund zwischen Papst und Frankenkönig wurde in der Folgezeit noch bedeutender. Der vom Papst gesalbte König galt als von Gott selbst eingesetzt, und Pippin war der erste König „von Gottes Gnaden“ (siehe S. 49).

M 2

Grabstein eines fränkischen Kriegers, der sich kämmt, 7. Jh., gefunden in der Nähe von Bonn

M 3

Ein Historiker über die Bedeutung des Haares bei den Germanen (1989):

Die Franken trugen das Haar ziemlich lang, wie ihre Könige. Die Römer schnitten es in Höhe des Nackens ab. Die Franken enthaarten Nacken und Stirn und zupften sich das Barthaar aus. Priester und Mönche hatten ... nur einen schmalen Haarkranz, der von Ohr zu Ohr lief. Die Symbolik ist klar: Langes Haar stand für Stärke, Potenz[1] und Freiheit. Die Tonsur[2] war das Zeichen für den Sklavenstatus. Bei den Geistlichen bedeutete sie die Unterwerfung unter Christus. Die Frauen ließen das Haar lang wachsen. Nach der Länge der Nadeln zu urteilen, die man gefunden hat, müssen sie es zu kunstvollen Frisuren geformt haben. Einem frei geborenen Kind eine Tonsur zu schneiden, war ein Delikt[3], auf das nach germanischem Recht 45 Gold-Solidi Strafe standen. Die Strafe ermäßigte sich bei Mädchen auf 42 Solidi.

Philippe Ariès/Georges Duby, Geschichte des privaten Lebens, Band 1, Frankfurt a. M. (Fischer) 1989, S. 421.

[1] *Kraft*
[2] *Entfernung des Kopfhaars bis auf einen Haarkranz*
[3] *Straftat*

Papst – Papsttum

Nach kirchlicher Überlieferung war der Apostel Petrus der erste Bischof in Rom gewesen. Deshalb besaß der römische Bischof eine herausgehobene Stellung in der Kirche und trug seit dem 5. Jahrhundert den Titel „Papst“ (lat. papa). Mit dem Bündnis zwischen dem Karolinger Pippin und dem Papst begann eine für das gesamte europäische Mittelalter wichtige Verbindung zwischen König und Kirche. Nach der Lehre der Kirche hatte Christus dem König (später dem Kaiser) die gesamte weltliche Macht und dem Papst die Führung der geistlichen Herrschaft verliehen.

1 Charakterisiere mithilfe des Darstellungstextes und M1, worauf sich die fränkische Königsmacht stützte.

2 Gestalte einen Brief, in dem Pippin dem Papst darlegt, warum er als Hausmeier Ansprüche auf den Thron und die Königskrone erhebt.
Tipp: Nimm den Darstellungstext Z. 25–46 zu Hilfe.

3 **Partnerarbeit:** Notiert in einer Tabelle Vorteile und Nachteile, die sich aus der Verbindung zwischen dem Papst in Rom und dem Frankenkönig Pippin ergaben:
a) aus der Sicht des Papsttums
b) aus der Sicht des Frankenkönigs

4 Erkläre die Bedeutung der Frisuren und der langen Haare der germanischen Könige (M2, M3)

Zusatzaufgabe: siehe S. 146

Wie verbreitete sich das Christentum in Mitteleuropa?

Chlodwig war der erste Frankenkönig, der zum Christentum übertrat. Mit seiner Taufe 498 war das Frankenreich aber noch lange kein christliches Land. Erst ganz allmählich verbreitete sich die neue Religion. Für die Christianisierung Europas spielten Missionare wie der Angelsachse (siehe M2) Bonifatius, der im 8. Jahrhundert ins Frankenreich kam, eine wichtige Rolle.

- ***Untersuche auf dieser Doppelseite, wie die Missionare den christlichen Glauben verbreiteten.***

M1

Bonifatius tauft einen Germanen (linke Hälfte) und wird 754 oder 755 von Friesen, einem germanischen Volksstamm, getötet (rechte Hälfte). Buchmalerei aus dem Kloster Fulda, um 975

Missionare verbreiten den christlichen Glauben

Nach Chlodwigs Taufe (siehe S. 13) waren viele Menschen im Frankenreich zwar dem Namen nach Christen, verehrten aber weiterhin die alten Götter. Es waren Wanderprediger aus Irland und Schottland, die im 7. und 8. Jahrhundert die christliche Religion im Fränkischen Reich bekannt machten. Sie gewannen durch ihre Predigten Nichtchristen für ihre Lehre und gründeten Klöster als Orte der Frömmigkeit. Der bekannteste Missionar war der Angelsachse Winfried, der 710 vom Papst den Beinamen Bonifatius (= Wohltäter) erhielt. Über 30 Jahre zog Bonifatius durch das östliche Frankenreich und predigte den christlichen Glauben. Nicht selten übernahm er einzelne Bräuche aus den herkömmlichen germanischen Religionen.

Bonifatius erkannte die Bedeutung einer funktionierenden Verwaltung. Nach römischem Vorbild teilte er die bereits christlich gewordenen Gebiete in Verwaltungsbezirke ein. Als Leiter dieser Bezirke, die Bistümer oder Diözesen genannt wurden, setzte er fähige Männer ein, die er zu Bischöfen weihte. Durch Bonifatius entstand ein Netz von Pfarreien, Klöstern und Bistümern. Diese leisteten den fränkischen Herrschern gute Dienste bei der Durchsetzung ihrer Macht.

Europa – ein „christlicher Kontinent"?

Bis zur Jahrtausendwende war das Christentum in seiner katholischen Form in West- und Nordeuropa überall präsent. In Russland und auf dem Balkan missionierten Mönche aus Byzanz und verbreiteten die orthodoxe Form des Christentums (siehe S. 17).
Zur gleichen Zeit gab es in Europa aber immer auch Juden und Muslime. Jüdische Gemeinden gründeten sich besonders in Städten und an Handelsplätzen, Muslime lebten auf der Iberischen Halbinsel und auf der Insel Sizilien.

Missionierung

(lat. missio = Sendung) Missionare wie Bonifatius oder Kyrill und Method (siehe S. 17) wurden von ihren Kirchen ausgesandt, um den christlichen Glauben weiterzugeben und neue Anhänger zu taufen.
Die Missionierung geschah auch gewaltsam durch Zwangstaufen, z. B. bei der Bekehrung der Sachsen unter den Karolingern im 8. und 9. Jahrhundert.

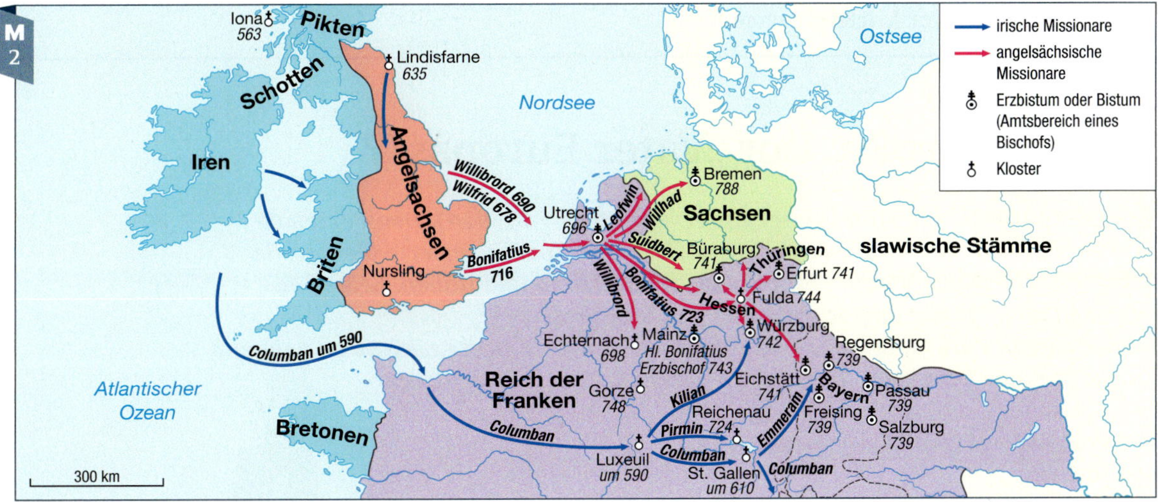

Ausbreitung des Christentums in Mitteleuropa im 7./8. Jh.

Papst Gregor II. schrieb 722 an Bonifatius:

Wir sind von großer Besorgnis erfüllt, weil wir erfahren haben, dass einige Stämme in Germanien östlich des Rheins umherirren und sich unter dem Schein christlichen Glaubens der Götzenverehrung[1] hingeben. Andere kennen weder Gott noch sind sie im heiligen Wasser der Taufe gebadet worden. Wir haben daher beschlossen, unseren Bruder Bonifatius in diese Gegenden zu entsenden, damit er den Germanen das Wort des Heils verkünde und ihnen dadurch zum ewigen Leben verhelfe ... Wir fordern alle auf, ihm in allem mit ganzer Kraft beizustehen und ihn mit dem Nötigsten zu versorgen. Gebt ihm Begleiter für seine Reise mit, gebt ihm Speise und Trank und was er sonst noch braucht. Jeder, der ihm Unterstützung gewährt, der soll die Gemeinschaft mit den heiligen Märtyrern Jesu erlangen[2]. Wer aber versucht, seine Arbeit zu behindern, der soll nach dem Richterspruch Gottes vom Bannfluch getroffen ewiger Verdammnis verfallen[3].

Rudolf Buchner (Hg.), Ausgewählte Quellen zur Geschichte des deutschen Mittelalters, Band 4b, 3. Aufl., Darmstadt (Wiss. Buchges.) 2011, S. 67.

[1] *Verehrung eines fremden Gottes*
[2] *in den Himmel kommen*
[3] *in die Hölle kommen*

Aus einer Lebensbeschreibung des Bonifatius, die der Priester Willibald im Auftrag des Mainzer Erzbischofs verfasste (um 760):

Viele Hessen erhielten damals die Taufe. Andere opferten aber immer noch heimlich oder offen an Bäumen und Quellen, betrieben Weissagung, Zauberei und Beschwörung. Da beschloss Bonifatius, eine Eiche seltener Größe, die den heidnischen Namen Donar-Eiche[1] führte, im Beisein seiner Mönche zu fällen. Als diese Absicht bekannt wurde, versammelten sich viele Heiden, die den Feind ihrer Götter heftig verfluchten. Kaum aber hatte Bonifatius den Baum ein paarmal mit der Axt getroffen, da wurde die ungeheure Masse des Baumes durch göttliche Winde erschüttert. Die Enden der Äste brachen, und die Eiche stürzte krachend zu Boden. Die Heiden aber, die kurz zuvor noch geflucht hatten, fingen an, den Herrn zu preisen und an ihn zu glauben.

Johannes Bühler, Das Frankenreich, Leipzig (Insel) 1923, S. 415.

[1] *Donar hieß ein wichtiger germanischer Gott. In unserem Donnerstag hat sich sein Name bis heute erhalten.*

1 Beschreibe M1.
Tipp: Achte auf die Gesichtsausdrücke und die Haltungen der Personen.

2 Arbeite aus M3 die Gründe heraus, die Papst Gregor für die Missionierung angibt.

3 Beschreibe die Ausbreitung des Christentums im 7. und 8. Jahrhundert (M2, Darstellungstext).

4 **Methode:** Untersuche M4 mithilfe der Arbeitsschritte „eine schriftliche Quelle untersuchen" auf S. 158.

Webcode: FG656646-033
Film: Christianisierung im Mittelalter

Karl der Große: Der „Vater Europas"?

Vor über 1200 Jahren starb Kaiser Karl (vermutlich 748–814). Den Beinamen „der Große" erhielt er erst Jahrzehnte nach seinem Tod. Er regierte über große Gebiete der heutigen Staaten Frankreich, Deutschland und Italien. Seine Zeitgenossen nannten ihn „pater europae" – Vater Europas.

- ***Was spricht dafür und was spricht dagegen, ihn auch heute noch so zu nennen?***

Zu dieser Frage kannst du dir auf dieser Doppelseite ein Urteil bilden.

Eroberungskriege gegen Langobarden und Sachsen

Der Frankenkönig Karl trat 768 das Erbe seines Vaters Pippin an. Mit seinen für damals außergewöhnlichen 1,84 Metern überragte er fast alle Männer seiner Zeit. Über drei Jahrzehnte führte Karl Krieg.

Die enge Verbindung zwischen dem Papst in Rom und Karls Vater Pippin setzte sich unter Karls Herrschaft fort. Ein Hilferuf des Papstes an Karl löste 773 einen Feldzug gegen das Volk der Langobarden in Norditalien aus. Karl eroberte 774 deren Hauptstadt Pavia, setzte sich die Königskrone der Langobarden auf und nannte sich von nun an „König der Franken und Langobarden".

Der Krieg gegen die Sachsen war nach Ansicht Einhards, dem Verfasser von Karls Lebensgeschichte, „der langwierigste, grausamste und für das Frankenvolk anstrengendste, den es je geführt hat". Über 30 Jahre kam es zu grausamen Niederschlagungen von sächsischen Aufständen, ehe sich ihr Anführer Widukind taufen ließ. Obwohl die Annahme des christlichen Glaubens erzwungen war, galten die Sachsen bereits nach kurzer Zeit als „Brüder der Franken". Ihre Einbindung ins Frankenreich schritt so schnell voran, dass aus dem Volk der Sachsen nur wenige Generationen nach Karl eine Reihe deutscher Könige hervorging.

Um 800 hatte Karl das Reich seines Vaters an Größe verdoppelt und eine politische Einheit der christlichen Völker im Westen und der Mitte Europas geschaffen.

Ein neues Kaiserreich

Am Weihnachtstag des Jahres 800 wurde Karl von Papst Leo III. in Rom zum Kaiser gekrönt. Karl fühlte sich dennoch in erster Linie als Frankenkönig und vermied die Bezeichnung „Imperator Romanorum" = Kaiser der Römer. Vielleicht tat er dies auch aus Rücksicht auf den eigentlichen römischen Kaiser in Byzanz. Dieser billigte ihm aber nach langem Streit den Titel „Kaiser" zu und redete ihn in seinen Briefen als „Bruder" an. Karl verstand sich als Beschützer der Christen und betrachtete seine Kaiserwürde als ein „von Gottes Gnaden" übertragenes Amt. Die Ausbreitung des christlichen Glaubens im Frankenreich ging Hand in Hand mit der Festigung der fränkischen Herrschaft. Die Kirche übernahm dabei die meisten staatlichen Verwaltungsaufgaben.

M 1 *Reiterstatuette eines fränkischen Herrschers, 24 cm hoch, Bronze, Frankreich, um 870*

Kaiser – Kaisertum

Der höchste weltliche Herrschertitel in Europa wurde von dem Namen Caesar abgeleitet. Mit der Kaiserkrönung Karls des Großen lebte die römische Reichsidee wieder auf. Das Krönungsrecht lag beim Papst, der damit auf den weltlichen Bereich Einfluss nahm. Die mittelalterlichen Kaiser verbanden mit der Kaiserkrone den Herrschaftsanspruch über Italien und die Einflussnahme auf die Kirche.

M 2

Rekonstruktion eines karolingischen Panzerreiters für eine Ausstellung über Karl den Großen in Aachen, 2014. Karl Martell hatte die Panzerreiter in der Auseinandersetzung mit islamischen Heeren im Frankenreich eingeführt.

M 3

Ein Mitglied des Königshofs in einem gedichteten Text über Karl den Großen (um 800):

Der König übertrifft alle Könige auf der ganzen Welt an Würde und Weihe, er ist gerechter, und mächtiger als alle ragt er empor. Er ist das Haupt der Welt, die Liebe und die Zierde des Volkes, die bewundernswerte Spitze Europas, der beste Vater, der Held, der Augustus, aber auch mächtig in der Stadt[1], die als zweites Rom zu neuer Blüte gewaltig emporwächst, mit hoch gebauten Kuppeln, die Sterne berührend.

Karolus Magnus et Leo Papa (Paderborner Epos), MG Poetae Latinii Medii. Zit. nach Geschichte in Quellen, Bd. 2, bearb. und übers. v. Wolfgang Lautemann, München (bsv), 2. Aufl. 1978, S. 68.

[1] *Gemeint ist die Stadt Aachen, wo Karl sich häufig aufhielt.*

M 4

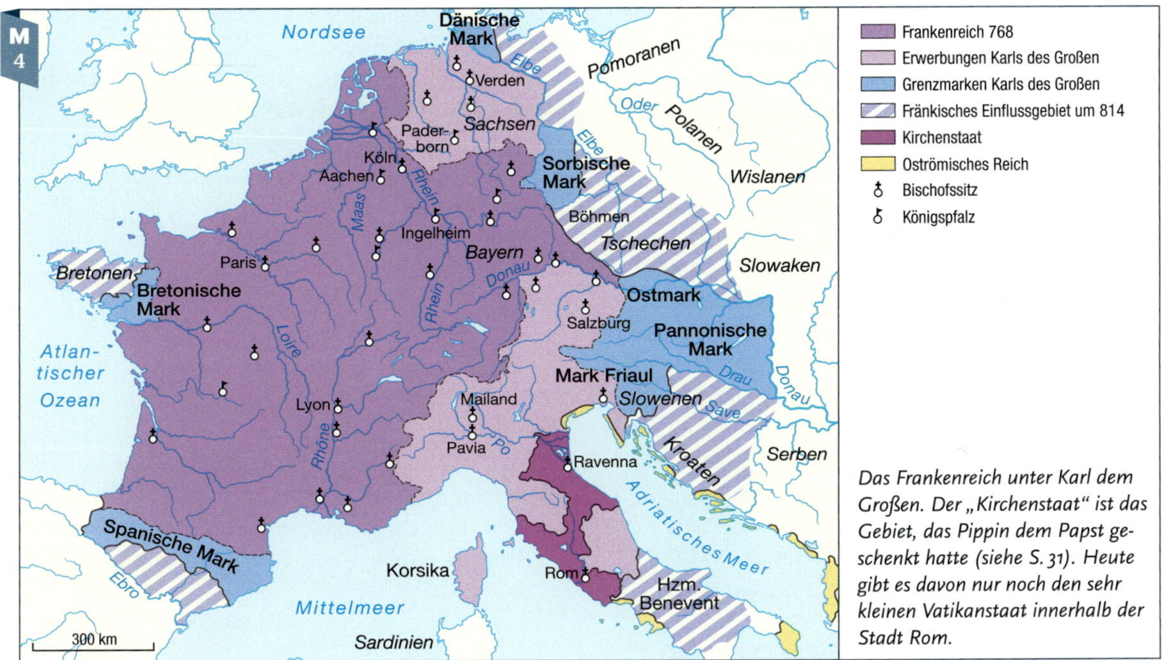

Das Frankenreich unter Karl dem Großen. Der „Kirchenstaat" ist das Gebiet, das Pippin dem Papst geschenkt hatte (siehe S. 31). Heute gibt es davon nur noch den sehr kleinen Vatikanstaat innerhalb der Stadt Rom.

1 Arbeite heraus, was im Darstellungstext zum Verhältnis von Karl und dem Papst gesagt wird.

2 Beschreibe die Reiterstatue M1.
Tipp: Finde Adjektive, die die Statue am besten beschreiben.

3 **a)** Vergleiche M1 und M2.
b) Begründe, welche Abbildung du für glaubwürdiger hältst.

4 **Wähle eine Aufgabe aus:**
a) Beschreibe mithilfe der Karte M4 den Machtbereich Karls des Großen.
b) Erläutere die Entwicklung des Frankenreichs unter Karl dem Großen (Darstellungstext, M4).

5 **Methode:** Untersuche M3 mithilfe der Arbeitsschritte „Schriftliche Quellen" (siehe S. 158).

Webcode: FG656646-035
Karl der Große

Eine biografische Skizze erstellen

Die mittelalterlichen Kaiser sahen sich als Nachfolger der römischen Kaiser. Sie mussten über die Alpen ziehen und sich in Rom vom Papst krönen lassen. Der fränkische König Karl wurde am Weihnachtstag des Jahres 800 zum Kaiser gekrönt. Wie kam es dazu und warum wurde die Kaiserkrönung ein so wichtiges Ereignis für das Mittelalter? Die Antwort darauf kann eine biografische Skizze Karls des Großen liefern. Darin wird nicht das komplette Leben einer bedeutenden historischen Person dargestellt, sondern es werden nur wichtige Ereignisse und Leistungen im Überblick hervorgehoben.

- ***Verfasse eine biografische Skizze über Karl den Großen. Die Arbeitsschritte leiten dich an.***

Aus einer Darstellung über Karls Krönung zum Kaiser (2006):

Am Markustag, dem 25. April 799, wurde Papst Leo III. bei einer Prozession überfallen und gefangen genommen. Der Kirchenfürst hatte Glück im Unglück, es gelang ihm zu fliehen. Laut Karls Biografen Einhard wurden dem Papst „die Augen ausgestochen und die Zunge ausgerissen". Ganz so schlimm kann es nicht gewesen sein, denn einige Wochen später konnte Leo bereits wieder sehen und sprechen. Die Auftraggeber des Anschlags waren Verwandte seines Vorgängers … Im November des Jahres 800 traf der König [Karl der Große] dann selbst in Rom ein … Karl verurteilte die Gegner des Papstes zum Tode. Anschließend begnadigte er sie auf Wunsch Leos und verbannte sie aus der Heiligen Stadt.
Was konnte ein derart angeschlagener Papst für einen so mächtigen König zu Dank tun? Leo III. krönte Karl zum Kaiser. Dieser Titel gehörte bis dahin allein dem byzantinischen Herrscher. Schlagartig hatte sich die Welt verändert: Rom und Westeuropa, die Kirche und das Reich, Kaiser und Papst bildeten eine Einheit, die es in dieser Form nie gegeben hatte.
Einhard berichtet, dass Karl von der „Krönungsabsicht" Leos nichts gewusst habe. Das ist unwahrscheinlich. Eine symbolisch so aufgeladene Handlung hatte der ehrgeizige Herrscher sicher gut vorbereitet. Seit 801 führte Karl den Titel „allergnädigster, erhabener, von Gott gekrönter, großer friedenbringender Kaiser, der das Römische Reich regiert, durch Gottes Barmherzigkeit auch König der Franken und Langobarden".

Britta Quebbemann, PM History, August 2006, S. 9f. Bearb. d. Verf.

In seiner Lebensbeschreibung Karls berichtete Einhard:

Karl war kräftig und stark, dabei von hoher Gestalt … Karl war ein begabter Redner, er sprach fließend und drückte alles, was er sagen wollte, mit äußerster Klarheit aus. Er beherrschte nicht nur seine Muttersprache, sondern er erlernte auch fleißig Fremdsprachen. Latein verstand und sprach er wie seine eigene Sprache. Griechisch konnte er allerdings besser verstehen als sprechen … Der König verwendete viel Zeit und Mühe auf das Studium der Rhetorik [Redekunst], Dialektik [Gesprächsführung] und besonders der Astronomie. Er lernte rechnen und verfolgte mit großem Wissensdurst die Bewegungen der Himmelskörper. Auch versuchte er sich im Schreiben und hatte unter seinem Kopfkissen im Bett immer Tafeln und Blätter bereit, um in schlaflosen Stunden seine Hand im Schreiben zu üben. Aber da er erst recht spät damit begonnen hatte, brachte er es auf diesem Gebiet nicht sehr weit. Die christliche Religion, mit der er seit seiner Kindheit vertraut war, hielt er gewissenhaft und fromm in höchsten Ehren …

Einhard, Vita Karoli Magni, Stuttgart (Reclam) 1968, S. 43ff. Bearb. d. Verf.

Einhard (ca. 770–840)
war ein Gelehrter an der Hofschule Karls des Großen. Er kannte Karl persönlich und verfasste eine Biografie über ihn („Vita Karoli Magni").

M 3

Text auf der Vorderseite: KAROLUS IMP[ERATOR] AUG[USTUS] (= Karl, der erhabene Kaiser)

M 4

Text auf der Rückseite: CHRISTIANA RELIGIO (= christliche Religion)

Arbeitsschritte „Eine biografische Skizze erstellen“

Eine Leitfrage formulieren	**Lösungshinweise zu M1 und M2**
1. Welche Frage(n) soll(en) mithilfe der biografischen Skizze beantwortet werden?	• *Wer war Karl der Große? Warum wurde die Kaiserkrönung ein so wichtiges Ereignis für das Mittelalter?*
Informationen zur historischen Person sammeln, ordnen und in kurzen Stichpunkten notieren	
2. Suche Informationen zu deiner Leitfrage.	• *Nutze die Darstellung M1 sowie die Quellen M2–M4 und die Informationen von S. 30/31.*
3. Schreibe dir stichpunktartig Informationen auf, mit denen du die Leitfrage(n) beantworten kannst.	*Arbeite z. B. folgende Informationen heraus:* • *Wann lebte Karl der Große?* • *Wann wurde er König?* • *Karl war kräftig und stark. Außerdem muss er sehr gebildet gewesen sein, denn ...* • ...
Die biografische Skizze gliedern und schreiben	
4. Über das Leben der historischen Person	• *Karl der Große wurde ... geboren und war von kräftiger Gestalt.* • *Im Jahre 768 trat er das Erbe seines Vaters Pippin an und wurde ...* • *Karl sprach neben seiner Muttersprache ...* • ...
5. Über die Leistungen/das Wirken der historischen Person	• *Im Jahr 774 eroberte er Pavia und nannte sich von nun an ...* • *Er vergrößerte sein Reich durch ...* • *Im Jahr 800 wird Karl vom Papst zum Kaiser gekrönt ... Dieser Titel gehörte bis dahin allein dem ...* • *Kaiser und ... bildeten eine Einheit, weil ...* • ...
6. Der Schluss Hier beantwortest du kurz die Leitfrage(n) aus Arbeitsschritt 1 und erklärst, woher deine Informationen stammen.	• *Es lässt sich vermuten, dass sich Karl der Große durch die Kaiserkrönung als Nachfolger der römischen Kaiser ansah. Aus seiner Sicht war er dadurch oberster Schützer der römischen Kirche und Herr über das christliche Europa. Karl war gebildet, denn ...*

1 Verfasse mithilfe der Arbeitsschritte, der Informationen von S. 34/35 sowie M1–M4 eine biografische Skizze über Karl den Großen.
Tipp: Welchen Eindruck wollte Karl der Große durch die in seinem Auftrag geprägte Münze vermitteln?

2 **Partnerarbeit:**
a) Vergleicht eure biografischen Skizzen.
b) Diskutiert Ursachen für Übereinstimmungen und Unterschiede eurer biografischen Skizzen.
Tipp: Eine biografische Skizze ist keine Quelle, sondern eine Darstellung.

3 Diskutiert, warum die Kaiserkrönung Karls des Großen ein so wichtiges Ereignis im Mittelalter war.
Tipp: Nimm M1, Z. 16–23, zu Hilfe.

Spuren der Dreiteilung der Mittelmeerwelt im Alltag

Die Dreiteilung der Mittelmeerwelt in die islamischen Reiche, das Frankenreich und das Byzantinische Reich prägte die Geschichte Europas bis in die heutige Zeit auf verschiedenste Weise.

- ***Untersuche, in welchen Bereichen des täglichen Lebens die Dreiteilung der Mittelmeerwelt noch spürbar ist und wie sie das Leben bis heute beeinflusst.***

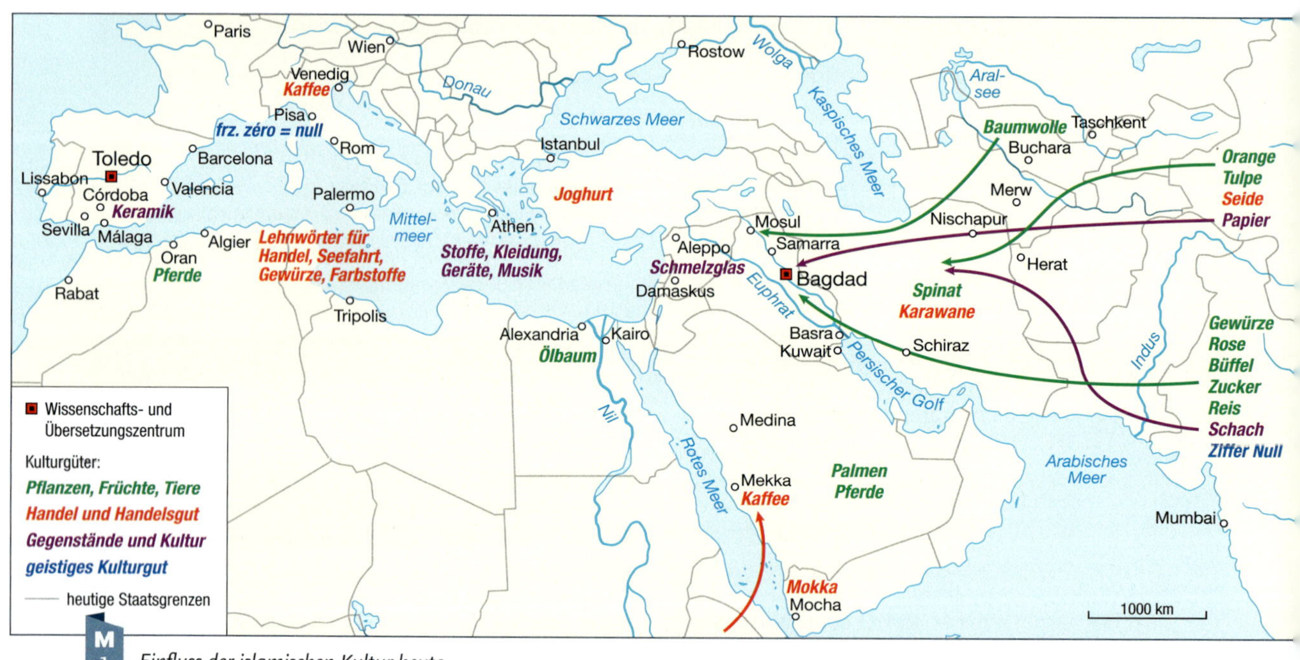

M 1 *Einfluss der islamischen Kultur heute*

Einflüsse islamischer Kultur

Durch die Ausdehnung des Islam Richtung Osten kamen Muslime mit den Kulturen Indiens und Chinas in Kontakt. Aus Indien brachten sie unter anderem Reis, Zuckerrohr, Zitrusfrüchte und Baumwolle auf die Arabische Halbinsel. Diese Güter kennen wir auch noch heute. Ursache dafür war die islamische Expansion Richtung Westen, zum Beispiel nach Spanien im 8. Jahrhundert. Aber auch der Kontakt zwischen Christen und Muslimen während der Kreuzzüge vom 11. bis 13. Jahrhundert (siehe S. 26/27) führte dazu, dass sich in Europa Pflanzen, Güter sowie technische und wissenschaftliche Errungenschaften aus dem arabischen Raum mit ihren jeweiligen Bezeichnungen wiederfanden. Auch Fremdwörter wie Alchemie, Alkohol oder Algebra, ein Teilgebiet der Mathematik, haben ihren Ursprung im islamischen Raum, wie an der arabischen Vorsilbe „al-“ zu erkennen ist. Wörter, die wir heute im Deutschen benutzen und die ihren Ursprung im arabischen Raum haben, sind über das Spanische, Französische und Italienische in den deutschen Sprachraum gelangt. Solche übernommenen Wörter heißen Lehnwörter.

M 2 Arabische Wörter, an die Wörter im Deutschen angelehnt sind

laimun	qahwa	quffa	lakk
tasa	sifr	sukkar	matrah

Blatt aus einem Evangeliar*, geschrieben in der karolingischen Minuskel, um 850. Die karolingische Minuskel war eine neue Buchstabenform, die vermutlich im Frankenreich zur Zeit Karls des Großen entstand. Sie war besonders deutlich zu lesen und besaß im Gegensatz zu ihrem Vorgänger Kleinbuchstaben. Dadurch wurde es möglich, die Worte voneinander zu trennen. Aus dieser Schrift entwickelten sich unsere heutigen Kleinbuchstaben.

Karl der Große fördert die Bildung

Der fränkische Herrscher wollte die seit dem Untergang von Rom in Vergessenheit geratene Kultur der Antike wiederbeleben. Er förderte die Bereiche Bildung, Dichtung, Künste und Wissenschaften. Später wurde diese Rückbesinnung auf die Antike „karolingische Renaissance" (Wiedergeburt) genannt. Vor allem Bischofssitze und Klöster entwickelten sich zu Kulturzentren, wo das aus der Antike überlieferte Wissen gesammelt und erhalten wurde. Karl ließ auch erste Kloster- und Domschulen gründen. Allerdings gab es noch keine Schulpflicht. Er förderte Latein als einheitliche Sprache der Gesetze, der Verwaltung, der Wissenschaften und der Kirche. Ziel war es, die Einheit des Reichs zu vertiefen, was ihm damit auch gelang.

Generell prägte Karl mit seinen Reformen die Geschichte des heutigen Frankreichs und Deutschlands. Sein Bildungsprogramm legte einen wichtigen Grundstein für die kulturelle Einheit des modernen Europas.

M 4

Auszug aus den Rechtsgrundsätzen des byzantinischen Kaisers Justinian (Regierungszeit 527 bis 565 n. Chr.)

Kaiser Justinian ließ alle kaiserlichen Gesetze sammeln und ordnen, um die Rechtsprechung in seinem Reich zu vereinheitlichen.

1, 3, 17: Gesetze kennen bedeutet nicht, sich ihre Worte anzueignen, sondern ihren Sinn und ihre Tragweite.

1, 3, 29: Gegen das Gesetz handelt, wer tut, was das Gesetz verbietet. Es umgeht aber das Gesetz der, der zwar genau den Wortlaut des Gesetzes beachtet, sich um seinen Sinn aber herumdrückt.

50, 17, 56: In Zweifelsfällen ist immer die wohlwollende Auslegung vorzuziehen.

48, 19, 5: Auf bloße Verdachtsmomente hin jemanden zu verurteilen geht nicht an ... es sei besser, wenn einmal die Tat eines Unschuldigen ungesühnt bleibt, als wenn man einen Unschuldigen verurteilt.

48, 19, 11, 2: Ein Verbrechen wird begangen mit Absicht, im Affekt oder fahrlässig.

48, 19, 20: Die Strafe wird verhängt zwecks Besserung der Menschen.

Corpus iuris, Zit. nach Geschichte in Quellen, Bd. 1, bearb. von Walter Arend, München (bsv) 1975, S. 845.

1 **Wähle eine Aufgabe aus:**

a) Arbeite heraus, in welchen Bereichen des täglichen Lebens sich die islamische Kultur heute noch finden lässt (Darstellungstext, M1).

b) Ordne folgende Lehnwörter den arabischen Wörtern aus M2 zu: Limone, Lack, Koffer, Kaffee, Zucker, Ziffer, Tasse, Matratze.

2 Begründe, inwiefern wir heute noch von der Förderung der Bildung durch Karl den Großen beeinflusst werden (Darstellungstext, M3).

3 **Recherche:** Finde heraus, warum in der Stadt Aachen jedes Jahr der „Karlspreis" verliehen wird. **Tipp:** Nimm den **Webcode** zu Hilfe.

4 **Partnerarbeit:** Diskutiert, welche Grundsätze in M4 unsere heutigen Rechtsvorstellungen beeinflusst haben.

Webcode: FG656646-039
Karlspreis

200 n. Chr. | 300 n. Chr. | 400 n. Chr. | 500 n. Chr. | 600 n. Chr.

3. Jh. Krise des Römischen Reichs

395 Teilung des Römischen Reichs in ein Ost- und in ein Westreich

476 Ende des Weströmischen Reichs

496 Taufe des Frankenkönigs Chlodwig

5. Jh. Entstehung des Frankenreichs

527–565 Kaiser Justinian in Konstantinopel

622 Übersiedlung Mohammeds von Mekka nach Medina (Hedschra)

Die Dreiteilung der Mittelmeerwelt

Neue Machtzentren nach dem Zerfall des Römischen Reichs

Ab dem 3. Jahrhundert geriet das Römische Reich durch Bedrohungen von außen in eine Krise. Zur Finanzierung des Heeres wurden die Steuern und Abgaben immer weiter erhöht. Es fehlte an Ideen, wie die Krise zu lösen war. Im Jahr 395 zerbrach das Römische Reich in eine westliche Hälfte, in der Lateinisch gesprochen wurde, und in eine griechisch bestimmte östliche Hälfte.

- *Machtzentrum Byzantinisches (Oströmisches) Reich*

Während das Weströmische Reich an Bedeutung verlor, lebte im Oströmischen Reich mit der Hauptstadt Konstantinopel (ehemals Byzantion, heute Istanbul) die Kultur des antiken Römischen Reichs weiter. Die Herrscher des Byzantinischen Reichs sahen sich in ihrem Selbstverständnis als einzig legitimer (= rechtmäßiger) Nachfolger des römischen Imperiums.

- *Machtzentrum islamische Staaten*

Unter den Nachfolgern Mohammeds, den Kalifen, verbreitete sich der Islam von Arabien aus über ganz Nordafrika bis auf die Iberische Halbinsel. Die islamischen Herrscher unterwarfen das Perserreich und gelangten bis an die Grenzen des Chinesischen Reichs in Asien.

- *Machtzentrum Frankenreich*

Die germanischen Reiche, die sich nach dem Untergang des ehemaligen Weströmischen Reichs (um 500) gebildet hatten, zerfielen alle nach und nach. Nur das Reich der Franken konnte sich dauerhaft behaupten. Die Franken hatten ab dem 3. Jahrhundert große Teile des vormals römischen Gallien erobert.

Konstantinopel – Stadt der Kaiser

Prunk und Luxus prägten das Leben in der Stadt und am Kaiserhof in Konstantinopel. Unter Kaiser Justinian entstanden große Bauwerke, wie z. B. der Neubau der Hagia Sophia, und eine Sammlung römischer Gesetze, die in Europa bis in die Neuzeit gültig waren.
Das Byzantinische Reich besaß eine eigene Kultur, die griechisch geprägt war und in der Traditionen der römischen und der griechischen Antike weiterlebten. Die meisten Menschen sprachen griechisch, was gleichzeitig die „Amtssprache“ war.
Der Patriarch von Konstantinopel stritt mit dem Bischof in Rom, dem Papst, darüber, wer die Führungsrolle unter den Christen besaß. Die Auseinandersetzung mündete 1054 in der Spaltung der Kirche in die „orthodoxe“, unter Leitung Konstantinopels, und die „katholische Kirche“ unter der Leitung Roms. Die Spaltung existiert bis heute. Weltweit bekennen sich etwa 300 Millionen Menschen zum orthodoxen Christentum, die größte Nationalkirche ist die russisch-orthodoxe Kirche.

Religiöse Vielfalt und Toleranz in Al-Andalus im 8. bis 10. Jahrhundert

Im islamischen Spanien, Al-Andalus, lebten Christen, Muslime und Juden meist friedlich zusammen. Unter den islamischen Herrschern durften Juden und Christen ihre Religion frei ausüben, solange sie eine besondere Kopfsteuer bezahlten. Die Angehörigen beider Religionen besaßen unter der islamischen Herrschaft einen Schutzstatus und wurden Dhimmi (Schutzbefohlene) genannt.
In der Hauptstadt Córdoba wurde im frühen Mittelalter das gesammelte Wissen der Antike bewahrt. Die Kalifen gründeten Übersetzerschulen, in denen sie anti-

700 n. Chr. | 800 n. Chr. | 900 n. Chr. | 1000 n. Chr. | 1100 n. Chr.

800 Kaiserkrönung Karls des Großen

9./10. Jh. Iberische Halbinsel unter islamischer Herrschaft – religiöse Vielfalt, Bildung, Wissenschaft

1054 Trennung der christlichen Kirche in orthodoxe und katholische Kirche

11.–13. Jh. Kreuzzüge: Kriege zwischen Christen und Muslimen

ke Bücher ins Arabische und später auch ins Lateinische übertragen ließen. Die Kenntnisse der islamischen Gelehrten in Medizin, Baukunst, Philosophie, Naturwissenschaften und Landwirtschaft übertrafen bis ins 12. Jahrhundert die Kenntnisse und Leistungen der Mittel- und Nordeuropäer. In der Mathematik wird heute noch mit arabischen Ziffern (0–9) gerechnet.

Die Kreuzzüge

Die Kreuzzüge begannen mit einem Aufruf von Papst Urban II. im Jahr 1095 in Frankreich. Die Hauptstadt des griechisch-orthodoxen Christentums, Konstantinopel, sollte gegen Eroberungszüge islamischer Heere geschützt und Jerusalem von den Muslimen erobert werden. Wer als Kreuzfahrer ins „Heilige Land" zog, dem wurde die Vergebung seiner Sünden zugesichert. Es brachen Ritter, Mönche und einfaches Volk aus unterschiedlichen Motiven auf. Einige waren erfüllt von der Idee, für ihren Glauben zu kämpfen. Andere flohen vor sozialen und wirtschaftlichen Problemen in ihrer Heimat. Auf dem Hinweg kam es zu Judenverfolgungen durch Kreuzfahrer in deutschen Städten. Im Jahre 1099 eroberten die Kreuzfahrer die Stadt Jerusalem und töteten viele Juden und Muslime. Nun entstanden im Nahen Osten christliche Reiche.

Gegenseitige Feindbilder von Christen und Muslimen schürten Hass und Kampfbereitschaft. Im Alltag überwog jedoch trotzdem ein friedliches Nebeneinander. Dieses wurde durch Verträge abgesichert.

Missionare christianisieren Westeuropa

König Chlodwig I. (482–511) aus der Herrscherfamilie der Merowinger besiegte den letzten römischen Machthaber in Gallien und alle seine fränkischen Rivalen. Als er mit seiner Taufe den christlichen Glauben annahm, gewann er die Kirche als wichtige Stütze seiner Herrschaft. Er legte damit die Grundlage für eine allmähliche Verschmelzung von germanischer und christlich-römischer Kultur. Die Franken in Westeuropa waren auch nach der Taufe Chlodwigs 496 oft nur dem Namen nach Christen. Viele verehrten weiter die Götter ihrer Vorväter. In irischen, englischen und schottischen Klöstern hingegen lebten die christlichen Mönche bescheiden und in großer Hingabe für ihren Glauben. Viele von ihnen zogen als Wanderprediger umher, um die Menschen zum Christentum zu bekehren. Der Mönch Bonifatius (672/673–754) war der bedeutendste unter diesen Wandermönchen. Er zog durch Hessen, Thüringen, Bayern und Friesland. Im Auftrag des Papstes gründete er eine Vielzahl von Pfarreien, Klöstern und Bistümern.

Karl der Große: Römischer Kaiser und Beschützer der Christen

Als im Frankenreich die Familie der Merowinger immer mehr an Macht verlor und schließlich die Karolinger die Königsherrschaft übernahmen, spielte zum ersten Mal der Papst, der Bischof von Rom, eine bedeutende Rolle: Er krönte den Hausmeier Pippin, weil er sich als Gegenleistung Schutz und Unterstützung für die Kirche versprach.

Pippins Sohn Karl (768–814), der heute Karl der Große genannt wird, wurde der erste bedeutende Herrscher des Mittelalters. Mit brutaler militärischer Gewalt vergrößerte Karl sein Reich und unterwarf das Volk der Sachsen.

Im Jahre 800 wurde Karl in Rom von Papst Leo III. zum Kaiser gekrönt. Er verstand sich als Nachfolger der römischen Kaiser der Antike und gleichzeitig als Schutzherr des Papstes und der christlichen Kirche im Westen Europas. Diese Verbindung von Papst und Kaiser bestimmte die Politik im ganzen europäischen Mittelalter.

In diesem Kapitel konntest du folgende Kompetenzen erwerben:

- die Dreiteilung des Mittelmeerraumes nach dem Römischen Weltreich herausarbeiten und beschreiben
- mithilfe von Auszügen aus der Geschichtsschreibung und einer Quelle eine biografische Skizze zu einem Nachfolger des römischen Imperiums verfassen
- heutige Spuren der Dreiteilung der Mittelmeerwelt wahrnehmen und diskutieren
- **Methode:** Ein historisches Urteil bilden

Folgende Begriffe und Personen hast du kennengelernt:

- Dreiteilung der Mittelmeerwelt
- Byzantinisches Reich
- Weströmisches Reich
- Frankenreich
- Islam und islamische Reiche
- Mohammed
- Hedschra
- islamische Kultur
- Chlodwig
- Karl der Große

1 Wähle eine Aufgabe aus:

a) Suche dir drei Begriffe aus und erkläre sie mit eigenen Worten.

b) Stelle die Bedeutung der genannten Personen in diesem Kapitel dar.

M1

Taufbecken, etwa zwei Meter tief, aus der Nähe von Karthago (heute Tunesien), 6. Jh. n. Chr.

M2

Gottesdienst in einer Synagoge, spanische Buchmalerei, 14. Jh.

M3

Gottesdienst in einer Moschee, persische Buchmalerei, 13. Jh.

Richtig oder falsch?

1. Die Religionen Christentum und Islam entstanden beide in Asien.
2. Um 700 n. Chr. waren auf dem Boden des Römerreichs drei neue Machtzentren entstanden.
3. Die Kaiser des Byzantinischen Reichs sahen sich als Nachfolger der römischen Kaiser.
4. Karl der Große heißt „Vater Europas", weil er die Europäische Union gründete.
5. Damaskus, Bagdad und Córdoba waren bedeutende Hauptstädte islamischer Reiche.
6. Chlodwig ließ sich taufen, weil der Papst ihm Land und Beute versprochen hatte.

Der Historiker Michael Borgolte über Europa (2006):

Europa war keineswegs identisch mit der Verbreitung der lateinischen Sprache, dem Abendland oder dem Bereich der Papstkirche. Es war ein Raum, in dem sich, verglichen mit der Vorgeschichte und den anderen Teilen der gleichzeitigen Welt, in einzigartiger Weise der Monotheismus durchgesetzt hatte: der Glaube an einen einzigen ... Gott, freilich ausgeprägt in drei Religionen. Eine davon, das Christentum, zerfiel noch in zwei Richtungen, die griechischslawische Orthodoxie und den römischen Katholizismus. Der Sieg des Monotheismus über Vielgötterei ... war nie vollkommen, doch er unterschied Europa von der Antike ebenso wie vom Fernen Osten, er hat in diesem Sinne Europa „gemacht". Keine der drei Religionen hat Europa jemals ganz beherrscht und jede hat umgekehrt über Europa hinausgereicht ...
Die muslimische Welt und das Oströmische Reich haben miteinander gemein, dass sie die Trennung von „Staat" und Religion beziehungsweise „Kirche" nicht kannten.

Michael Borgolte, Christen, Juden, Muselmanen. Die Erben der Antike und der Aufstieg des Abendlandes 300–1400 n. Chr., München (Siedler) 2006, S. 9f.

Lückentext:

In Europa setzte sich der Glaube an einen ________ Gott durch. Dieser Monotheismus wurde durch drei Religionen verkörpert, nämlich das Judentum, das ________ und den ________. Die Christen im Westen Europas waren katholisch wie der Merowingerkönig ________. Im östlichen Mittelmeerraum lebten die orthodoxen Christen, die nicht Lateinisch, sondern überwiegend G________ sprachen. Der Glaube an viele Götter, wie er in Griechenland und ________ praktiziert worden war, gehörte durch den Untergang des ________ Reiches der Vergangenheit an. Nach der Antike folgte nun die Epoche des ________.

Methoden- und Interpretationskompetenz

1 Ordne die Bilder M1–M3 einer Religion zu.
Tipp: Achte auf die Bildunterschrift.

2 Überprüfe, ob die Aussagen in M4 richtig oder falsch sind. Begründe deine Entscheidung.

Geschichte darstellen (narrative Kompetenz)

3 Verfasse mithilfe der Arbeitsschritte auf S. 37 eine biografische Skizze über den byzantinischen Kaiser Justinian I. Nimm die Seiten aus dem Kapitel zu Hilfe.

4 Schreibe den Text M6 ab und fülle die Lücken, indem du in M5 nachliest.

Geschichte heute (geschichtskulturelle Kompetenz)

5 Stelle in einer Mind-Map alle Bereiche zusammen, in denen wir heute noch von der Dreiteilung der Mittelmeerwelt beeinflusst werden.

Webcode: FG656646-043
Selbsteinschätzungsbogen

2
Machtausübung im Mittelalter

Das Gemälde zeigt, wie sich ein Künstler im 14. Jahrhundert die Ordnung der Welt vorstellte: Als gläubiger Christ hat darin jeder seinen Platz und seine Aufgabe, alles scheint klar geordnet und friedlich geregelt zu sein. Der thronende Christus zeigt sich als Ursprung kirchlicher und weltlicher Macht. Er überträgt die Macht durch Engel auf Geistlichkeit (Papst, links kniend) und Adel (König, rechts kniend). Geistlichkeit und Adel sind durch ihre Kleidung als „Beter" und „Kämpfer" zu erkennen.
Die Ordnung sieht friedlich aus, aber die mittelalterlichen Betrachter wussten, dass viele Fragen nicht eindeutig geregelt waren und zum Auslöser für blutige Machtkämpfe werden konnten.

Beschreibe die Abbildung. Was übergibt Jesus Adel und Geistlichkeit? Welche Aufgaben könnten sich daraus für Adel und Geistlichkeit ergeben?

Ordnung der Welt, Gemälde aus dem „Decretum Gratiani", einer prachtvollen Sammlung von kirchlichen Regeln und Gesetzen, die 1366 an der Universität von Bologna entstand

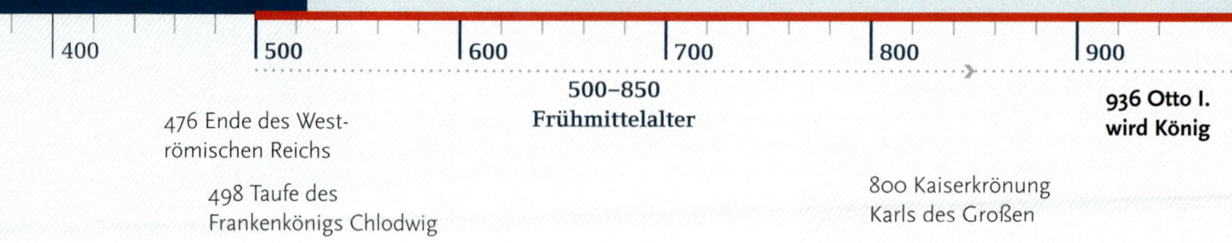

Machtausübung im Mittelalter

Im Europa des Mittelalters regierten Könige und Kaiser, Grafen*, Herzöge* und Fürsten. Sie standen an der Spitze mächtiger Reiche oder kleiner Herrschaftsgebiete. Seit dem frühen Mittelalter gewann die christliche Kirche mit ihrem Oberhaupt, dem Papst, politischen Einfluss. Sie erhob als geistliche Macht Anspruch, an der weltlichen Herrschaft der Kaiser und Könige mitzuwirken.

Die mittelalterlichen Herrscher orientierten sich an den Vorstellungen, die sich im Römischen Reich der Antike herausgebildet hatten. So nannte sich der deutsche König Otto, als er sich 962 vom Papst zum Kaiser krönen ließ, „Kaiser der Römer". Damit machte er seinen Machtanspruch deutlich: Wie die römischen Kaiser der Antike sah er sich als der unangefochtene Herrscher in Europa. Sein Reich erhielt den Namen „Heiliges Römisches Reich*".

- Wie gelang es den Königen und Kaisern im Mittelalter, ihre großen Reiche und Länder zu regieren und ihre Macht zu sichern?
- Warum kam es zu Konflikten zwischen weltlicher und geistlicher Macht und wie verliefen diese?

Europa um 1000

1000	1100	1200	1300	1400	1500

850–1250
Hochmittelalter

1250–1500
Spätmittelalter

1076 Investiturstreit

962 Kaiserkrönung Ottos des Großen

1122 Wormser Konkordat

955 Sieg Ottos I. gegen die Ungarn; Christianisierung der Slawen und Ausbreitung des Herrschaftsbereiches

1356 Goldene Bulle: Gesetz über die Königswahl

1453 Ende des Byzantinischen Reichs

M2

Christus krönt Otto II. und seine Frau Theophanu. Elfenbeinrelief, 982

M3

König Heinrich IV. bei der Markgräfin Mathilde, Buchmalerei, 1114/15. Die Inschrift lautet: „Der König bittet den Abt*, auch Mathilde fleht er an." Der König bat wegen eines Streits mit dem Papst um Vermittlung.*

M4

Die Reichskrone, Foto, etwa 10. Jh. Spätestens seit dem 11. Jahrhundert wurden die Kaiser mit der Reichskrone gekrönt. Neben Edelsteinen waren auch vier Bildplatten mit Bibelzitaten eingearbeitet. Auf der hier zu sehenden Bildplatte ist Christus als Herrscher über die Welt abgebildet. Die Inschrift bedeutet: Durch mich regieren die Könige.

1 Nenne die Staaten, die heute teilweise oder vollständig auf dem damaligen Gebiet des 962 gegründeten Heiligen Römischen Reichs lagen (M1). Nimm einen Atlas zu Hilfe.

2 Beschreibe M2–M4. Halte fest, was sie jeweils über die mittelalterliche Herrschaft aussagen.

Der Zerfall des Frankenreichs

Nach dem Tod Karls des Großen (vermutlich 814) geriet das Frankenreich in eine Krise. Es stellte sich die Frage, ob die Einheit des fränkischen Großreichs künftig erhalten werden könnte.

- ***Warum zerbrach das Frankenreich?***
- ***Wie entstand das Deutsche Reich?***

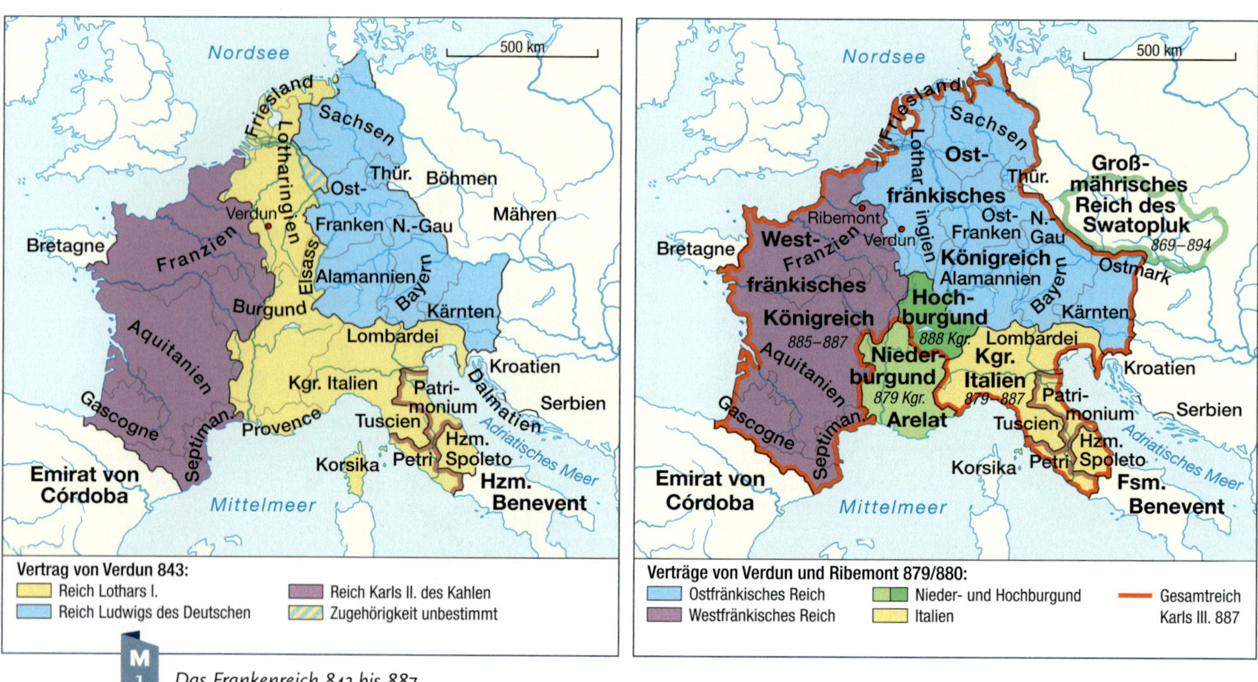

M 1 *Das Frankenreich 843 bis 887*

Die Auflösung des fränkischen Großreichs

Ludwig der Fromme (vermutlich 813/814–840), dem Sohn Karls, gelang es als Nachfolger auf dem Thron nur unter großen Mühen, die Reichseinheit vorerst zu erhalten. Er war aber im Verlauf des Streits mit seinen drei Söhnen um die Macht nicht stark genug, eine von allen akzeptierte Nachfolgeordnung durchzusetzen. Als Ludwig 840 starb, kam es zum blutigen Konflikt zwischen seinen Söhnen. Die Auseinandersetzung endete 843 im Vertrag von Verdun mit der Teilung des Reichs: Karl der Kahle erhielt das West-, Ludwig der Deutsche das Ostreich, und der älteste Sohn Lothar sicherte sich das Mittelreich und die Kaiserwürde.

Nach Lothars Tod 855 zerfiel das Mittelreich und wurde unter den Brüdern aufgeteilt. Aber nicht nur durch innere Streitigkeiten wurden die fränkischen Teilreiche geschwächt, sondern auch von außen durch häufige Überfälle der Wikinger, Beutezüge der Ungarn und Araber im Mittelmeerraum. Mit dem Vertrag von Ribemont kamen die Teilungen des Frankenreichs im Jahre 880 zum Abschluss. Der Westteil von Lotharingien fiel an das Ostfränkische Reich.

König und Stammesherzöge – ein Machtkampf

Als im Jahr 911 der letzte Karolinger starb, erlosch die ostfränkische Linie dieses Herrscherhauses. Die Bedrohungen von außen hielten an, im Inneren wuchs die Macht der Stämme, wie der Franken und Sachsen. Obwohl das karolingische Herrscherhaus in Westfranken weiterbestand, wählten Sachsen, Franken, Bayern und Schwaben im November 911 den Franken Konrad zum neuen König. Damit gaben sie die Bindung an die karolingische Dynastie* auf, denn Konrad I. war kein Karolinger.

Mit dem Aufstieg der Stammesherzöge wurde die Königsmacht eingeschränkt. Als Konrad schließlich im Kampf gegen die Ungarn versagte und sich immer stärker in Machtkämpfe mit den Stammesherzögen verwickelte, zeigte sich der Kern des Konflikts: Es ging um die Machtverteilung zwischen Königtum und Stammesherzogtümern. Auch ein Bündnis mit der Kirche brachte Konrad nicht weiter. Schon bevor er 918 starb, hatten sich die Stammesherzöge in Sachsen, Bayern und Schwaben gegen den König durchgesetzt. Am Ende seines Lebens gab er noch den Anstoß, den Sachsenherzog Heinrich, den mächtigsten der Stammesherzöge, zum König zu wählen.

Vom Frankenreich zum „Reich der Deutschen"

Heinrich I. (919–936) beendete die Politik seiner beiden Vorgänger, zusammen mit der Kirche gegen die Stammesherzogtümer vorzugehen. Durch ein besseres Verhältnis zu den Stämmen hielt er den Niedergang des Reichs auf. Die Herzogtümer Schwaben und Bayern konnte er allerdings nur mit politischem und militärischem Druck einbinden. Die Anerkennung der Herzogtümer als „Teilmächte" gab ihm den Spielraum, das Reich auch nach außen, z. B. gegen die Ungarn und gegen slawische Stämme, zu sichern. Ein gemeinsames Bewusstsein im „neuen" Reich kommt dadurch zum Ausdruck, dass aus seiner Regierungszeit der Begriff des „Reichs der Deutschen" anstatt des „Fränkischen Reichs" in den Quellen überliefert ist.

Nach dem Tode Heinrichs I. wurde sein Sohn Otto I., den er zu Lebzeiten als seinen Nachfolger ernannt hatte, 936 zum deutschen König „von Gottes Gnaden" gekrönt. Nach seiner Krönung stellte sich aber zunächst die Frage, wie der neue Herrscher und seine Nachfolger (= „Ottonen") die Reichsmacht gegenüber den Herzogtümern und nach außen sichern würde.

Gottesgnadentum

Alle mittelalterlichen Könige begründeten seit König Pippin (Krönung 754) ihre Herrschaft mit dem „Gottesgnadentum". Nach diesem Verständnis gründete sich die Legitimation (= Rechtfertigung) zu regieren auf der Überzeugung, dass die Herrschaft von Gott direkt auf den jeweiligen Herrscher übertragen und er direkt von Gott eingesetzt wurde.

M2

Ludwig der Fromme als „Soldat Christi", Buchmalerei, um 831

1 Beschreibe den Zerfall des Frankenreichs (M1, Darstellungstext).

2 Begründe, inwiefern ein Zusammenhang zwischen Nachfolgeregelung und Stabilität des Reichs bestand (Darstellungstext).

3 **Geschichte darstellen:**

a) Fasse zusammen, zu welchen Konflikten es nach dem Tod Karls des Großen gekommen ist (Darstellungstext).

b) Erkläre, wie Heinrich I. die Konflikte löste (Darstellungstext, Z. 47–60).

4 **Wähle eine Aufgabe aus:**

a) Untersuche mithilfe des Begriffskastens, wie das Verhältnis von geistlicher und weltlicher Herrschaft in M2 dargestellt wurde.

b) Beurteile, was M2 über das Selbstverständnis mittelalterlicher Herrscher aussagt. Nimm auch den Begriffskasten zu Hilfe.

Eine schriftliche Quelle analysieren

Durch die Krönung 936 wurde Otto I. zu den mächtigsten Herrschern des Mittelalters. Der folgende Bericht über seine Wahl und Krönung ist ein „Schlüsseldokument" der Geschichtsforschung. Fast alle Nachfolger Ottos wurden nach diesem Ablauf zum König gekrönt. Die Arbeitsschritte leiten dich an, diese Schriftquelle sorgfältig zu lesen, zu verstehen und zu beurteilen.

M 1

Bericht Widukinds von Corvey (ca. 925–um 973) über die Wahl und Krönung König Ottos I. 936

Widukind war ein sächsischer Mönch aus dem Kloster Corvey an der Weser, wo er um 970 die „Sachsengeschichte" verfasste. Er hat Otto I. wahrscheinlich mehrmals persönlich getroffen. Sein Geschichtswerk diente dem Ziel, das Ansehen des Herrschers und seiner Familie zu vermehren. Der Ort der Krönung war die fränkische Pfalz Aachen[1]:*

Nach der Ankunft dort versammelten sich die Herzöge und die vornehmsten Grafen mit der Schar der führenden Krieger in dem Säulenhof, der an die Kirche Karls des Großen angrenzt. Sie setzten den neuen Herrscher auf einen hier errichteten Thron, reichten ihm die Hände [= leisten ihm Mannschaft], gelobten ihm Treue und Hilfe gegen alle Feinde und machten ihn so nach ihrem Brauch zum König ... Als er [Otto I. in die Kirche einzog] ... fasste der Erzbischof [von Mainz] die Rechte [Hand] des Königs, ... wandte sich zu dem Volk, das im Umkreis stand, ... und rief: „Seht, hier führe ich zu euch den von Gott erwählten, früher vom Reichsherrn Heinrich bezeichneten und jetzt von allen Fürsten zum König gemachten Otto. Wenn ihr dieser Wahl zustimmt, so hebt zum Zeichen dafür die Rechte [Hand] zum Himmel!" Darauf hob das ganze Volk die Rechte in die Höhe und wünschte mit kräftigem Zuruf dem neuen Herrscher Glück. Dann schritt der Erzbischof mit dem König, der ein eng anliegendes Gewand nach Frankenart trug, hinter den Altar, auf dem die königlichen Herrschaftszeichen [Insignien] lagen: das Schwert mit dem Wehrgehenk, der Mantel mit den Armspangen, der Stab mit dem Zepter und die Krone ... [Nach deren Übergabe] wurde er von den beiden Erzbischöfen [von Mainz und Köln] mit heiligem Öl gesalbt[2] und mit der goldenen Krone gekrönt ... Nach ordnungsgemäßem Vollzug der Weihe wurde er von den gleichen Erzbischöfen zum Thron geführt ..., dass Otto dort alle sehen und von allen gesehen werden konnte. Nun wurde das Tedeum[3] gesungen und das Messopfer gefeiert. Dann stieg der König herab und ging [in die Königshalle]. Er trat zu dem Marmortisch, der mit königlichem Prunk gedeckt war, und setzte sich mit den Erzbischöfen und allem Volk; die Herzöge taten Tischdienst. Der Lothringerherzog Giselbert, zu dessen Machtbereich Aachen gehörte, hatte die Oberaufsicht; Eberhard [Frankenherzog] besorgte den Tisch, Hermann der Franke [Schwabenherzog] überwachte die Schenken[4], Arnulf [Bayernherzog] sorgte für die Reiterschaft ...

Sachsengeschichte, zit. nach Arno Borst, Lebensformen im Mittelalter, Hamburg 2004 (Nachdruck der Originalausgabe Frankfurt/M. 1973), S. 490ff.

[1] *einst die Lieblingspfalz Karls des Großen*
[2] *Die Salbung war ein religiöses Ritual* zur Übertragung politischer Macht.*
[3] *auf Deutsch: Lob Gottes*
[4] *Mundschenk = Verwalter der Weinberge des Königs*

Herrschaftsinsignien (= Herrschaftszeichen)

Bis zum Ende des Heiligen Römischen Reichs (1806) wurden den Königen und Kaisern die Herrschaftsinsignien als Symbole ihrer Herrschaft verliehen. Ein Herrscher musste die heiligen Gegenstände besitzen und sich mit ihnen dem Volk zeigen, denn sie verliehen seiner Herrschaft die Rechtmäßigkeit. Die wichtigsten Insignien waren die Krone, die heilige Lanze, das Zepter, der Reichsapfel, der Mantel und das Schwert.

1 Untersuche M1 mithilfe der Arbeitsschritte. Ergänze die Lösungshinweise an den Auslassungszeichen.
2 Verfasse eine „Tagesordnung" des Krönungstags.
3 Diskutiert in Kleingruppen mithilfe von M1 und des Begriffskastens in der Klasse die Bedeutung
   a) der symbolischen Handlungen der Salbung und Krönung eines Königs im Mittelalter,
   b) von Herrschaftsinsignien im Mittelalter.

Arbeitsschritte „Eine schriftliche Quelle analysieren“

Quelle und Autor (Verfasser) einordnen	Lösungshinweise zu M1
1. Wer ist der Autor der Quelle? (Augenzeuge; besondere Beziehungen zwischen ihm und einer der beschriebenen Personen)	• *Widukind von Corvey, ein sächsischer Mönch* • *kein Augenzeuge, Widukind war 936 ca. elf Jahre alt* • *Kontakt zur Königsfamilie (Zeugen der Krönung)*
2. Wann und wo wurde die Quelle geschrieben? (zeitlicher und örtlicher Abstand zum Ereignis)	• *um 970 im sächsischen Kloster Corvey an der Weser; ca. 35 Jahre nach dem Ereignis*
3. Um welche Art von Text handelt es sich? (z. B. Brief, Urkunde, Gesetz, Geschichtsbuch)	• ...
4. An wen ist der Text gerichtet?	• ...
Textinformationen entnehmen	
5. Welche Begriffe muss ich klären?	• *Lexikon; hier z. B. Pfalz, Erzbischof, Wehrgehenk ...*
6. Wie ist die Quelle aufgebaut? Finde Überschriften für die dir wichtig erscheinenden Abschnitte.	*1) erste Thronsetzung, Mannschaft und Treueid durch Herzöge und Grafen Z. 8–15* *2) Bestätigung der Königswahl durch Handzeichen und Rufe aller Anwesenden („das ganze Volk“) Z. 16–26* *3) Übergabe der Herrschaftszeichen, Salbung und Krönung durch die Erzbischöfe Z. 26–35* *Weitere Abschnitte: ... Z. 36–39; ... Z. 39–48; ... Z. 49–51*
7. Welche Schlüsselbegriffe (= wichtige oder wiederholte Wörter) werden verwendet?	*Wahl, wählen, erwählt; Volk; Otto wurde mehrfach „ge/erwählt“: von Gott erwählt, von Heinrich bezeichnet ...*
8. Was ist die Hauptaussage des Textes? Fasse sie in ein bis zwei Sätzen zusammen.	*Otto I. wird nach seiner Wahl durch Herzöge und Grafen in sein Königtum eingesetzt; der hohe Adel verpflichtet sich ihm gegenüber zur Treue. Zu der Zeremonie gehören die Übergabe der Herrschaftszeichen, die Salbung und Krönung durch ...*
Tatsachen von Meinungen unterscheiden und selbst Stellung nehmen (beurteilen)	
9. Welche Absicht verfolgte der Autor?	*Widukind wollte ...*
10. Welche Aussagen des Textes scheinen dir historisch zuverlässig zu sein, welche sind eher individuelle Meinungen des Autors? Aus welcher Perspektive* betrachtet der Autor das Geschehen? Prüfe Textaussagen mithilfe anderer Informationsquellen (Schulbuch, Fachbücher).	*Widukind betont die fränkische Tradition: Königswahl durch Fürsten; „Kirche Karls des Großen“ ...* *Die Perspektive des Autors: Für ihn ist diese Königserhebung rechtmäßig, weil ...* *Das ganze Geschehen wirkt sehr harmonisch. Auffällig ist aber, dass Ottos Brüder nicht erwähnt werden.*
11. Wie wurde das Ereignis aus damaliger Sicht beurteilt?	*Der Adel unterstützt die Krönung Ottos I. und erkennt ihn als rechtmäßigen König an.*
12. Welche Meinung vertrittst du zur Quelle?	*keine „demokratische“ Wahl – eher eine zeremonielle öffentliche Bestätigung der Entscheidung für Otto I., die bereits zuvor in nicht öffentlichen Absprachen getroffen wurde*

Zusatzaufgabe: siehe S. 147

Wie regierte ein König?

Wie alle Könige und Kaiser des Mittelalters musste Otto I. seine Macht dauerhaft sichern und ausbauen. Wichtig für die Königsherrschaft waren die Pfalzen. Hier hielten sich Könige und Kaiser des Mittelalters auf und erledigten ihre Regierungsgeschäfte.

- ***Wähle ein Material aus (A oder B) und untersuche, wie ein mittelalterlicher König regierte.***

Aufgabe für alle:

1 a) Stelle dar, welche Herrschaftsgebiete des Reichs Otto I. häufig, selten oder gar nicht besuchte (M1).

b) Beantworte die Frage in der Überschrift.

Reisekönigtum statt Hauptstadt

Die mittelalterlichen Herrscher hatten keinen festen Wohnsitz und es gab keine Hauptstadt. Um ihre Regierungsgeschäfte auszuüben, reisten sie durch ihr Herrschaftsgebiet und hielten sich in großen Klöstern, Burgen oder eigens dafür ausgebauten Pfalzen auf. Der König wurde begleitet vom Königshof. Zu diesem gehörten die königliche Familie, die weltlichen und geistlichen Berater des Königs und eine große Zahl weiterer Gefolgsleute, die manchmal über tausend Personen umfassten. Das Leben dieser reisenden Könige, ihrer Frauen, Kinder und Bediensteten muss man sich strapaziös vorstellen. Viele Königinnen und kleine Kinder erkrankten oder starben, da sie den Anstrengungen nicht gewachsen waren.

Die Aufgaben des Königs

Als „Gesalbter des Herrn" hatte der König die Aufgabe, die Kirche und das Christenvolk zu schützen. Zu einer der wichtigsten Aufgaben des Königs gehörte es deshalb, den Frieden in seinem Herrschaftsgebiet zu bewahren. Gegen äußere Feinde musste er das Heer anführen. Nur er durfte im Namen des Reichs Verträge schließen. Auch im Innern seines Herrschaftsgebiets hatte er dafür zu sorgen, dass der Friede gewahrt wurde. An seinem jeweiligen Aufenthaltsort stellte er Urkunden aus, sprach Recht und prüfte, ob seine Anhänger sich ihm gegenüber treu verhielten. Bei der Regierungsarbeit wurde der König von schriftkundigen Geistlichen und der königlichen Kanzlei unterstützt. Im 11. Jahrhundert entstand eine neue Gruppe von Dienstleuten des Königs, die Ministerialen*.

Die ständigen Auseinandersetzungen zwischen konkurrierenden Adelsfamilien erschwerten die Aufgaben des Königs beträchtlich. Dass sich der König selbst seiner Macht nie sicher sein konnte, zeigt ein Vorfall aus dem Jahr 953: Damals wollte Otto I. mit seinem Gefolge in der Pfalz Ingelheim das Osterfest verbringen. Als bekannt wurde, dass sein Sohn Liudolf und sein Schwiegersohn Konrad mit anderen Adligen einen Aufstand gegen ihn organisierten, verließ er samt Gefolge die Pfalz und zog über Mainz und Köln nach Dortmund weiter, wo es ihm sicherer schien.

Pfalz

Der Begriff „Pfalz" leitet sich vom Wohnsitz der antiken römischen Kaiser auf dem Hügel Palatin ab. Im deutschen Sprachgebrauch entstand daraus das Wort „Palast". Burgen und Pfalzen waren für das mittelalterliche Königtum Stützpunkte der Macht.

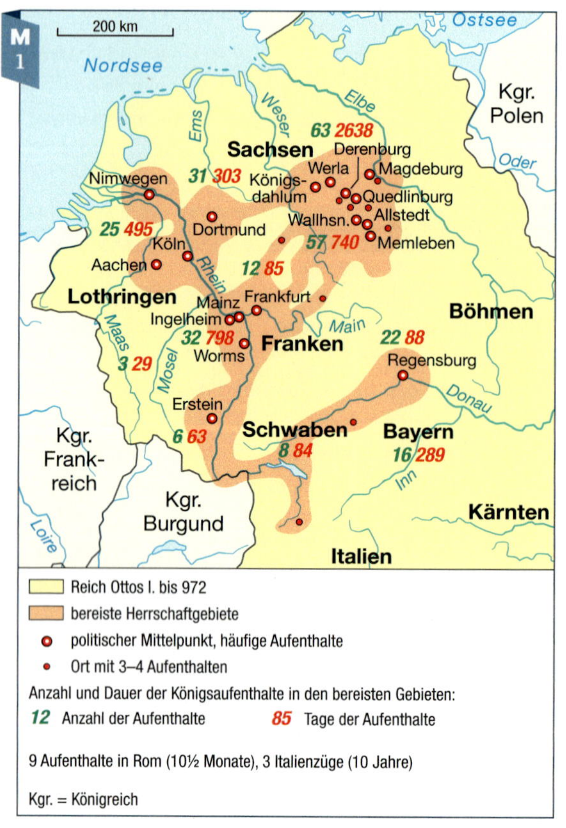

Bereiste Herrschaftsgebiete und Aufenthalte Ottos I. Rekonstruierte Wegbeschreibungen der reisenden Herrscher werden Itinerare (lat. Itinerarien: Wegebücher) genannt.

A

M 2

Digitale Rekonstruktion der Aula regia (= Königshalle) der Ingelheimer Pfalz

M 3

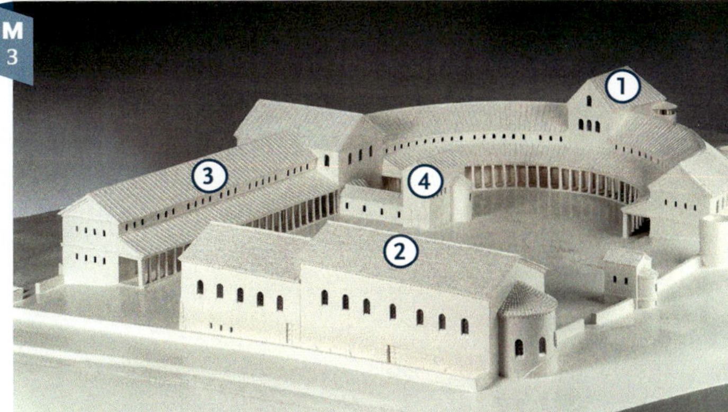

Die Pfalz Ingelheim um 800, Modell, 2006. Die karolingische Pfalz gilt als eine der bedeutendsten fränkischen Königspfalzen.

1 Heidesheimer Tor, Hauptzugang

2 Aula regia mit halbrundem Raumteil (= Thronapsis, siehe M3)

3 Wohngebäude

4 Pfalzkapelle

1 Erkläre mithilfe des Darstellungstextes, warum der König im Mittelalter so viel reiste.

2 Begründe, warum sich die Anlage der Ingelheimer Pfalz (M3 und M4) für die Regierungsgeschäfte des Königs eignete.

M 4

Königssiegel Ottos I., benutzt 936–961. Umschrift: + OTTO D(ei) GR(ati)A REX (= Otto König von Gottes Gnaden). Siegel wurden aus Wachs hergestellt und mithilfe eines Siegelstocks auf Urkunden oder Verträgen befestigt. Damit bestätigte der König die Rechtmäßigkeit des Dokuments. Auf diese Weise sprach der König Recht. Auf Reisen hatte er den Siegelstock immer bei sich, um seine Aufgaben zu erfüllen.

Wie regiert ein König sein Reich? (2011):

[Das Reisekönigtum] war darin begründet, dass es noch keine zuverlässige Vorratshaltung gab, um das ganze Jahr über genügend Lebensmittel für eine große Gesellschaft bereitzuhalten. Zweitens musste der König in allen Gebieten seines Reichs regelmäßig anwesend sein, um hier politische Entscheidungen zu treffen oder Streitigkeiten zu lösen.

Claudia Garnier, Wie regiert der König sein Reich?, in: Praxis Geschichte, H.1, 2011, S. 27.

1 Erkläre, warum Siegel (M4) sehr wichtig für die Herrschaftsausübung des Königs gewesen sind.

2 Begründe, warum sich der König nie dauerhaft an einem Ort aufhalten konnte (M5).

Tipp: Nimm den Darstellungstext zu Hilfe.

Die Herrschaft Ottos I.

Die Regierungszeit Ottos I. von 936 bis 973 zeigt, dass die mittelalterlichen Könige nicht allmächtig waren. Es gab weitere Kräfte im Reich, die Macht beanspruchten: die weltlichen Fürsten und die Kirche mit ihrem Oberhaupt, dem Papst.

- ***Welche Konflikte entstanden um die Macht des Königs und Kaisers?***

M 1

Die Kaiserfamilie Ottos I. mit Christus, Elfenbeinschnitzerei, 10. Jh. Christus in der Mitte, oben zwei Engel, rechts und links die beiden Heiligenfiguren Maria und Mauritius, Schutzpatron des von Otto I. gegründeten Erzbistums Magdeburg. Unten: der Kaiser, sein Sohn und die Kaiserin.

Otto I. und die geistlichen und weltlichen Fürsten

Mit der Salbung, die Otto I. bei seiner Erhebung zum König erhalten hatte, war er zum Beschützer der Kirche und des Reichs geworden. In dieser Rolle sah er sich auf der einen Seite dem Papst und den Bischöfen gegenüber, auf der anderen Seite musste er seine Machtstellung gegen die mächtigen Fürsten des Ostfränkischen Reichs behaupten.

Es ist sicher belegt, dass Otto I. die Herzöge* an sich band, indem er ihnen wichtige Ämter mit dazugehörigen Herrschaftsgebieten verlieh. Dafür verlangte er als Gegenleistung Treue und Unterstützung. Dennoch bedrohten mehrere Aufstände mächtiger Adliger seine Königsherrschaft. Als wirksames Mittel der Macht erwies sich die Politik Ottos, Bischöfen und Äbten weltliche Ämter in seinem Reich zu überlassen. Er machte darüber hinaus sein Recht geltend, höchste kirchliche Ämter zu vergeben. Dieses beanspruchte Verfügungsrecht über die Geistlichen führte zu einer engen und dauerhaften Beziehung zwischen König und Kirche. Da die Geistlichen unverheiratet waren und keine Erben hatten, fiel das verliehene Amt und Herrschaftsgebiet nach ihrem Tode auch wieder an den König zurück. Zu den bekanntesten Beispielen gehörte Ottos Bruder Brun: Er war Erzbischof von Köln und erhielt zusätzlich die Herzogwürde von Lothringen. Von 961 bis 964 verwaltete Brun das Reich, während sich sein Bruder in Italien aufhielt.

Sieg über die Ungarn und Christianisierung

Nach außen vertrat Otto seinen Machtanspruch äußerst erfolgreich: Er konnte die andauernden Ungarneinfälle abwehren und beendete 955 deren seit Jahren andauernde Raubzüge auf die südöstlichen Grenzgebiete des Reichs. Dem Sieg über die Ungarn folgten auch Siege über die Slawen östlich der Elbe. Von Magdeburg aus, wo er 968 ein neues Erzbistum eingerichtet hatte, trieb er die Christianisierung der Slawen weiter voran. So gründete er in den Ostgebieten zahlreiche Bistümer, Dorfkirchen, Dome und Klöster. Im Süden band er Burgund, Lothringen und Italien in seinen Herrschaftsbereich ein. Durch diese Expansion vergrößerte er seine Macht.

Die Kaiserkrönung 962

962 zog Otto I. mit seinem Gefolge nach Rom, wo ihn Papst Johannes XII. durch die symbolischen Handlungen der Salbung und Krönung zum Kaiser des gleichzeitig gegründeten „Heiligen Römischen Reichs“ (im späten 15. Jahrhundert erhielt es noch den Zusatz „Deutscher Nation“) ernannte. In einem kaiserlichen Privileg* versprach er, den Papst und die Kirche zu schützen. Im Gegenzug erhielt er das Treueversprechen des Papstes. Otto I. sah sich als Kaiser des „Heiligen Rö-

mischen Reichs" gleichzeitig als Nachfolger der römischen Kaiser der Antike sowie Beschützer des ganzen Christentums.

Als der Papst sah, dass sich Otto I. in Italien durchsetzte und seinen Einfluss festigen konnte, schloss er sich mit den Gegnern des Kaisers zusammen. Daraufhin ließ Otto den Papst im November 963 absetzen und bestimmte als neuen Papst Leo VII. Den König von Italien, Berengar II., nahm er gefangen. Als Kaiser Otto im Sommer 972 Italien verließ, stand er auf dem Höhepunkt seiner Macht. Dennoch brachte das Kaisertum dem König keine unmittelbare Vergrößerung seiner Herrschaft, wohl aber einen Zuwachs an Ansehen und Würde. Seit der Kaiserkrönung Ottos I. bis zum Ende des Mittelalters waren die ostfränkisch-deutschen Könige auch immer Anwärter auf die Kaiserkrone des Reichs.

M 2

Die Schlacht auf dem Lechfeld im Jahr 955, Buchmalerei, 1457. Wegen der Truppengröße der Ungarn hatten sich die ostfränkischen Stammesherzöge unter der Führung Ottos I. zu einem gemeinsamen Heer vereinigt. Der Sieg steigerte das Ansehen Ottos und festigte den Zusammenhalt der ostfränkischen Stammesherzöge zum König.

1 Erkläre anhand von M1, wie der Künstler die Stellung des Kaisers und seiner Familie darstellte.

2 Arbeite mithilfe des Darstellungstextes und M2 die Erfolge und Misserfolge Ottos I. als Herrscher heraus.
Tipp: Suche in M1 auf S. 46, wo Ungarn liegt.

3 **Geschichte heute:** Stelle Vermutungen an, warum Otto I. heute „Otto der Große" genannt wird.
Tipp: Vergleiche auch die Erfolge Ottos mit denen Karls des Großen. Nimm S. 34 ff. zu Hilfe.

4 **Geschichte darstellen:** Beschreibe den Konflikt mit den Ungarn und wie dessen Lösung die Macht Ottos I. vergrößerte (Darstellungstext, M2). Nimm auch S. 48/49 zu Hilfe.

5 **Geschichte heute:**
a) Führe eine Internetrecherche durch und arbeite heraus, warum sich die Stadt Magdeburg als „Ottostadt" bezeichnet und welche Ziele sie damit verfolgt. Nimm die Arbeitsschritte „Das Internet nutzen" auf S. 157 zu Hilfe.
b) Diskutiert in der Klasse, ob die Bezeichnung Magdeburgs als „Ottostadt" gerechtfertigt ist.

Zusatzaufgabe: siehe S. 147

Webcode: FG656646-055
Otto der Große

Wer steht höher: Kaiser oder Papst?

Weltliche und geistliche Macht, oder wie wir heute sagen würden: Staat und Kirche, waren im Mittelalter nicht getrennt: Kaiser und Könige bestimmten in ihrem Herrschaftsbereich selbst, wer Bischof wurde. Die Bischöfe ihrerseits übten neben dem Kirchenamt auch die weltliche Macht aus. Im 11. Jahrhundert kam es zu einem folgenschweren Streit zwischen Kaiser und Papst über die Einsetzung („Investitur") von Bischöfen.

- ***Worum ging es bei diesem Streit und wie wurde er (vorläufig) gelöst?***

M 1 *Buchillustration zum Verhältnis zwischen Kaiser und Papst, Sachsenspiegel, 13./14. Jh.*

Warum brach der Investiturstreit aus?

Nach der im frühen Mittelalter entstandenen „Zwei-Schwerter-Lehre" hatte Gott dem Kaiser ein Schwert als Zeichen der Herrschaft über den weltlichen Bereich und dem Papst ein Schwert als Symbol der geistlichen Gewalt gegeben. Diese Herrschaftsvorstellung wurde mit zahlreichen Bibelaussagen, u. a. des Apostels Paulus, belegt. Im 11. Jahrhundert wurde die Frage, ob beide Gewalten gleichberechtigt seien oder ob zunächst der Papst beide Schwerter von Gott erhalte und dann eines freiwillig an den Kaiser weitergebe, heftig diskutiert.
Gleichzeitig ging von der Abtei Cluny in Burgund eine Reformbewegung aus, die die Kirche von weltlichen Einflüssen reinigen wollte. Die Reformer forderten z. B., dass kirchliche Ämter nicht mehr käuflich sein dürften. Weltliche Adlige hätten kein Recht, Geistliche in ein Amt einzusetzen (Investitur*). Zudem sollten Priester nicht mehr heiraten dürfen.

Was war der Höhepunkt des Streits?

Ende des 11. Jahrhunderts kam es zum erbitterten Kampf zwischen König Heinrich IV. und Papst Gregor VIII. In Mailand, das zum Reich gehörte, setzte der König gegen den Willen von Bevölkerung und Papst einen Erzbischof ein. Da drohte ihm der Papst mit der härtesten Strafe: dem Kirchenbann*. Daraufhin gerieten Heinrich IV. und viele deutsche Bischöfe in Konflikt mit dem Papst und forderten ihn im Januar 1076 auf, von seinem Amt zurückzutreten. Doch Papst Gregor machte seine Drohung wahr: Er bannte Heinrich IV. und erklärte alle ihm geleisteten Treue- und Hilfeversprechen für ungültig. Eine bislang undenkbare Situation: Die Vertreter Gottes auf Erden – der Papst und der König – erklärten sich gegenseitig für abgesetzt! Da der König unter Bann stand, war er von den Sakramenten, wie dem Abendmahl, und aus der Gemeinschaft der Christen ausgeschlossen. Das bedeutete: Allen Christen war es strengstens verboten, mit ihm zu reden oder ihm zu helfen.
Im Herbst 1076 stellten Fürsten und Bischöfe Heinrich IV. ein Ultimatum: Wenn er nicht innerhalb eines Jahres vom Kirchenbann gelöst wäre, würden sie einen neuen König wählen.
Heinrichs Thron wankte. Deshalb entschloss er sich, mit seiner Familie die Alpen zu überqueren, um Papst Gregor VII. aufzusuchen. Im Winter 1077 traf sich Heinrich mit dem Papst auf der Burg Canossa in Norditalien und unterwarf sich. Den Konflikt mit dem Papst führte er aber anschließend mit Waffengewalt weiter.

Wie wurde der Investiturstreit gelöst?

Erst unter den Nachfolgern Heinrichs IV. und Gregors VII. kam es zu einer Einigung (Wormser Konkordat*, 1122): Ein Bischof hatte auch weiterhin weltliche und geistliche Aufgaben. Er verwaltete das Bistum und bestimmte über das religiöse Leben. Nach der Auswahl eines Kandidaten im Bistum und dessen anschließender Bestätigung durch den Papst wurde ihm mit der Bischofsweihe das geistliche Amt übertragen. Zum Abschluss der Investitur verlieh der König dem Bischof die weltlichen Herrschaftsrechte.

Investitur
Als Investitur (von lat. investire = bekleiden) wird die feierliche Einsetzung von hohen Geistlichen in ihr Amt im Mittelalter bezeichnet.

Unter dem Titel „Dictatus papae" stellte Papst Gregor VII. im Jahr 1075 folgende kirchenrechtliche Grundsätze auf:

1. Einzig und allein von Gott ist die römische Kirche gegründet ...
3. Er [der Papst] ganz allein kann Bischöfe absetzen und auch wieder einsetzen ...
7. Nur er darf ... neue Gemeinden gründen ..., ein reiches Bistum teilen und arme zu einem einzigen zusammenlegen.
8. Nur er verfügt über die kaiserlichen Insignien.
9. Alle Fürsten haben die Füße einzig und allein des Papstes zu küssen ...
12. Der Papst kann Kaiser absetzen ...
18. Sein Entscheid kann von niemandem aufgehoben werden, er selbst aber kann Urteile aller anderen ... aufheben.
19. Über ihn besitzt niemand richterliche Gewalt ...
27. Er kann Untertanen vom Treueid gegen unbillige [Herrscher] entbinden.

Zit. nach Geschichte in Quellen, Bd. 2, hg. u. übers. v. Wolfgang Lautemann, 3. Aufl., München (bsv) 1978, S. 291f.

Zwei Briefe Heinrichs IV. an Papst Gregor VII.

Im Jahr 1073 schrieb Heinrich IV. dem neuen Papst:

Da weltliche und geistliche Herrschaft ... wechselseitiger Hilfe bedürfen, o mein Herr und geliebter Vater, darf zwischen ihnen auch nicht die geringste Spannung bestehen, sondern sie müssen unauflöslich zusammenhängen, wobei Christus sozusagen der Leim zwischen ihnen ist.

Zit. nach Geschichte in Quellen, Bd. 2, hg. u. übers. v. Wolfgang Lautemann, 3. Aufl., München (bsv) 1978, S. 285.

Am 24. Januar 1076 antwortete Heinrich IV. auf die Androhung des Kirchenbanns:

Heinrich, durch Gottes Willen König, an den falschen Mönch Hildebrand, der nicht mehr Papst ist ... Du hast ... gedroht, uns die Kaiserkrone zu entreißen ... und nun werden von dir noch die Untergebenen gegen ihre Herren aufgehetzt ... Sei verflucht und verdammt für alle Zeiten. Ich heiße dich vom römischen Bischofsstuhl herabsteigen, damit ein anderer ihn besteige.

Zit. nach Quellen zur Geschichte Kaiser Heinrichs IV., hg. v. Franz-Josef Schmale, Darmstadt (Wissenschaftliche Buchgesellschaft) 1963, S. 64.

Papst Gregor VII. (≈ 1020–1085) hieß eigentlich Hildebrand von Soana und war zunächst Mönch und großer Anhänger der Kirchenreform. Er wurde 1073 Papst und geriet mit König Heinrich IV. in Streit um die Vorrangstellung des Papstes gegenüber weltlichen Herrschern. Kurzfristig hatte sich Heinrich ihm 1077 in Canossa unterworfen. Bald schon belagerte dieser Rom und Gregor musste fliehen. Er starb 1085 in Salerno.

Kaiser Heinrich IV. (1050–1106) wurde als Dreijähriger zum König gewählt. Zunächst herrschte seine Mutter Agnes für ihn, 1065 übernahm er allein die Regierung. Heinrich war machtbewusst und begann, seine Position gegenüber den Fürsten im Reich auszubauen, z. B. durch einen Krieg gegen die Sachsen, und zog damit die Feindschaft vieler Adliger auf sich.

1 Beschreibe M1. Vergleiche die verwendeten Symbole mit denen im Bild S. 44 f. und in M1 auf S. 58.

2 **Methode:** Analysiere M2 und M3 mithilfe der Arbeitsschritte „eine schriftliche Quelle analysieren" auf S. 51. Fasse anschließend zusammen, worum es beim Investiturstreit ging.

3 **Wähle eine Aufgabe aus:**

a) Partnerarbeit: Gestaltet mithilfe des Darstellungstextes, M2 und M3 ein Streitgespräch zwischen Heinrich IV. und Gregor VII. in Canossa.
Tipp: Beachtet, wie der Kaiser den Papst anspricht.

b) Beurteilt in einer kurzen Darstellung das Wormser Konkordat aus der Sicht des Königs und aus der Sicht des Papstes.

Zusatzaufgabe: siehe S. 148

Webcode: FG656646-057
Film: Gang nach Canossa

Ein Herrscherbild analysieren

Um das Jahr 1000 haben Mönche auf der Insel Reichenau im Bodensee dieses Bild für ein Gebetbuch (Evangeliar*) gemalt. Es zeigt den 18-jährigen Kaiser Otto III. umgeben von den mächtigsten Männern seines Reichs. Schau dir die Größe des Herrschers an. Schon im Sitzen ist er viel größer als die anderen Personen. Würde er aufstehen, wäre er bestimmt über drei Meter groß.

- ***Finde heraus, welche politische und religiöse Botschaft dieses Herrscherbild vermitteln will. Die Arbeitsschritte rechts helfen dir dabei.***

M 1

Otto III., Buchmalerei auf Pergament, um 1000.
Das Herrscherbild befindet sich gleich am Anfang des „Reichenauer Evangeliars“, das eine der kostbarsten Handschriften ist, die jemals hergestellt wurden. Das Gebetbuch war für den Kaiser bestimmt.

Otto III. (980–1002)
Der Enkel Ottos I. wurde schon als Dreijähriger 983 zum deutschen König gekrönt. Seine Mutter, Kaiserin Theophanu, übernahm bis zu ihrem Tod die Vormundschaft über den minderjährigen König. Sie führte die Regierungsgeschäfte, zu Beginn gegen heftigen Widerstand des Bayernherzogs Heinrich, der selbst König werden wollte. 996 wurde Otto III. in Rom zum Kaiser gekrönt. Als römischer Kaiser wollte er die Fürsten und Völker Europas im Zeichen des Christentums unter seiner Führung vereinen. Obwohl er schon mit 22 Jahren starb, genoss er wegen seiner Bildung und seines politischen Geschicks in seinem inzwischen gestärkten Reich in der Mitte Europas hohes Ansehen.

1 Analysiere M1 mithilfe der Arbeitsschritte in der linken Spalte. Vergleiche anschließend deine Ergebnisse mit den Lösungshinweisen in der rechten Spalte.

2 Untersuche mithilfe der Arbeitsschritte das Auftaktbild zu diesem Kapitel auf S. 44 f.

Arbeitsschritte „Ein Herrscherbild analysieren“

Einzelne Bildelemente beschreiben	**Lösungshinweise zu M1**
1. Welche Personen sind zu sehen?	*fünf Personen: ein thronender Herrscher, links und rechts flankiert von jeweils zwei männlichen Gestalten*
2. Wie sind die Personen dargestellt (z. B. im Profil, von vorn, Größenverhältnisse)? In welcher Position bzw. Bewegung werden sie gezeigt? Welche Gesten sind erkennbar? Was sagt ihr Gesichtsausdruck? Wie sind sie ausgestattet (z. B. Kleidung, Frisur, Standeszeichen, Herrschaftszeichen)?	*Der aufrecht sitzende Herrscher überragt die anderen. Mit erhobenem Haupt blickt er den Betrachter direkt an. Die anderen Personen blicken zum Herrscher auf. Dieser trägt ein langes, festliches Gewand und eine Krone. Links hält er eine Scheibe mit Kreuz und rechts einen Stab mit einem Vogel. Rechts stehen zwei Adlige in kurzem Gewand, die Schwert, Lanze und Schild des Herrschers halten. Der Vordere stützt die linke Hand des Herrschers. Links stehen zwei Geistliche in bischöflichem Gewand. Ihr Haar ist wie bei Mönchen geschoren. Beide halten ein Buch in ihrer rechten Hand. Der Vordere legt seine Linke auf das Sitzkissen des Throns.*
3. Welche größeren Gegenstände sind erkennbar? Wie ist der Hintergrund gestaltet?	*Thron des Herrschers; im Hintergrund ein Gebäude, dessen Dach auf zwei Säulen ruht, davor ein Vorhang*
Bildelemente zusammenfügen und erste Deutung vornehmen	
4. Wie gehören die Bildelemente zusammen?	*Ausgestattet mit seinen Herrschaftszeichen und umgeben von geistlichen und weltlichen Großen des Reichs, thront der König in seinem Palast, evtl. nach seiner Krönung.*
5. Was erscheint merkwürdig?	*Je einer der geistlichen und adligen Großen ist im Greisen- und im Jugendalter dargestellt.*
Zusätzliche Informationen hinzuziehen und Bedeutung der Bildelemente entschlüsseln	
6. Welche Hinweise gibt die Bildunterschrift (z. B. Entstehungszeit, bestimmter Anlass, Entstehungsort, Künstler, Auftraggeber, Adressaten)?	• *Das für Otto III. bestimmte Evangeliar ist um 1000 in der Schreibstube des Klosters Reichenau entstanden (evtl. als Geschenk).*
7. Recherchiere Hintergrundinformationen zu den Symbolen, Gesten und Personen. Lassen sich die bisherigen Deutungen durch andere Quellen bestätigen oder ergänzen bzw. korrigieren? 8. Was wollte der Künstler mit seinem Bild ausdrücken? Ergreift er Partei für eine bestimmte Person oder Auffassung?	• *Römisches Adlerzepter (Zepter des Friedenskaisers Augustus) und mit Kreuz verzierte Erdscheibe (später Reichsapfel) sind Zeichen für ein zentrales Ziel der Herrschaft Ottos III.: Er will der gesamten Christenheit den Frieden sichern.* • *Die Gesten des Bischofs und des Adligen verdeutlichen die Rolle beider Stände: Sie sollen den Herrscher in seinem hohen Amt unterstützen.* • *Die vier Großen sind Stellvertreter: die Greise für bisherige, die Jungen für künftige Angehörige ihres Standes.*
Bildaussage formulieren	
9. Welche Gesamtaussage lässt sich formulieren? Gibt es mehrere Deutungen?	*Herrschaftsidee Ottos III.: Im Zentrum der Ordnung steht ein machtvoller, alle überragender Herrscher. Unterstützt durch Adel und Geistlichkeit, lenkt er im Zeichen des Christentums die Geschicke des Heiligen Römischen Reichs.*

Der Kaiser und die Fürsten: Konflikte um die Macht

Nicht nur die Päpste stellten im Investiturstreit die Macht des Kaisers infrage: Auch die vielen Fürsten des Reichs bauten in ihren Territorien ihre Macht aus.

- ***Wie gelang den Fürsten der Ausbau ihrer Landesherrschaft?***

Kaiser Karl IV. und die sieben Kurfürsten des Heiligen Römischen Reichs, Zeichnung, um 1370

Landesherr
Herrscher über ein fest umrissenes Gebiet (= Territorium) des Reichs. Seit dem 11. Jh. entstanden im Heiligen Römischen Reich zahlreiche Landesherrschaften, deren Bewohner der Gewalt des Landesherrn unterworfen waren. Jeder Landesherr (z. B. ein Graf oder ein Herzog) musste sich beim Ausbau seiner Herrschaft gegen benachbarte Herren durchsetzen, die dasselbe Ziel verfolgten.

Wie gelang die Stärkung der Landesherrschaft?

Im 13. Jahrhundert konnten die Reichsfürsten* ihren politischen Einfluss weiter ausbauen. Sie bemühten sich, ihre zuvor meist locker verbundenen und oft verstreut gelegenen Besitzungen zu zusammenhängenden Herrschaftsgebieten (= Territorien) zu vereinigen. Ihre vom König geliehenen Güter (siehe S. 80/81) waren weitgehend erblich geworden und bildeten die Machtbasis der Fürsten. In ihren Territorien bauten sie eine Verwaltung auf.

Der Verlierer dieser Entwicklung war der König, denn er erhielt sein Amt durch die Wahl der Reichsfürsten und blieb auch danach von ihnen abhängig. Als 1212 Friedrich II., aus dem Herrschergeschlecht der Staufer, zum König gekrönt wurde, musste er seine Herrschaft mit den Fürsten teilen. Friedrich II. trug dieser Entwicklung Rechnung und erließ das „Gesetz zugunsten der Fürsten". Die Fürsten wurden zu selbstbewussten Landesherren und bauten ihre Macht zum Nachteil des Königtums aus.

Die Goldene Bulle: Ein Gesetz für die Fürsten?

Die Machtverschiebung im Reich vom König zu den Landesherren zeigte sich auch in der Regelung der Königswahl: Seit dem 13. Jahrhundert beanspruchte eine kleine Gruppe geistlicher und weltlicher Fürsten das Recht, den König zu wählen. Diese Fürsten hießen Kurfürsten* (von küren = wählen). Das Vorgehen war nicht neu, denn schon seit Jahrhunderten wählten die mächtigsten Fürsten im Reich den deutschen König. Um Zweifel und Streit bei künftigen Königswahlen auszuschließen, regelte Karl IV. 1356 im Einvernehmen mit den Kurfürsten die Wahl erstmals in Schriftform: Das Wahlgesetz war bis 1806 gültig und wurde nach dem königlichen Goldsiegel (= lat. aurea bulla) „Goldene Bulle" genannt. Die darin festgelegten Regeln (Normen) waren vermutlich auch ein Grund für die Beständigkeit des Heiligen Römischen Reichs. In dem Gesetz wurde u. a. festgelegt:

- die Zusammensetzung des Kurfürstenkollegiums: die Erzbischöfe von Mainz, Köln und Trier, der König von Böhmen, der Pfalzgraf bei Rhein, der Herzog von Sachsen und der Markgraf von Brandenburg
- das Wahlverfahren
- die Rechte der Kurfürsten
- die Durchführung der Reichstage*
- Weitervererbung des Kuramts an den Erstgeborenen und Unteilbarkeit der kurfürstlichen Territorien
- jährliche Zusammenkunft der Kurfürsten zur Beratung der Angelegenheiten des Reichs

Starke Landesherrschaften: Folgen bis heute

Mit der Thronfolge des erstgeborenen Sohnes, die in der Goldenen Bulle festgelegt wurde, sicherte der König seiner eigenen Familie die Nachfolge. Gleichzeitig wurde er mehr und mehr von den Landesherren und den Kurfürsten abhängig, denn um seine bzw. die Wahl seines Sohnes durchzusetzen und eine effiziente Verwaltung im Reich zu ermöglichen, war er auf sie angewiesen. So wurde die Grundlage gelegt, dass Deutschland aus vielen kleinen Staaten bestand, die ihre Rechte gegenüber dem Kaiser verteidigten. Auch die starke Stellung der heutigen Bundesländer gegenüber der Bundesregierung in Berlin geht teilweise auf die Macht der Landesherrschaften zurück. Dieses Prinzip nennt man Föderalismus (lat. foedus = Bündnis).

M 2 Gesetz zugunsten der Fürsten (1232)

Friedrich II. übertrug mit der folgenden Urkunde den Fürsten wichtige Reichsrechte. Er bezeichnete die Fürsten erstmals als „Landesherren“:

1. Wie schon unser königlicher Sohn[1], so gestehen auch wir ihnen [den Fürsten] für immer zu, dass keine neue Burg oder Stadt auf geistlichem Gebiet ... von uns oder einem anderen [Fürsten] errichtet werden darf ...

2. Neue Märkte sollen alte in keiner Weise stören.

6. Ein jeder Fürst habe freien Gebrauch seiner Freiheiten, Gerichtsbefugnisse, Grafschaften und Zehnten, nach den Gewohnheitsrechten seines Landes, sie seien sein Eigentum oder ein Lehen.

8. Ohne Zustimmung des Landesherrn darf niemand die Gerichtsstätte verlegen.

13. Eigentum und Lehen der Fürsten, Edlen, des Dienstadels und der Kirchen, das sich in den Händen unserer Städte befindet, soll zurückgegeben werden und darf nicht wieder weggenommen werden.

17. Im Lande eines Fürsten wollen wir keine neue Münze schlagen lassen, durch welche die Münze des Fürsten im Werte gemindert werden könnte.

Zit. nach Geschichte in Quellen, Bd. 2, hg. u. übers. v. Wolfgang Lautemann, 3. Aufl., München (bsv) 1978, S. 568f.

[1] *Heinrich VII. (1220–1235)*

M 3 Bestimmungen aus der „Goldenen Bulle“ (1356):

Die Kurfürsten sollen zur Wahl schreiten und ... Frankfurt nicht verlassen, bevor die Mehrzahl von ihnen ... ein weltliches Oberhaupt gewählt hat, nämlich einen römischen König und künftigen Kaiser ...

Wir bestimmen ferner, dass [der Gewählte] sogleich ... allen Kurfürsten ihre Privilegien, Rechte, Freiheiten ... und alles, was sie bis zum Tag seiner Wahl empfangen und besessen haben, ohne Verzug durch seine Briefe und sein Siegel bestätigen und bekräftigen soll.

Wir verordnen daher, dass von jetzt an künftig und auf ewige Zeiten die ... Fürstentümer [und] Lehnsverhältnisse[1] ... nicht getrennt oder zersplittert werden dürfen, sondern es soll der erstgeborene Sohn in ihnen nachfolgen, und ihm allein soll Recht und Herrschaft zustehen.

Zit. nach Quellen zur Neueren Geschichte, hg. vom Historischen Seminar der Universität Bern, Heft 25 (1957), bearbeitet von Konrad Müller, Bern.

[1] *siehe S. 80/81*

M 4 *Goldene Bulle Karls IV., 14. Jh.*

1 Beschreibe mithilfe des Darstellungstextes und des Begriffskastens den Ausbau der Landesherrschaft.

2 Liste in einer Tabelle auf, welche Rechte den Fürsten übertragen wurden und umgekehrt, welche Herrschaftsmittel der König damit verloren hat (M2).

3 Stelle Vermutungen an, welche Forderungen die Fürsten an den König stellen könnten.
Tipp: Nimm M3 zu Hilfe.

4 **a)** Fasse die Bestimmungen der „Goldenen Bulle“ (Darstellungstext, M3) zusammen.
b) Partnerarbeit: Diskutiert, ob durch dieses Gesetz der Kaiser oder die Fürsten mehr Macht besaßen.

5 Nimm Stellung: Die „Goldene Bulle“ war einer der Gründe für den langen Bestand des Heiligen Römischen Reichs bis ins Jahr 1806 (Darstellungstext).
Tipp: War die „Goldene Bulle“ ein „Kompromiss“ zwischen König und Landesherren?

Mitteleuropa beim Tode Karls IV. 1378

6 a) Beschreibe die Karte M5.

b) Erläutere an einem Beispiel, welcher Fürst im Heiligen Römischen Reich vermutlich über großen Einfluss verfügte.

7 Vergleiche M5 mit dem Ostfränkischen Reich im 9. Jahrhundert (S. 48).

8 Partnerarbeit: Diskutiert anhand von M5, inwiefern die vielen Landesherrschaften mit ihren Fürsten zu Stabilität des Heiligen Römischen Reiches beitrugen oder nicht.

Zusatzaufgabe: siehe S. 148

700 | 800 | 900 | 1000 | 1100 | 1200 | 1300 | 1400 | 1500

936–973 Otto I. (962 Kaiserkrönung)

955 Otto I. besiegt bei der Schlacht auf dem Lechfeld die Ungarn; Expansion des Reichs nach Osten

968 Gründung Bistum Magdeburg; Otto I. treibt im Osten die Christianisierung der Slawen voran

11./12. Jh. Investiturstreit

1122 Wormser Konkordat: Regelungen zur Investitur von Bischöfen

seit 13. Jh. Machtausbau der Landesherren gegenüber dem Königtum

1356 Goldene Bulle: Gesetz über die Königswahl durch die Kurfürsten

Machtausübung im Mittelalter

Der Zerfall des Frankenreichs

Nach dem Tod Karls des Großen gelang es seinen Nachfolgern nicht, die Einheit des Reichs zu erhalten. Ende des 9. Jahrhunderts waren neue Königreiche entstanden: das Westfränkische Reich, das Ostfränkische Reich, Burgund und Italien.

Es kam zu einem Machtkampf zwischen dem König und den Stammesherzögen, den erst Heinrich I. beenden konnte. Er suchte den Ausgleich mit den Stämmen und erkannte sie als „Teilmächte“ an. So hielt er den Niedergang des Reichs auf.

Legitimation der Königsherrschaft

Mittelalterliche Herrscher wie Otto I. verdankten ihr Königtum der Wahl und Erhebung durch weltliche und geistliche Fürsten. Der erstmals für die Wahl Ottos I. überlieferte Ablauf galt für fast alle seine Nachfolger. Als Reisekönige reisten die Herrscher durch ihr Herrschaftsgebiet und hielten sich in großen Klöstern, Burgen oder eigens dafür ausgebauten Pfalzen auf. Darüber hinaus versuchten die Herrscher durch ein Netz von persönlichen Beziehungen mit Fürsten, Bischöfen und Äbten sicherzustellen, dass ihre Macht im ganzen Reich anerkannt wurde.

Seit Otto I. ließen sich die meisten deutschen Könige vom Papst in Rom zum Kaiser krönen. Mit dem Kaisertitel stellten sie sich in die Tradition der römischen Kaiser und sahen sich so als die rechtmäßigen Herrscher und Beschützer des Christentums in Europa. Sie legitimierten ihre Herrschaft damit, durch Gott eingesetzt worden zu sein – damit war das Gottesgnadentum etabliert. Ihr Herrschaftsbereich erhielt die Bezeichnung „Heiliges Römisches Reich“ (später mit dem Zusatz „Deutscher Nationen“). Als Symbol der deutschen Königs- und Kaiserherrschaft wurden dem Herrscher bis zum Ende des Heiligen Römischen Reichs 1806 die Reichsinsignien als Herrschaftszeichen verliehen. Die wichtigsten Insignien waren die Krone, die heilige Lanze, der Mantel, das Zepter, der Reichsapfel und das Schwert.

Konflikte im Heiligen Römischen Reich: Kaiser, Papst, Landesherren

Zwei Konflikte bestimmten die politische Entwicklung im Heiligen Römischen Reich: zum einen der direkte Machtkampf zwischen König bzw. Kaiser und Papst, zum anderen die allmähliche Verschiebung der Macht vom Königtum zu den Landesherren.

Seit Otto I. war die Kirche mit den von den Herrschern eingesetzten Bischöfen die zuverlässigste Stütze der königlichen Macht im Reich geworden. Zur Ehelosigkeit verpflichtet und deshalb ohne natürliche Erben, konnte der König nach dem Tod eines Bischofs das Amt wieder neu an einen seiner Getreuen vergeben. Deshalb war das Recht auf Einsetzung von Bischöfen zu einem unverzichtbaren Instrument der Königsherrschaft geworden. Diese Vermischung von geistlichem und weltlichem Machtbereich zugunsten des Königtums konnte nicht ohne Folgen bleiben. Unter Papst Gregor VII. und König Heinrich IV. brach der Konflikt offen aus. Der „Gang nach Canossa“ (1077) stellte den Höhepunkt im sogenannten Investiturstreit dar. Mit dem Wormser Konkordat (1122) wurde ein Kompromiss gefunden, durch den beide Seiten am Vorgang der Einsetzung von Bischöfen beteiligt wurden.

Seit dem 13. Jahrhundert bauten die Reichsfürsten ihre politische Macht in ihren Herrschaftsgebieten aus. Als selbstbewusste Landesherren schufen sie eigene Verwaltungen in ihren Territorien. Die Machtverschiebung im Reich vom König zu den Landesherren zeigte sich auch in der Reform der Königswahl: In der Goldenen Bulle (1356) wurde das Wahlrecht von sieben Kurfürsten schriftlich festgehalten. Es stärkte die Fürsten und schwächte das Reich bzw. dessen Herrscher.

In diesem Kapitel konntest du folgende Kompetenzen erwerben:

- Werte und Normen der Machtausübung im Mittelalter erklären
- Formen der Herrschaftslegitimation und Machterweiterung herausarbeiten
- in einer kurzen Darstellung den Umgang mit Konflikten veranschaulichen
- auf Grundlage einer Internetrecherche diskutieren, ob es angemessen ist, dass Magdeburg sich als „Ottostadt" bezeichnet
- die Zuweisung des Beinamens „der Große" für Otto I. beurteilen
- **Methode:** Eine schriftliche Quelle analysieren
- **Methode:** Ein Herrscherbild analysieren

Folgende Begriffe hast du kennengelernt:

- Gottesgnadentum
- Herrschaftsinsignien
- Salbung und Krönung
- Ungarneinfälle
- Christianisierung
- Stärkung der Landesherrschaft
- Goldene Bulle
- Burgen und Pfalzen
- Reisekönigtum
- Heiliges Römisches Reich Deutscher Nation

1 Wähle drei Begriffe aus und schreibe zu jedem mindestens einen erklärenden Satz.

M 1

Kaiser und Papst, Abbildung aus dem Sachsenspiegel, 13./14. Jh.

M 2

Der Journalist Reymer Klüver über die Herrschaft Ottos I. (2014):

Ottos Ansehen reicht weit über sein eigentliches Herrschaftsgebiet hinaus. Die Herrscher Polens und Dänemarks haben sich ihm unterworfen. Byzanz, Rom und selbst der Kalif von Cordoba haben diplomatische Missionen geschickt, weil sie in dem Sachsen den Ordnungsfaktor im Herzen des Kontinents sehen …

Als Kaiser sah er sich in der … Nachfolge der römischen Cäsaren – der Nachfolge des römischen Imperiums, jenes Weltreiches, das … den Raum geboten hatte für die Ausbreitung des christlichen Glaubens.

Otto war gottesfürchtig und befehlerisch zugleich. Und so war es nur passend, dass er als Kaiser auch die Schirmherrschaft über die gesamte Christenheit übernahm – und für sich einen höheren Rang als alle Könige des Abendlandes forderte. Und er konnte diesen Anspruch durchsetzen, mit eisernem Willen und brutaler militärischer Macht: einen Anspruch, an dem sich alle seine Nachfolger messen werden. Otto erhält den Beinamen „der Große", weil er die Umrisse jenes Imperiums schafft, aus dem nach und nach das erste Reich der Deutschen erwachsen wird …

Otto I. ist … stets auf Rat und Zustimmung, auf den Konsens der Großen im Reich angewiesen …

Ottos Griff nach der Kaiserwürde und sein Anspruch, als Stellvertreter Christi gesehen zu werden, beschwören zugleich einen der großen abendländischen Konflikte herauf, der Jahrhunderte währen wird: der Kampf um den Vorrang päpstlicher oder kaiserlicher Gewalt.

In den kommenden Jahrhunderten wird aus dem Reich, das Otto geschaffen hat, nach und nach das Imperium der Deutschen entstehen …

Zit. nach Reymer Klüver, Geburt eines Reiches. In: Geo Epoche, Nr. 70, Hamburg (Gruner + Jahr) 2014, S. 53. Sprachl. vereinfacht v. Verf.

Brief Papst Gregors VII. an die geistlichen und weltlichen Fürsten in Deutschland (1077):

Bischof Gregor, Knecht der Knechte Gottes, sendet allen Erzbischöfen, Bischöfen, Herzögen, Grafen und sonstigen Fürsten des Königreiches der Deutschen Gruß und apostolischen[1] Segen. Da Ihr aus Liebe zur Gerechtigkeit gemeinsam mit uns im Kampf der Streiter Christi Last und Gefahr auf Euch genommen habt, möchten wir Euch Lieben in ungeschminkter Wahrheit mitteilen, wie der König, demütig Buße suchend, die Gnade der Lossprechung erlangte und wie die ganze Angelegenheit nach seinem Eintritt in Italien bis heute weitergeführt worden ist. Wie es ausgemacht war mit den Gesandten, die Ihr zu uns schicktet, kamen wir in die Lombardei ... Inzwischen erhielten wir sichere Nachricht, der König nahe. Auch sandte er, bevor er Italien betreten hatte, untertänig Boten zu uns voraus und bot an, Gott, dem heiligen Petrus und uns in allem Abbitte zu leisten, und versprach, zur Besserung seines Lebens völligen Gehorsam zu wahren, sofern er nur Lossprechung und die Gnade des apostolischen Segens zu erlangen verdiene. Da wir dies unter vielfältigen Überlegungen lange hinausschoben und ihn durch all die Boten, die hin und her wechselten, heftig wegen seiner Ausschreitungen zurückwiesen, gab er schließlich durch sich selbst keinerlei Feindschaft oder Unbesonnenheit zu erkennen und kam in geringer Begleitung nach Canossa, wo wir uns aufhielten. Dort harrte er während dreier Tage vor dem Tor der Burg ohne jedes königliche Gepränge[2] auf Mitleid erregende Weise aus, nämlich unbeschuht und in wollener Kleidung, und ließ nicht eher ab, unter zahlreichen Tränen Hilfe und Trost des apostolischen Erbarmens zu erflehen, als bis er alle, die dort anwesend waren und zu denen diese Kunde gelangte, zu solcher Barmherzigkeit und solchem barmherzigen Mitleid bewog, dass sich alle unter vielen Bitten und Tränen für ihn verwandten und sich fürwahr über die ungewohnte Härte unserer Gesinnung wunderten; einige aber klagten, in uns sei nicht die Festigkeit apostolischer Strenge, sondern gewissermaßen die Grausamkeit tyrannischer Wildheit. Schließlich wurden wir durch seine ständige Zerknirschung und solches Bitten aller Anwesenden besiegt, lösten endlich die Fesseln des Anathems[3] und nahmen ihn wieder in die Gemeinschaft und den Schoß der heiligen Mutter Kirche auf, nachdem wir von ihm die Sicherheiten erhalten hatten, die unten aufgeführt sind.

Zit. nach Deutsche Geschichte in Quellen und Darstellung, Band 1: Frühes und hohes Mittelalter 750–1250, hg. v. Wilfried Hartmann, Stuttgart (Reclam) 1995, S. 299ff.

[1] *päpstlichen*
[2] *Prunk*
[3] *Kirchenbann*

Methoden- und Interpretationskompetenz

1 Untersuche die Textquelle M3 mithilfe der Arbeitsschritte auf S. 51.
2 Analysiere das Herrscherbild M1 mithilfe der Arbeitsschritte auf S. 59.
3 Erläutere mithilfe von M2, wie Otto I. seine Herrschaft legitimierte und seine Macht erweiterte.
4 Nimm Stellung zu der Aussage, dass die Machtstellung der mittelalterlichen Kaiser in Europa zwischen 1000 und 1400 abgenommen hat.

Geschichte darstellen (narrative Kompetenz)

5 Gestalte aus der Sicht eines Mönchs zur Zeit des Investiturstreits einen Eintrag für die Klosterchronik, in der dieser die Ereignisse der Jahre 1076/77 sowie die Lösung dieses Konflikts zusammenfasst (M3).
Tipp: Eine Chronik listet die Ereignisse eines Jahres nacheinander auf und beschreibt diese kurz. Nimm auch die Seiten aus dem Kapitel zu Hilfe.

Geschichte heute (geschichtskulturelle Kompetenz)

6 Bewerte mithilfe von M2 die Zuweisung des Beinamens „der Große“ für Otto I. in der heutigen Zeit.
Tipp: Beachte die „Erfolge“ Kaiser Ottos I. und nimm die Seiten aus dem Kapitel zu Hilfe.
7 **Partnerarbeit:** Diskutiert, warum Städte wie Magdeburg historische Personen für Werbezwecke nutzen und ob diese Verwendung angebracht ist.

Webcode: FG656646-065
Selbsteinschätzungsbogen

3 Mittelalterliches Leben auf dem Land

Die Abbildung entstand im 15. Jahrhundert und ist Teil eines Wandgemäldes in einem Palast der italienischen Stadt Trient. Sie gibt Einblick in das Leben auf dem Land und zeigt zwei wichtige Gesellschaftsgruppen des Mittelalters: Bauern und Adlige.
Was zeichnete deren Leben und Alltag aus?
In welcher Beziehung standen die beiden Gruppen zueinander?

Stelle dir vor, du bist Augenzeuge der Szene: Beschreibe möglichst genau, was du siehst, und ergänze, was du hörst.

Feldarbeit im April, Ausschnitt aus einem Wandgemälde, um 1400

500 | 600 | 700 | 800 | 900

500–850
europäisches Frühmittelalter

seit 7./8. Jh.
Grundherrschaft und Lehnswesen

Entstehung von Orden und Klöstern in Europa

technische Neuerungen in der Landwirtschaft

Mittelalterliches Leben auf dem Land

Fast 1000 Jahre umspannte das Mittelalter: Es war geprägt von einer Gesellschaft, in der 95 Prozent der Bevölkerung von der Landwirtschaft lebten. So waren etwa neun von zehn Menschen im Mittelalter Bäuerinnen und Bauern. Sie bildeten mit ihrer Arbeit die Grundlage der mittelalterlichen Gesellschaft, indem sie den Grund und Boden, der meist Adligen gehörte, bewirtschafteten. Die aus der Landwirtschaft gewonnenen Erzeugnisse reichten den Bauern gerade so zum Überleben. Dabei mussten sie stets Überschüsse erzielen, um sowohl sich selbst als auch ihre Herren zu ernähren.
Im Gegensatz zu den Bauern, die in primitiven Hütten lebten, wohnten die adligen Familien in Steinhäusern oder Burgen.
Eine Welt für sich waren die Klöster. Beten und Arbeiten bestimmte das Leben der Mönche und Nonnen. Sie hatten durch das Abschreiben von Büchern und ihren in vielen Experimenten gewonnenen landwirtschaftlichen Kenntnissen großen Anteil an der kulturellen Entwicklung Europas.
Die Gesellschaft im Heiligen Römischen Reich war nach Ständen geordnet: Geistliche und Adlige, Bauern und später die Stadtbewohner hatten ihren festen Platz. Historiker sprechen deshalb von der Ständegesellschaft. An der Spitze der Gesellschaft stand der König. Er sicherte sich seine Macht von oben nach unten durch ein Netz an persönlichen Beziehungen.

- Was bestimmte das Leben und den Alltag der Bauern und Adligen?
- Wie übten die Adligen ihre Macht über die Bauern aus und welche Abhängigkeiten entstanden dadurch?

M 1

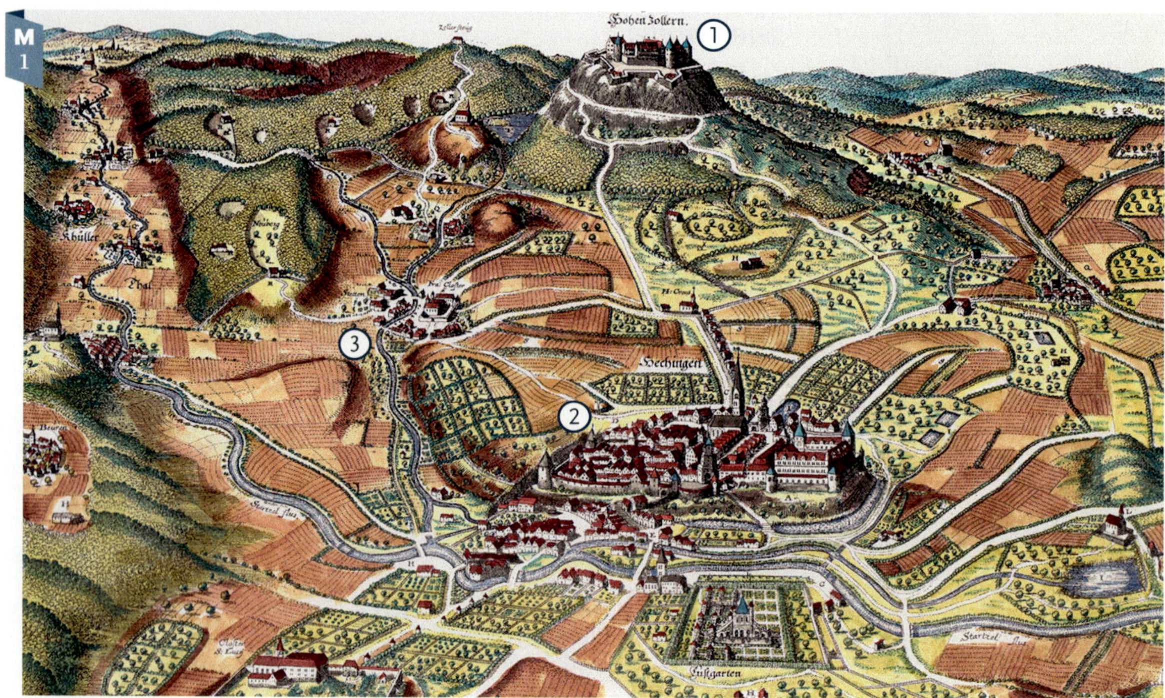

Die Burg Hohenzollern und Hechingen (heutiges Baden-Württemberg), Kupferstich von Matthäus Merian, 17. Jh. Ein Burggebäude der Familie Hohenzollern **(1)** *wird in den Quellen erstmals im Jahr 1267 erwähnt, den Ort Hechingen* **(2)** *gab es bereits 1255. Das Frauenkloster in Stetten* **(3)** *wurde in derselben Zeit gegründet. Auch die umliegenden Dörfer gab es schon im Mittelalter.*

1000 | 1100 | 1200 | 1300 | 1400 | 1500

850–1250
europäisches Hochmittelalter

1250–1500
europäisches Spätmittelalter

ab 1000 Zeit der Burgen und Ritter

Anstieg der Bevölkerung

M 2

Ein Lehnsmann schwört über einem heiligen Gegenstand (Reliquie) seinem Lehnsherrn die Treue. Illustration aus dem Sachsenspiegel, einem Rechtsbuch aus dem 13./14. Jahrhundert

M 3

Bauern liefern Abgaben ab. Holzschnitt, 1479

M 4

Bundeskanzlerin Angela Merkel wird nach ihrer Wahl durch den Bundestag vom Parlamentspräsidenten vereidigt. Sie liest die Eidesformel aus dem Grundgesetz ab. Foto, 2013

1 Wähle eine Aufgabe aus:

a) Beschreibe die Landschaft M1. Welche Wohnorte kannst du erkennen? Warum wurde die Burg auf dem Berg gebaut?

b) Burgen, Klöster und Städte, aber auch alte Dorfanlagen sind Orte, die das Mittelalter bis heute sichtbar und gegenwärtig machen. Finde Beispiele dafür aus deiner Umgebung.

2 a) Vergleiche M4 mit der mittelalterlichen Abbildung M2.

b) Notiere Ähnlichkeiten und Unterschiede.

Tipp: Achte z. B. auf Gesten und Symbole.

3 a) Beschreibe den Holzschnitt M3.

b) Nenne mögliche Gründe, warum die Bauern Abgaben ablieferten.

Tipp: Achte auf Kleidung und Haltung der Personen.

Die Grundherrschaft – Herrschaft über Bauern

Die meisten Menschen im Mittelalter waren Bauern. Die meisten von ihnen waren keine freien Menschen. Ihr Herr, der Grundherr, besaß das Land, auf dem sie lebten und arbeiteten.

- ***Was bedeutete es für die Bauern, „unfrei" zu sein?***
- ***Wie übten die Grundherren ihre Herrschaft aus?***
- ***Warum unterwarfen sich die Bauern dieser Herrschaft?***

Wie war die Grundherrschaft organisiert?

Im Laufe des Mittelalters wurden immer mehr Bauern von einem Grundherrn abhängig. Grundherr konnte ein Adliger sein, etwa ein Graf*. Ebenso gab es Grundherren, die Geistliche waren, z. B. ein Bischof* oder der Abt eines Klosters.

In der Grundherrschaft bestanden unterschiedliche Formen der Abhängigkeit: Es gab Bauernfamilien, die auf dem Hof des Grundherrn, dem Herrenhof, lebten und arbeiteten. Sie waren Leibeigene* und gehörten zum persönlichen Besitz des Grundherrn.

Andere Bauern lebten und wirtschafteten auf „Hufen". Das waren kleine Hofstellen, die im Besitz des Grundherrn waren und abseits von Herrenhof und Herrenland zu Dörfern gehörten. Diese Bauern waren unfrei.

Wenn der Grundherr sein Land verkaufte, gehörten die unfreien Bauern dem neuen Eigentümer. Man nannte sie deshalb auch Hörige*, da sie das Land ohne Zustimmung des Grundherrn nicht verlassen durften. Dafür standen sie unter seinem Schutz, denn nur er durfte Waffen tragen („Privileg"). Auch mussten sie nicht wie die freien Bauern in den Krieg ziehen. Krieg bedeutete das große Risiko, sein Leben zu verlieren oder verletzt zu werden und damit seine Familie nicht mehr ernähren zu können. Bei Missernten versorgte der Grundherr seine Bauern. Für seine Leibeigenen und Hörigen war der Grundherr auch Richter. Allerdings überließ er kleinere Streitigkeiten zwischen den Dorfbewohnern dem Dorfgericht. Es tagte unter der Leitung des Dorfvorstehers.

Abgaben und Frondienste

Die hörigen Bauern mussten dem Grundherrn Abgaben und Dienste leisten. Die Abgaben der Bauern wurden auf Fronhöfen (mittelhochdeutsch fro = Herr) abgeliefert. Hier wohnte auch der Meier (lat. maior = höher gestellt). Er war der Verwalter, dem mehrere Hufen und die darauf lebenden Bauern unterstellt waren.

Von den Erträgen der Landwirtschaft mussten die hörigen Bauern jährlich einen festgelegten Anteil abliefern, den sogenannten Zehnt. Oft genug betrug der Zehnt mehr als den zehnten Teil, weil z. B. nicht jedes zehnte Huhn, sondern immer das erste von zehn Hühnern abzugeben war – ein Nachteil für den Bauern, der nur acht Hühner hatte! Die Hörigen waren zu Arbeiten für den Herrn, den Frondiensten, verpflichtet. Dazu gehörten vor allem landwirtschaftliche Arbeiten auf dem Herrenhof oder auf einem der Fronhöfe. Im Laufe des Mittelalters wurden die Frondienste zunehmend durch Geldzahlungen ersetzt.

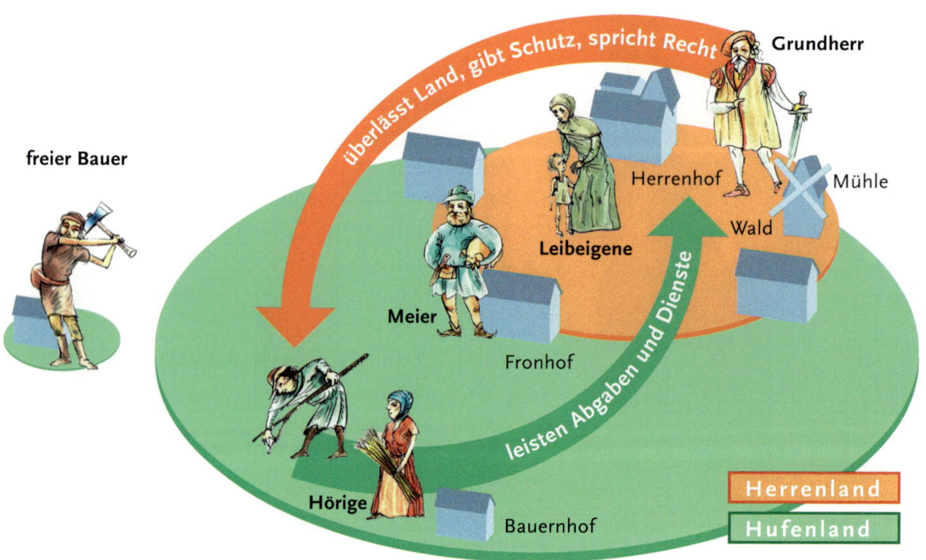

M 1 *Vereinfachtes Schaubild der mittelalterlichen Grundherrschaft*

Wie veränderte sich die Grundherrschaft?

Nach und nach ging die Zahl der freien Bauern weiter zurück. Diese freien Bauern – sogenannte Königsfreie – waren allein dem König zu Kriegsdienst verpflichtet. Für den Rückgang vermutet man vielfältige Gründe: Es gab zum Beispiel die gewaltsame Unterdrückung durch einen mächtigen Grundherrn, gegen die sich Bauern nicht wehren konnten. Als Analphabeten war es ihnen in solchen Fällen kaum möglich, ihre Ansprüche durch schriftliche Besitzurkunden nachzuweisen. Es sind aber auch Fälle bezeugt, dass sich Bauern freiwillig in die Grundherrschaft begaben: etwa nach Missernten oder um dem Heeresdienst und den Kosten für die militärische Ausrüstung zu entgehen. Mit der Entwicklung der Städte im 12. und 13. Jahrhundert lockerten die Grundherren diese Belastungen. Denn sie mussten fürchten, dass sich die Bauern durch Flucht in die Städte der Grundherrschaft entziehen würden. In dieser Zeit entstand der Spruch „Landluft macht eigen – Stadtluft macht frei“ (siehe S. 116/117).

M 2 *Bauern bei der Fronarbeit, Buchmalerei, 15. Jh.*

M 3 *Abgaben an den Grundherrn, Buchmalerei, 15. Jh.*

M 4 **Aus einer Urkunde Kaiser Konrads II. für das Kloster Limburg (1035):**

Jeder Mann entrichte jährlich einen Schilling, eine Frau sechs Pfennige, oder aber es dienen Männer wie Frauen wöchentlich einen Tag auf dem Abtshof. Der Abt hat auch die Verfügungsgewalt über ihre noch unverheirateten Söhne. Er kann, welchen er will, in die Küche ..., in die Backstube stellen ..., die Wäsche waschen ..., die Pferde bewachen lassen und ihn zu jedem Dienst ... abordnen ... Wenn der Abt einen ... in seinem Gefolge haben will und ihn zum Truchsess[1] oder Mundschenk[2] oder zu seinem Reiter machen [will] ..., [so ist ihm dies erlaubt]. Nach dem Tode des Mannes wird das beste Stück Vieh ... zum Abtshof entrichtet, nach dem Tode einer Frau das wertvollste Kleid. Eine Frau, die außerhalb des Dorfes heiratet, gibt selbstverständlich ihren Zins von sechs Pfennigen.

Zit. nach Quellen zur Geschichte des deutschen Bauernstandes, hg. v. Günther Franz, 2. Aufl., Darmstadt (Wiss. Buchgesellschaft) 1976, Nr. 51.

[1] *Amtsträger, der für die Tafel und den Speisesaal zuständig war*
[2] *Amtsträger, der für den Wein zuständig war*

1 **Kurzvortrag:** Du planst eine Präsentation über die Grundherrschaft und verwendest hierzu das Schaubild M1. Erstelle zu den fett hervorgehobenen Begriffen im Schaubild Karteikarten, die du bei deiner Präsentation verwenden könntest. Nimm den Darstellungstext zu Hilfe.

2 Beschreibe M2 und M3: Wer könnten die abgebildeten Personen sein? Welches Verhältnis zwischen ihnen kommt in den Bildern jeweils zum Ausdruck?

3 **Methode:**
a) Beurteile, inwiefern Höriger und Grundherr voneinander abhängig waren (Darstellungstext, M4)
b) Bewerte aus heutiger Sicht, ob die Forderung der Grundherren gerechtfertigt waren (M4).
Tipp: Nimm die Arbeitsschritte der Methode „Ein historisches Urteil bilden“ auf S. 29 zu Hilfe.

Wie lebten die Bauern im Mittelalter?

Im Mittelalter produzierten Bauernfamilien als Selbstversorger alle Nahrungsmittel durch Ackerbau und Viehzucht. Auch Kleidung, Werkzeuge, Geschirr oder Möbelstücke stellten sie selber her. Den Alltag von Bäuerinnen und Bauern des Mittelalters kennen wir vor allem aus gegenständlichen Quellen und aus Bildquellen. Die wenigen Textquellen zum bäuerlichen Alltag sind in Klöstern und auf Burgen geschrieben worden.

- ***Wie sah der Alltag der Bauernfamilien im Mittelalter aus?***

Wälder und Äcker um 1000

Riesige Wälder bedeckten um 1000 die Nordhälfte Europas. Die Bauerndörfer lagen inmitten dieser Wälder. Viele euch bekannte Märchen erinnern noch an die Bedrohlichkeit der riesigen Wälder im Mittelalter. Für neue Ackerflächen rodeten die Bauern den Wald mit einfachen Werkzeugen oder brannten ganze Waldstücke nieder. Alles, was man zum Leben brauchte, musste der Natur mühevoll abgerungen werden.

Die Lebensbedingungen der Bauernfamilien

Die Bauernfamilien lebten in einfachen Häusern oder Hütten, von denen viele nur aus einem einzigen großen Raum bestanden. Geschlafen wurde auf Stroh. Eine Feuerstelle diente zum Kochen, erzeugte Wärme und Helligkeit. Der Rauch zog über kleine Öffnungen im Dach nur langsam ab. Kerzenlicht gab es keines, da sich die meisten Bauern Talg und Wachs nicht leisten konnten. Kleine Löcher in den Wänden ließen etwas Licht und Luft herein. Der harte Arbeitstag der Bauern begann bei Sonnenaufgang und endete bei Einbruch der Dunkelheit. Die Menschen orientierten sich am Sonnenstand und den Gestirnen, um die Zeit ungefähr bestimmen zu können. Heerscharen von Parasiten verbreiteten Krankheiten, gegen die es kein Heilmittel gab. Kloaken (Abwasserkanäle) wurden oft neben dem Brunnen gegraben und verdarben das Trinkwasser.

Die bäuerliche Kleidung war vielfach ausgebessert und grau, denn Färbemittel für leuchtende Farben waren unerschwinglich teuer. Das Hauptnahrungsmittel war ein Brei aus verschiedenen Getreidesorten. Zur Ergänzung des Speisezettels wurden Früchte, Wurzeln oder Pilze gesammelt. Fleisch kam nur selten in den Kochtopf. Die Hälfte der Kinder starb in den ersten sechs Lebensjahren an Unterernährung oder Krankheiten. Wer Kindheit und Jugend überstanden hatte, konnte im Mittelalter mit einer Lebenserwartung von 30 bis 40 Jahren rechnen. Ein 50-Jähriger galt als uralt.

Glaube und Magie

Der christliche Glaube war um 1000 überall in Europa verbreitet, doch glaubten die Menschen auf dem Lande weiter auch an Dämonen, Kobolde, Wassermänner und Nixen. Heutige Forscher sprechen vom „magischen Denken“ der mittelalterlichen Menschen, im Gegensatz zu heute.

M 1

Arbeiten auf einem Bauernhof, Buchmalerei, um 1515

M 2

In einem Lied, das der Ritter und Dichter Oswald von Wolkenstein um 1500 aufgeschrieben hat, ruft eine Bäuerin ihrer Magd zu:

Steh auf, Margretlein, liebe Gretel!
Zieh die Rüben heraus!
Mach Feuer, setz Fleisch und Kraut zu!
Schnell, sei gescheit!
Nur zu, du faule Tasche, spül die Schüssel! …
Gret, lauf zum Schuppen, such die Nadel,
nimm den Rechen mit!
Gabel, Dreschflegel, Kornsieb und Sichel findest
du dort.

Zit. nach Otto Borst, Alltagsleben im Mittelalter, Frankfurt/M. (Insel) 1983, S. 123.

M 3

Tätigkeiten von Bäuerinnen und Bauern in den zwölf Monaten des Jahres, Illustration aus einer französischen Handschrift, 1480

M 4

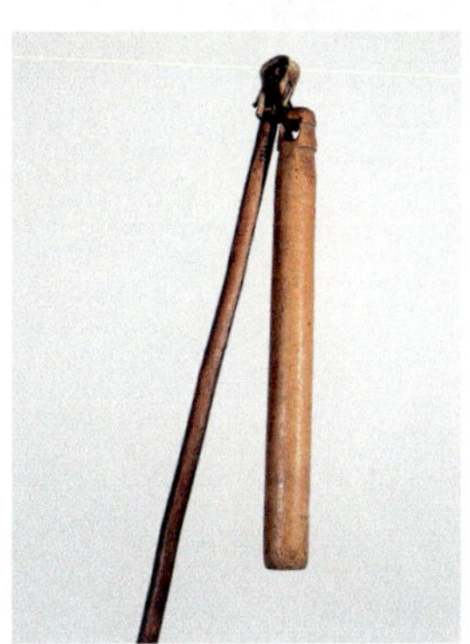

Werkzeuge mittelalterlicher Bauern: Sichel, Sense, Dreschflegel und Holzschaufel, 15. Jh.

1 **Partnerarbeit:**
   a) Arbeitet aus M1–M3 heraus, was ihr über die Arbeit und die Aufgabenverteilung in Bauernfamilien erfahrt.
   Tipp: Unter anderem werden auch die Herstellung von Butter und der Weinanbau dargestellt.
   b) Wer fehlt auf den Abbildungen?

2 In M4 sind Werkzeuge mittelalterlicher Bauern abgebildet. Überprüfe, wo du sie in M3 wiederfindest, und notiere, für welche Tätigkeiten sie eingesetzt wurden.

Zusatzaufgabe: siehe S. 148/149

3 **Wähle eine Aufgabe aus:**
   a) Beschreibe mithilfe von M1 und M3 den Alltag von Bauern im Mittelalter.
   b) Verfasse einen Artikel für eure Schülerzeitung, in dem du über Bauern im Mittelalter berichtest.

4 **Geschichte darstellen:** Der Grundherr ist nicht mit den Abgaben eines Bauern einverstanden. Dieser konnte wegen einer schlechten Ernte nur wenige Abgaben leisten. Formuliere ein Streitgespräch. Versuche beide Standpunkte mit Argumenten zu stützen.
   Tipp: Welche gegenseitigen Verpflichtungen sind der Grundherr und der Hörige eingegangen? Nimm S. 70/71 zu Hilfe.

Webcode: FG656646-073
Film: Alltag der Bauern

Neue Techniken verändern die Landwirtschaft

„Aufbruchsepoche Europas" nennen heutige Wissenschaftler die Zeit zwischen 1050 und 1300. Ein wärmeres Klima sowie neue Formen der Bodenbewirtschaftung und der Energienutzung führten dazu, dass auf dem Gebiet des heutigen Deutschlands um das Jahr 1200 fünfmal mehr Menschen lebten als im Jahr 800, zur Zeit Karls des Großen.

- ***Welche Veränderungen führten dazu, dass die Bevölkerung wuchs?***

M 1

Bauern beim Pflügen, Buchillustration, 1525

Technische Modernisierungen

Zur Gewinnung neuer Flächen für Ackerbau und Weidewirtschaft wurden Wälder gerodet, Sümpfe trocken gelegt und an zahlreichen Flüssen und Küsten Deiche gegen Überschwemmungen gebaut. Ab dem 10. Jahrhundert entstanden überall in Europa Wassermühlen und Windmühlen. Mühlen trieben einfache hölzerne Geräte zum Mahlen, Zerstampfen, Drehen, Filtern und Pumpen an. Auch Blasebälge von Schmelzöfen und Schmiedehämmer wurden durch Wind- und Wasserkraft angetrieben. Trotz der Mühlen blieb aber die Muskelkraft von Mensch und Tier die wichtigste Energiequelle im Mittelalter. Nachdem die Herstellung und Verarbeitung von Metallen lange Zeit nur der Waffenherstellung gedient hatte, erlaubte nun eine verstärkte Eisenproduktion die Produktion einer größeren Anzahl von Äxten, Hufeisen, Spaten, Sägen, Sicheln und Pflügen.

Erfindungen erleichtern die Arbeit

Wichtige Erfindungen verbesserten die Arbeit der Bauern: Der mit Eisen beschlagene Räderpflug brach die Erde um, statt sie nur anzuritzen. Die Egge ersetzte die Stöcke zum Zerkleinern der Erdklumpen vor der Saat. Die Erfindung der Schubkarre und des Lastkarrens mit Deichsel erleichterte den Warentransport. Durch die Erfindung des Kummets, eines mit Leder gepolsterten Halskragens für Pferde, konnten diese jetzt die doppelte Last ziehen. Ochsen befestigte man ein gepolstertes Holzbrett zwischen den Hörnern. Sie waren zwar langsamer als Pferde, konnten jedoch viel schwerere Lasten ziehen.

Eine bedeutende Neuerung war der Übergang zur Dreifelderwirtschaft. Bis zum 11. Jahrhundert ließen die Bauern ein Feld nach der Ernte ein Jahr unbearbeitet („brach“) liegen, damit sich der Boden erholte. Nun wechselten Wintersaat, Frühjahrssaat und Brache einander ab. Dadurch stieg der Ernteertrag an.

Wirtschaft und Umwelt

Holz war der wichtigste Grundstoff des Mittelalters. Es diente als Baumaterial für Häuser, Mühlen, Brücken, Befestigungsanlagen und den Schiffbau. Schmelzöfen für die Eisenproduktion entstanden in der Nähe von Wäldern. Die Öfen wurden zur Erreichung der notwendigen Temperaturen mit Holzkohle betrieben. Hersteller von Holzkohle waren die Köhler. Ein Köhlereibetrieb mit 10 Angestellten benötigte pro Monat die Fläche von zwei Fußballfeldern Wald für die Produktion der Holzkohle.

M2 *Neuerungen in der mittelalterlichen Landwirtschaft*

1 Die Sense ersetzte im 11. Jahrhundert die Sichel. Mit der Sense konnten die Bauern rascher ernten und die Getreidehalme tief unten abschneiden.

2 Mergel ist ein mineralhaltiges Gestein aus Ton und Kalk, das vor allem Sandböden verbessert.

M3

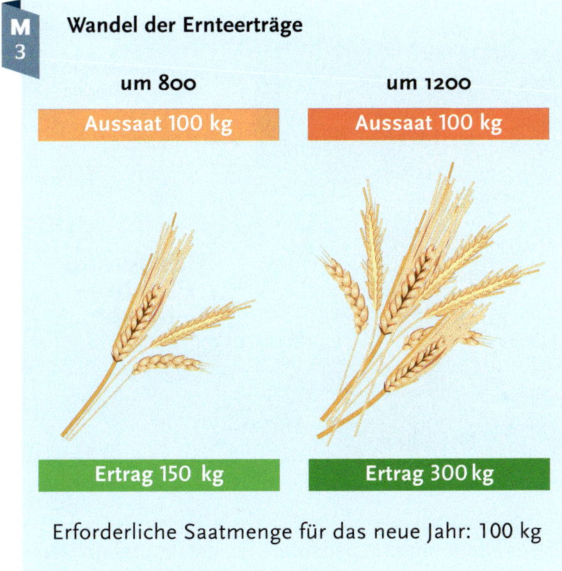

Wandel der Ernteerträge (Durchschnittswerte für Roggen)

M4

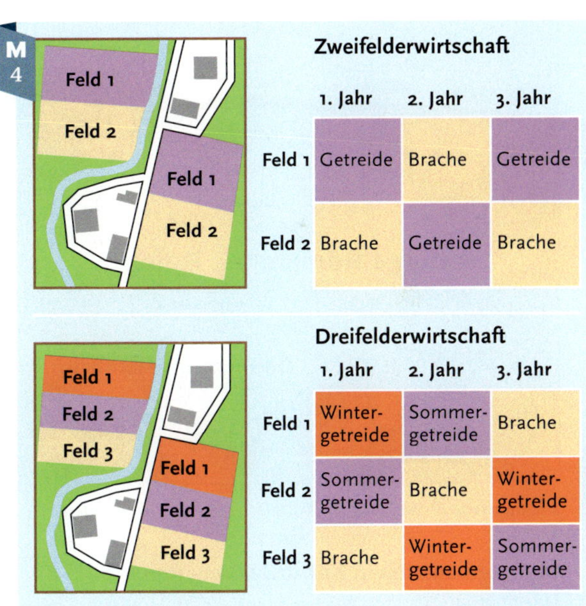

Zweifelderwirtschaft

	1. Jahr	2. Jahr	3. Jahr
Feld 1	Getreide	Brache	Getreide
Feld 2	Brache	Getreide	Brache

Dreifelderwirtschaft

	1. Jahr	2. Jahr	3. Jahr
Feld 1	Wintergetreide	Sommergetreide	Brache
Feld 2	Sommergetreide	Brache	Wintergetreide
Feld 3	Brache	Wintergetreide	Sommergetreide

Von der Zweifelder- zur Dreifelderwirtschaft

1 **Wähle eine Aufgabe aus:**

a) Erläutere, welche Vorteile die in M2 dargestellten Neuerungen für die Bevölkerung im Mittelalter jeweils brachten.

b) Stelle mithilfe des Darstellungstextes Z. 17–34 und M3 dar, welche Folgen die Verbesserungen in der Landwirtschaft hatten.

2 Erkläre anhand von M4 den Unterschied zwischen der Zwei- und Dreifelderwirtschaft. Warum steigerte die Dreifelderwirtschaft die Erträge?
Tipp: Nimm den Darstellungstext zu Hilfe.

3 Benenne mithilfe von M1 die abgebildeten Arbeitsgeräte und -techniken. Überprüfe: Waren sie, als das Bild entstand, „neu“ oder nicht?

4 Erläutere den Zusammenhang zwischen neuen Techniken und Bevölkerungswachstum.

Die deutsche Ostsiedlung

Zu Beginn des 10.Jahrhunderts siedelten die Stämme des deutschen Königreichs bis an die Saale und die Elbe. Jenseits dieser Grenze lebte das Volk der Slawen, zu denen unter anderem die Polen gehörten. Ihr Land bestand zu großen Teilen noch aus dichten Wäldern, die landwirtschaftlich nicht nutzbar waren. Die deutschen Herrscher vergrößerten durch Kriege ihr Herrschaftsgebiet nach Osten und verbreiteten dort den christlichen Glauben. Anschließend ließen sich während der sogenannten deutschen Ostsiedlung zwischen dem 12. und dem 14. Jahrhundert in den östlichen Gebieten deutsche Siedler nieder.

- ***Warum wanderten deutsche Siedler in den Osten aus?***

M1

Die deutsche Ostsiedlung im Mittelalter, 8.–14. Jahrhundert

Im Osten entstehen Kulturlandschaften*

Durch einen Anstieg der Bevölkerung im Heiligen Römischen Reich seit dem 11. Jahrhundert war die Landwirtschaft nicht mehr in der Lage, alle Menschen zu ernähren. Ein Ausbau des vorhandenen Siedlungsgebietes durch Rodungen von Wäldern oder Trockenlegung von Sumpfgebieten reichte für die Versorgung nicht mehr aus. Mit der Hoffnung auf ein besseres Leben zogen Bauern, aber auch Handwerker, Kaufleute und Juden als Kolonisatoren* in die von den deutschen Herrschern eroberten und noch unbewohnten Gebiete im Osten. Hier musste das Land erschlossen und nutzbar gemacht werden. Dies wird auch als Landesausbau bezeichnet. Dieser Landesausbau bedeutete für die deutschen Herrscher eine Vergrößerung ihrer Macht, denn sie wurden zu Grundherren des herrenlosen Landes.

Lokatoren* als Teil des Siedlungswesens

Um weitere Siedler für die neuen Gebiete zu gewinnen, beauftragten die Herrscher sogenannte Lokatoren. Diese warben Bauern, junge Adlige, Handwerker und Kaufleute als Neusiedler an. Gelockt wurden sie mit Sonderrechten: Sie mussten nur geringe Abgaben zahlen, meist keine Frondienste leisten und waren persönlich frei. Die Kolonisation des Ostens erfolgte systematisch und organisiert. Die Lokatoren halfen den Bauern und führten sie über mehrere Monate ans Ziel. Dort angekommen, organisierten sie den planmäßigen Aufbau von Dörfern und Städten, von denen zwischen dem 12. und 14. Jahrhundert zahlreiche entstanden. Dem Lokator wurde im Anschluss vom Grundherrn das erbliche Amt des Dorfrichters (= Schulzen) verliehen.

Slawen lernen von den Kolonisatoren

Auch slawische Herrscher riefen seit dem 12. Jahrhundert deutsche Siedler in ihr Land. Sie erhofften sich von ihnen wirtschaftliche Entwicklung und eine Machtstärkung in den dünn besiedelten Gebieten. Die Slawen lernten von den deutschen Siedlern, denn diese verfügten über neue technische Geräte, wie den eisernen Pflug, und beherrschten mit der Dreifelderwirtschaft eine verbesserte Anbaumethode. Beides wurde von den Einheimischen schrittweise übernommen. Auch wurden Städte nach deutschem Vorbild gegründet (siehe S. 138/139).

Deutsche und Polen – ein schwieriges Verhältnis

Die deutschen Siedler lebten zunächst in friedlicher Nachbarschaft mit den einheimischen Slawen. Diese waren im Gegensatz zu den Neusiedlern noch lange unfrei und mussten Abgaben und Dienste leisten. Die Beziehungen verschlechterten sich, als der Deutsche Orden, eine aus den Kreuzzügen hervorgegangene religiöse Gemeinschaft, im Osten gewaltsam das Christentum verbreitete und einen eigenen Staat gründete. Zwar trug er zum Ausbau des Landes bei, seine Eroberungspolitik führte aber zum Konflikt mit Polen und Litauen. Der Deutsche Orden wurde 1410 von polnisch-litauischen Truppen besiegt. Die Schlacht hat das deutsch-polnische Verhältnis aber nachhaltig belastet.

Eine Dorfgründung, Buchmalerei, um 1315. Links verleiht der Grundherr dem Lokator die Urkunde, mit der den Bauern die Freiheit übergeben wurde.

Der Herzog von Polen übergibt das Siedlungsrecht in einem Dorf (1272):

Es mögen daher alle ... wissen, dass wir Boleslaw, von Gottes Gnaden Herzog von Polen, unseren getreuen Schulzen Nikolaus unser Dorf Borzykowo mit 42 Hufen[1] übertragen haben, gemäß dem Recht, das die in Schlesien und Neumarkt gelegenen Dörfer als ihr Recht[2] gebrauchen. Außerdem haben wir vorgenannten Schulzen und seiner Nachkommenschaft in diesem Dorfe nach Art der Vererbpachtung die sechste Hufe und den dritten Pfennig von allen Gerichtsfällen zu ruhigem und friedlichen Besitz erbrechtlich verliehen. Wir haben auch den Siedlern des vorgenannten Dorfes vom nächsten Martinstag [11.November] ab für sechs Jahre vollkommene Freiheit der Abgaben gewährt ... Wenn die erwähnten Freijahre vorüber sind, sollen sie uns jährlich von jeder Hufe 6 Maß[3] Roggen und 6 Maß Hafer und einen Vierdung[4] Silbers zu entrichten gehalten sein.

Zit. nach Quellen zur Geschichte des deutschen Bauernstandes im Mittelalter, hg. v. Günther Franz, 2. Aufl., Darmstadt (Wiss. Buchgesellschaft) 1974, S. 362ff. Bearb. d. Verf.

[1] *landwirtschaftliches Gut*
[2] *gemeint ist das „deutsche Recht*"*
[3] *1 Maß entspricht 1,5 Liter*
[4] *¼ Mark*

1 Beschreibe Ursachen und Verlauf der deutschen Ostsiedlung (M1, Darstellungstext).
2 Erkläre, warum slawische Herrscher deutsche Siedler in ihre Gebiete riefen (Darstellungstext, M2).
3 Arbeite aus M3 die Rechte heraus, die der Herzog von Polen an die Siedler und den Schulzen vergab.
Tipp: Was dürfte sie veranlasst haben, dem Ruf des Herzoges zu folgen?
4 **Wähle eine Aufgabe aus:**
a) Stelle aus der Sicht eines Bauern aus der Nähe von Halle dar, was für und gegen eine Auswanderung sprach (Darstellungstext, M3).
b) Vergleiche die Rechte der deutschen und der slawischen Siedler (Darstellungstext).
5 Charakterisiere die Begegnung von Deutschen und Polen im Mittelalter (Darstellungstext).

Webcode: FG656646-077
Kartenanimation: Die deutsche Ostkolonisation im Mittelalter

Die Ständegesellschaft: Eine festgefügte Ungleichheit?

Von der Antike bis ins 19. Jahrhundert entschieden Herkunft, Vermögen und unterschiedliche Rechte über die Stellung des Einzelnen in der Gesellschaft. Heute sind die Grenzen zwischen den Gesellschaftsschichten durchlässiger. Durch Fleiß, Bildung und Können ist es möglich, gesellschaftlich aufzusteigen. Im Mittelalter war jedem Menschen von Geburt an sein Platz zugewiesen.
- ***Warum war das so?***
- ***Wie wurde die Ständegesellschaft legimitiert?***

Die Einteilung in Stände

Schon in der Antike suchten Gelehrte nach Erklärungen dafür, dass es innerhalb einer Gesellschaft Unterschiede gab. Sie teilten die Gesellschaft in zwei Gruppen ein: die Herren und die Knechte. Aus dieser Vorstellung entwickelten seit dem 11. Jahrhundert Gelehrte ein neues Bild von der Gesellschaft: die Lehre von den drei Ständen, nach der jeder Mensch einem Stand zugewiesen wurde. Zum ersten Stand gehörten die Geistlichen (= Klerus), zum zweiten die Adligen und zum dritten alle anderen wie die Bauern, Handwerker und später die Bürger in den Städten.

In den Stand der Adligen oder den der Bauern wurde man hineingeboren, in den Stand des Klerus erhoben. Die Stände hatten bestimmte Aufgaben und Rechte innerhalb dieser Ordnung und grenzten sich gegeneinander ab. Geistliche und Adlige waren nicht zur körperlichen Arbeit verpflichtet. Sie lebten von den Abgaben und Diensten der Bauern, die den zahlenmäßig weitaus größten Stand ausmachten.

Eine Heirat war nur innerhalb eines Standes möglich. Da diese Ständeordnung als von Gott gegeben bezeichnet wurde, durfte sich niemand gegen sie auflehnen. Diese Gliederung der Gesellschaft galt über Jahrhunderte: in Frankreich bis zur Revolution 1789 und in den meisten europäischen Ländern bis weit ins 19. Jahrhundert.

Nicht erfasst wurden in dieser Ordnung Frauen, Kinder oder Juden. Auch Berufe wie der des Totengräbers und Henkers und Gruppen wie Schausteller und Bettler zählten zu keinem Stand („Standeslose").

Die Wirklichkeit der Ständeordnung

In Wirklichkeit waren die Stände in sich sehr uneinheitlich: Es war ein Unterschied, ob man als Adliger mit wenig Besitz oder als Sohn eines reichen Fürsten, als Bauer oder als Sohn eines reichen Kaufmannes geboren wurde. Bei den Geistlichen gab es sowohl arme Mönche und Dorfpriester als auch reiche Äbte und Bischöfe. Hohe Kirchenämter und die wichtigen Ämter in der Reichsverwaltung waren Angehörigen des hohen Adels vorbehalten.

M1

Die drei Stände, Holzschnitt von Johannes Lichtenberger, 1488. Die Beschriftung lautet: Tu supplex ora – du bete demütig! Tu protege – du beschütze! Tuque labora – Und du arbeite!

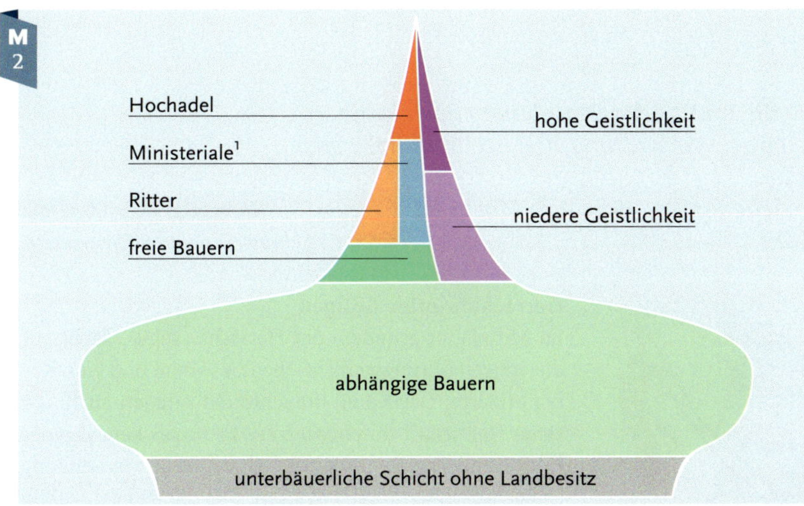

Schema der ländlichen mittelalterlichen Gesellschaft

1 Ministeriale (= Dienstmannen) waren ursprünglich Unfreie, die von ihrem Herrn zu Verwaltungsaufgaben oder Kriegsdienst herangezogen wurden. Seit dem 12. Jahrhundert verbanden sie sich mit dem Adel zum Ritterstand.

Bischof Adalbero von Laon (971–1030) schrieb an den französischen König Robert:

Dreigeteilt ist das Haus Gottes, das man als eine Einheit glaubt: Die einen beten, die anderen kämpfen und andere arbeiten. Diese drei sind vereint und mögen denn keine Spaltung. Durch die Aufgaben des einen Teils werden auch die beiden anderen Teile bedacht. Im Wechsel der Pflichten erwächst allen Trost.

Zit. nach Ferdinand Seibt, Glanz und Elend des Mittelalters, Berlin (Siedler) 1987, S. 131ff.

Aufruf eines Priesters an die Bauern (1381):

Aus welchem Grund sind die, die wir Herren nennen, größere Meister als wir? ... Warum halten sie uns in Knechtschaft? Und wenn wir alle von einem Vater und einer Mutter, Adam und Eva, abstammen, inwiefern können sie behaupten und beweisen, dass sie mit besserem Grund als wir Herren sind? Höchstens damit, dass sie uns erbringen und erpflügen lassen, was sie ausgeben.

Zit. nach Arno Borst, Lebensformen im Mittelalter, Hamburg (Nikol) 2004, S. 284.

Die Äbtissin Hildegard von Bingen schrieb an die Äbtissin von Andernach (1150):

Gott achtet bei jedem Menschen darauf, dass sich der niedere Stand nicht über den höheren erhebe, wie es einst Satan und der erste Mensch getan ... Wer steckt all sein Viehzeug zusammen in einen Stall: Rinder, Esel, Schafe, Böcke? Da käme alles übel durcheinander! ... Gott teilt sein Volk auf Erden in verschiedene Stände, wie die Engel im Himmel in verschiedene Gruppen geordnet sind, in die einfachen Engel und in die Erzengel.

Zit. nach Johannes Bühler, Die Kultur im Mittelalter, Stuttgart (Kröner) 1954, S. 123.

1 **Methode:** Untersuche M1 mithilfe der Arbeitsschritte „Bildquelle“ auf S. 158.
Tipp: Achte darauf, wie die einzelnen Stände dargestellt werden und wer ihnen ihre Aufgaben zuweist.

2 **Gruppenarbeit:**
a) Teilt euch M3 und M5 auf: Arbeitet heraus, wie die Einteilung in Stände jeweils begründet wird.
b) Tauscht euch über eure Ergebnisse aus. Vergleicht dann eure Ergebnisse mit der Argumentation von M4.
Tipp: Welche Haltung zur Ständegesellschaft nimmt der Priester in M4 ein?

3 Beschreibe das Schaubild M2. Ordne die abgebildeten Gesellschaftsgruppen den drei Ständen zu. Welche Gruppe wird hier nicht berücksichtigt? Nimm den Darstellungstext zu Hilfe.

4 Nenne mögliche Gründe, warum die Ständeordnung bis ins 19. Jahrhundert hinein bestehen blieb.
Tipp: Wer profitiert davon?

Zusatzaufgabe: siehe S. 149

Das Lehnswesen

Um ihr Reich zu regieren, hatten die Könige des Mittelalters noch keine Behörden mit Tausenden von Beamten, Verwaltungsangestellten, Polizisten und Richtern wie unser Staat heute.

- ***Wie aber konnten die Könige sicherstellen, dass ihre Macht im ganzen Reich anerkannt wurde?***

Webcode: FG656646-080
Lehnswesen und Sachsenspiegel

M 1 *Darstellung aus dem Sachsenspiegel, einem Rechtsbuch des 13./14. Jahrhunderts*

Die Vergabe von Lehen

Das Lehen war ein vom Lehnsherrn an den Lehnsmann (**Vasall**) lebenslang geliehenes Gut, für das der Vasall dem Herrn Dienste leistete. **Lehnsherr** und **Vasall** begaben sich in ein gegenseitig verpflichtendes Verhältnis, in dem beide einander Treue schuldeten: Der Herr erwartete im Frieden Rat und im Kriegsfall militärische Hilfe. Als Gegenleistung belohnte der Herr den Vasallen mit einem Lehen. Nicht nur Land, auch Ämter oder Rechte wie das Münzrecht wurden als Lehen vergeben. Herzöge, Grafen und Bischöfe waren Vasallen des Königs (**Kronvasallen**), die Ämter in der Reichsverwaltung ausübten.

Die Übergabe des Lehens bestand aus drei Teilen:

1. **Mannschaft:** Der Vasall gab seine zusammengelegten Hände in die Hände des Herrn; der umschloss sie als Zeichen von Schutz und gegenseitiger Treue.
2. **Treueid** des Vasallen: Der Vasall versprach Rat und Hilfe.
3. **Lehnsübergabe** an den Vasallen: Je nach Art des Lehens wird ein Symbol übergeben.

Kronvasallen konnten Teile des empfangenen Lehens an Untervasallen weiterverleihen, die dann ihrem unmittelbaren Lehnsherrn, aber nicht mehr dem König zu Treue verpflichtet waren.

Herrschaft unter Adligen

Im Mittelalter gründete der Herrscher seine Macht auf die adlige Führungsschicht, die ihn wählte und zum König erklärte. Der König brauchte die Adligen auch, um seine Herrschaft durchzusetzen. Er besaß kein eigenes Heer, sondern war im Kriegsfall auf die Unterstützung seiner Gefolgsleute angewiesen. Für die Adligen zahlte sich der Dienst für den König aus. Sie erhielten für ihre Gefolgschaft ein sogenanntes Lehen. Das war ein Stück Land, eine Burg oder ein besonderes Recht (z. B. das Recht, einen Markt zu gründen).

Er brauchte die Adligen aber auch, um sein Königreich zu kontrollieren, um Recht zu sprechen oder politische Entscheidungen zu treffen. Seine Königsboten übten zwar eine gewisse Kontrolle aus, aber sie konnten das Land nicht für ihn verwalten. Auch die Anweisungen des Königs, z. B. gegenüber den Grafen, konnten sie nicht dauerhaft durchsetzen. Deshalb band der König die Adligen durch einen Eid an seine Person, damit sie ihm treu blieben und in seinem Interesse handelten. So entstand ein System persönlicher Herrschaft, das sich im 8. Jahrhundert zum Lehnswesen* entwickelte. Für dieses Herrschaftsverhältnis unter Adligen verwenden Historiker auch den Begriff Feudalismus (lat. feudum = Lehen).

Im Hochmittelalter veränderte sich das Lehnswesen zugunsten der Lehnsnehmer (Vasall). Es setzte sich das Prinzip der Erblichkeit durch. Das Lehnsverhältnis erlosch nicht mehr beim Tod des Vasallen. Eine Ausnahme bildete die Belehnung von Bischöfen und Äbten.

1 Erkläre, warum es für mittelalterliche Könige wichtig war, Adlige durch einen Eid an sich zu binden (Darstellungstext).

2 **Wähle eine Aufgabe aus:**

a) Erkläre den Fachbegriff „Lehen", indem du nach ähnlichen Wörtern im Deutschen suchst.

b) Für „Lateinexperten": Überlege, warum das lateinische Wort für ein als Lehen vergebenes Gut „beneficium" (von *bene* + *facere*) lautet.

3 Finde heraus, was auf M1 abgebildet ist. Notiere deine Ergebnisse.

M 2

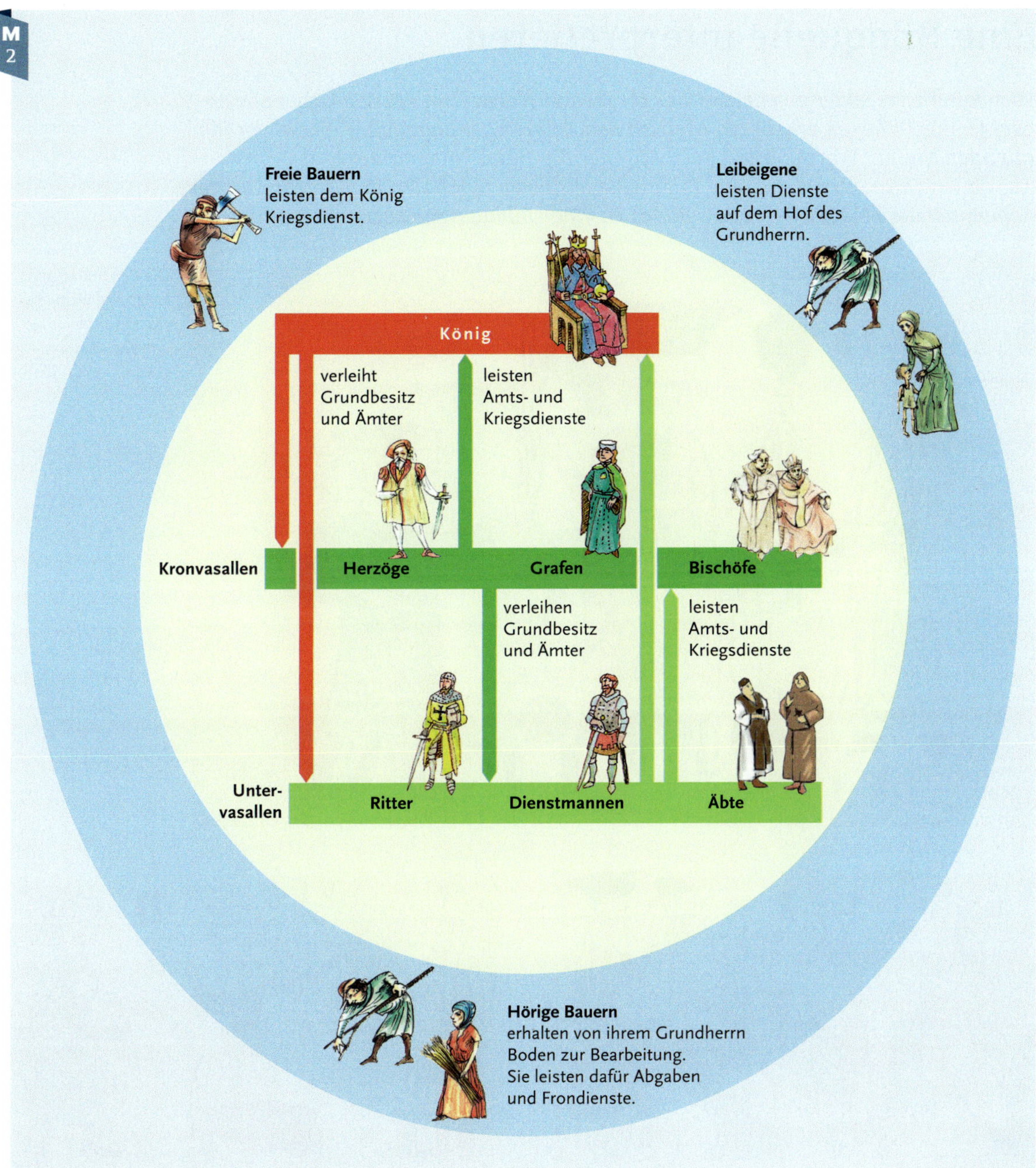

Eine vereinfachte Darstellung des Lehnswesens

4 Untersuche das Schaubild M2:

a) Beschreibe die Beziehungen zwischen dem obersten Lehnsherrn und den Kronvasallen sowie die Beziehungen zwischen Kron- und Untervasallen.

b) Erläutere, was man daraus über die Beziehungen zwischen Lehnsherren und Vasallen allgemein schlussfolgern kann.

c) Vergleiche die Beziehungen zwischen Grundherren und Hörigen/Leibeigenen (siehe S. 71) mit denjenigen zwischen Lehnsherren und Vasallen.

d) Beurteile, welche Probleme sich daraus ergeben konnten, dass Untervasallen ihrem unmittelbaren Lehnsherrn, aber nicht mehr dem König zur Treue verpflichtet waren.

Eine Bildquelle interpretieren

Mittelalterliche Bilder erscheinen uns oft fremd: Warum hat ein Mensch mehr als zwei Hände? Warum erhebt ein Mensch den Zeigefinger gegenüber einem vor ihm knienden Mann? Warum legen zwei Männer die Hände ineinander?
Auf diesen Seiten lernst du, eine Bildquelle mit ihren Symbolen und Zeichen zu verstehen und die Einzelheiten eines Bildes zu einer Bildaussage zusammenzufügen.

M1

Die Belehnung geistlicher und weltlicher Fürsten, Abbildung aus dem Sachsenspiegel, 13./14. Jh.

M2

Szenen aus dem Lehnsrecht, Illustrationen aus dem Sachsenspiegel, 13./14. Jh.

1 Interpretiere M1 mithilfe der Arbeitsschritte auf S. 83. Vergleiche anschließend deine Ergebnisse mit den Lösungshinweisen in der rechten Spalte.
2 Untersuche eines der Bilder aus M2 mithilfe der Arbeitsschritte.
3 **Rollenspiel:** Wählt ein Bild dieser Seite aus und schreibt einen Dialog für die abgebildete Handlung. Spielt diese Zeremonie mithilfe eurer Kenntnisse zum Lehnswesen nach. Eine Anleitung für ein Rollenspiel findest du auf S. 163.
Tipp: Verfasst eine Einleitung für die Szene.
4 Zeichne dein eigenes Sachsenspiegel-Bild zu einer symbolischen Handlung von heute, z. B. eine Zeugnisausgabe in der Schule oder eine Eheschließung. Verwende eigene Symbole, aber auch mindestens ein Element der Zeichensprache aus M3.

Arbeitsschritte „Eine Bildquelle interpretieren“

Einzelne Elemente beschreiben	Lösungshinweise zu M1
1. Was ist dargestellt (Personen, Gegenstände)?	• *Eine Person mit Krone auf einem Thron (ein König) gibt drei gekrönten Personen rechts drei Fahnen, zwei Personen links (eine mit Schleier, die andere mit Bischofshut) ein Zepter.*
2. In welchen Positionen (Haltungen), in welchen Bewegungen sind sie zu sehen?	
3. Wie lässt sich die Situation beschreiben?	• *Es scheint sich um eine Übergabe zu handeln.*
4. Was erscheint merkwürdig?	• *Es ist merkwürdig, dass die drei Personen auf der rechten Seite identisch aussehen.*
Zusätzliche Informationen hinzuziehen und Bedeutung der Bildelemente interpretieren	
5. Welche Hinweise gibt die Bildunterschrift?	• *Der Bischof und die Äbtissin links erhalten vom König ein Zepterlehen als Symbol ihrer geistlichen Herrschaft, die drei weltlichen Fürsten rechts erhalten Fahnen als Herrschafts- und Lehnssymbole.*
6. Welche Bedeutung würdest du der entsprechenden Geste, Gebärde, Handlung oder auch dem Gegenstand heute noch zuordnen?	• *Der äußerste von ihnen macht eine erklärende Geste mit seiner Hand; vielleicht deutet dies auf den Lehnseid hin, den er dem König schwören muss.*
7. Recherchiere Hintergrundinformationen zu den Symbolen (Bibliothek, Internet; hier: M3).	
8. Welche Einzelaussagen ergeben sich aus den Symbolen und Gesten?	• *Der König sitzt erhöht gegenüber den anderen Personen, er ist ihnen also überlegen.*
Bildaussage formulieren	
9. Welche Gegenstände oder Handlungen scheinen besonders wichtig zu sein für die Aussage des Bildes? Woran erkennst du dies?	• *Das Lehnswesen wird als ein gegenseitiges Verhältnis dargestellt, da der König den Kronvasallen Lehen gibt, dafür von ihnen aber einen Treueid erhält. Der König hat die oberste Stellung inne.*
10. Welche Gesamtaussage lässt sich formulieren? Gibt es mehrere Deutungen?	• *Die anderen Personen stehen für Gruppen; deshalb sehen die drei weltlichen Fürsten identisch aus.*

Kleines Zeichensprachelexikon des Mittelalters:

Ähren anbieten: Bereitschaft, das Lehnsverhältnis fortzusetzen
Fahne (halten, übergeben): Herrschafts- und Lehnssymbol; Fahnenlehen: Lehen an einen Fürsten
Gabel am Hals: Drohung, das Lehen wegzunehmen
Hand schräg nach unten geführt: Geste der Erklärung
Handschuh: Eigentumsübertragung
Kniefall: Geste der Huldigung und Unterwerfung
Kreuz: Hauptsymbol des Christentums; als Zeichen der Weltherrschaft des Christentums gedeutet
Krone: Zeichen königlicher Macht
Kugel, Reichsapfel: Zeichen königlicher Herrschaft, Kugel = Erde
Mit dem Zeigefinger auf jemanden zeigen: Geste der Ermahnung, des Benennens
Schwert: Zeichen der Macht und der strafenden Gerechtigkeit
Wappen: schildförmiges, grafisch festgelegtes Symbol, zuerst während der Kreuzzüge verwendet; Zeichen für Erblichkeit der Lehen
Zeigefinger nach unten: Geste des Zeigens
Zepter: Herrschaftssymbol; Zepterlehen: Lehen an Geistliche

Die Burg: Mehr als ein festes Haus

Burgen und Burgruinen sind beliebte Ziele von Touristen und Klassenausflügen. Im Mittelalter entstanden in Deutschland rund 15 000 bis 20 000 Burgen, in Frankreich sogar über 40 000. Die Gebäude und Überreste, die wir heute besuchen, sehen aber nur noch selten so aus, wie sie ursprünglich gebaut wurden.

- ***Untersuche am Beispiel der Burg Querfurt, warum im Mittelalter Burgen entstanden und wie sich ihr Aussehen und ihre Funktion veränderten.***

Die Burg als Wohnsitz und Verteidigungsanlage

Während die Bauern in einfachen Holzhütten wohnten, lebten die Adligen in einem festen Haus aus Stein, ihrem „Sitz". Ab dem 11. Jahrhundert verlegten immer mehr Adelsfamilien ihren Wohnsitz auf neu entstehende Burgen, die oft auf Anhöhen oder Bergvorsprüngen gebaut wurden. Die Lage bot Schutz vor Angreifern und zeigte den Bauern, wer in der Ordnung der Gesellschaft „oben" und wer „unten" stand. Der Name der Burg war in der Regel der Name der Adelsfamilie, die dort lebte. Mancher Adlige besaß mehrere Burgen.

Zum Bau einer Burg benötigte man Maurer, Steinmetze und viele Bauarbeiter, meist Bauern aus der Umgebung. Als Material wurden unbehauene Steine, später auch Steinquader und Ziegelsteine verwendet. Für den Transport wurden Rollen aus Baustämmen benutzt. Rampen, Kräne und einfache Flaschenzüge beförderten die Steine in die Höhe.

Aus- und Umbauten

Die ersten Burgen bestanden nur aus einem befestigten Wohnturm, dem Bergfried. Später entstand das herrschaftliche Wohngebäude, der sogenannte Palas. Dort gab es einen großen Saal, in dem Feste gefeiert wurden. Bei großer Gefahr zogen sich die Burgbewohner in den Bergfried zurück. Nur wenige Bergfriede verfügten jedoch über Schießscharten oder Plattformen zur Abwehr von Angreifern.

Im Laufe der Jahrhunderte veränderten die Burgen ihr Aussehen. Mauern wurden verstärkt, Gräben gezogen, Wehrtürme oder Zugbrücken errichtet, um Angriffe und Belagerungen zu überstehen. Mit der Erfindung großer Geschütze verloren die Burgen ihre Bedeutung als Verteidigungsanlagen, da die Kanonen die Mauern durchbrachen und zerstörten. Viele Burgen zerfielen zu Ruinen oder wurden zu herrschaftlichen Schlössern mit mehr Wohnkomfort umgebaut.

M 1

Burgtor mit Pechnasen (1) Torhaus mit Fallgitter (2) innere Mauern (3) Wehrgang (4) Ställe und Wohnhaus der Burgbesatzung (5) Burghof (6) Bergfried (7) Palas (8) Kapelle (9) Brunnen (10)

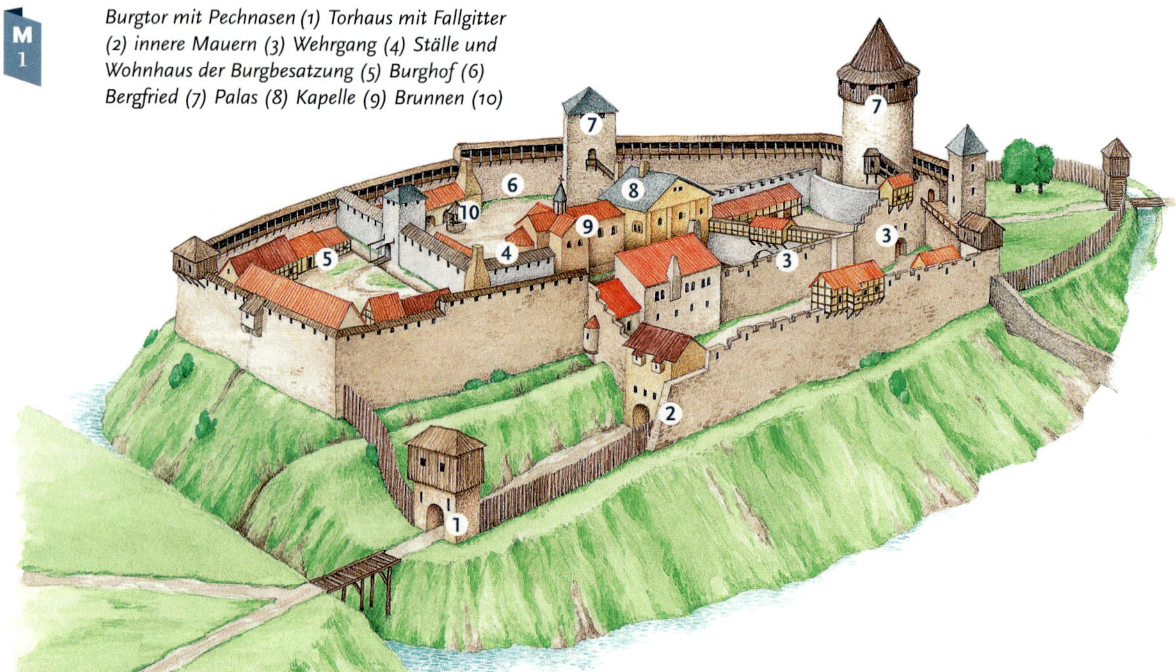

Burg Querfurt in Sachsen-Anhalt, Rekonstruktionszeichnung

Steckbrief: Burg Querfurt

9. Jh. erste urkundliche Erwähnung der Burg
10. Jh. Die Burg wird Stammsitz des einflussreichen Adelsgeschlechts der „Edlen Herren von Querfurt".
1004–1350 erweitern die Burgherren die Burg um eine innere und äußere Ringmauer, den Bergfried, die Burgkirche und zwei Türme.
1496 stirbt die Hauptlinie des Adelsgeschlechts aus. Die Burg wird als Lehen vom Erzbistum Magdeburg eingezogen.
1528–1535 bauliche Veränderungen an der Burg
1618–1648 wird die Burg im Dreißigjährigen Krieg Schauplatz mehrerer heftiger Kämpfe. Währenddessen wechselt sie ständig den Besitzer.
1663–1815 wird die Burg Querfurt Teil des Fürstentums Sachsen-Querfurt und dient den Herzögen von Sachsen-Weißenfels als Teilresidenz.
1815 geht die Burg in preußischen Besitz über und wird zu einem Gutshof in herrschaftlichem Besitz.
1936 Der Gutshof wird aufgelöst. Die Burggebäude werden für Verwaltungs- und Wohnzwecke genutzt.
1972–1978 werden mehrere Sanierungs- und Restaurierungsarbeiten durchgeführt.

M 2

Die Burg Querfurt, Foto, 2016. Im Kriegsfall suchten auch die Bauern Schutz in der Burg.

1 **Wähle eine Aufgabe aus:**
   a) Nenne mithilfe des Darstellungstextes möglichst viele Funktionen einer Burg.
   b) Überprüfe mithilfe von M1, welche Funktionen die einzelnen Gebäudeteile hatten.

2 Stelle mithilfe von M2 und des Steckbriefs dar, wie die Burg Querfurt sich vom Mittelalter bis heute veränderte.
   Tipp: Berücksichtige auch M1.

3 **Partnerarbeit:** Gestaltet mithilfe der Informationen dieser Doppelseite zwei Texte. Einer von euch bearbeitet a), der andere b):
   a) Der Burgherr führt im 14. Jahrhundert eine Gesellschaft von Rittern durch seine Burg.
   b) Eine Reiseleiterin führt 2016 eine Schülergruppe durch die Burg Querfurt.
   c) Vergleicht, was sich geändert hat.

Webcode: FG656646-085
Die Burg Querfurt

Wie lebten die Adligen auf der Burg?

Heute werden auf vielen Burgen Festspiele veranstaltet, bei denen die Darsteller prächtige Rüstungen und farbenfrohe Kleidung tragen. Das Leben auf einer Burg erscheint uns dadurch oft als spannend und angenehm.

- ***Untersuche, ob diese Vorstellung der Realität entspricht.***

M 1

Neujahrsempfang des Herzogs von Berry, Buchmalerei, 1410. Der Gastgeber trägt eine blaue Robe und eine Pelzmütze.

Die Burg als Lebensraum der Adligen

Auf den Burgen lebten kaum fünf Prozent der Bevölkerung. Zu ihren Bewohnern zählten adlige Herren und Damen, Ritter* und Edelfrauen, Knappen* sowie die Knechte und Mägde. In vielen Burgen hausten aber auch nur einige wenige bewaffnete Krieger mit Gefolge. Manchmal wohnten mehrere verwandte adlige Familien auf einer Burg. Nach innen bot das „feste Haus" mit Mauern und Türmen dem adligen Hausherrn, seiner Familie und seinen Bediensteten Schutz. Nach außen wirkte es als Zentrum der Grundherrschaft, also der Herrschaft über Land und Leute.

Wie waren die Wohnbedingungen auf einer Burg?

Mittelpunkt der Burg war der Wohnturm, um den sich im Laufe der Zeit die anderen Gebäude gruppierten. Große Burgen verfügten über Festsäle, Küchen, Vorratskammern und Schlafgemächer. Einfache Burgen besaßen nur ein kleines Steinhaus.

Im Inneren der Burgmauern war es meist feucht und zugig. Es gab kleine Fensteröffnungen, die wenig Licht hineinließen und im Winter mit Holzläden verschlossen wurden. Nur der Wohnbereich der Adelsfamilie, die sogenannte Kemenate, wurde beheizt. Erst ab dem hohen Mittelalter gab es Wohnräume mit Kachelöfen.

Bäder gab es in einer Burg nicht. Man wusch sich über einer Schüssel und benutzte ein Plumpsklo, das sich meist im Hof befand. Das Wasser zum Putzen, Waschen und Kochen holten die Bediensteten des Burgherrn vom Brunnen im Burghof. In Höhenburgen war es aufwendig, einen Grundwasserbrunnen anzulegen. Hier fand sich meist eine Zisterne*, in der Regenwasser gespeichert und durch Sand gefiltert wurde.

Die Bediensteten waren den Adligen auch beim Ankleiden behilflich und hielten die Wohnräume sauber. Hatte sich die Adelsfamilie zum Essen versammelt, trugen Köche und Mägde die in der Burgküche zubereiteten Speisen auf. Sie selber durften nicht am Tisch der Adligen sitzen und bekamen meist nur Getreidebrei und die Reste der Herrenmahlzeit zu essen.

Der Ritter Ulrich von Hutten berichtete über das Leben auf der Burg (1518):

Die uns ernähren, sind bettelarme Bauern, denen wir unsere Äcker, Weinberge, Wiesen und Wälder verpachten. Der einkommende Ertrag ist, gemessen an der aufgewandten Mühe, geringfügig ... Die Burg ... ist nicht als angenehmer Aufenthalt, sondern als Festung gebaut. Sie ist von Mauern und Gräben umgeben, innen ist sie eng und durch Stallungen für Vieh und Pferde zusammengedrängt. Daneben liegen dunkle Kammern, vollgestopft mit Geschützen, Pech, Schwefel ... Überall stinkt es nach Schießpulver; und dann die Hunde und ihr Dreck ... Reiter kommen und gehen, darunter Räuber, Diebe und Wegelagerer ... Man hört das Blöken der Schafe, das Brüllen der Rinder ... Der ganze Tag bringt vom Morgen an Sorge und Plage, ständige Unruhe und dauernden Betrieb. Äcker müssen gepflügt und umgegraben werden, ... Bäume gepflanzt, Wiesen bewässert werden ... Wenn aber einmal ein schlechtes Ertragsjahr kommt, ... dann haben wir fürchterliche Not und Armut.

Zit. nach Arno Borst, Lebensformen im Mittelalter, Frankfurt/M. u. a. (Ullstein) 1979, S. 173ff.

Aus dem Jugendbuch „Der Brief für den König" (2000)

Der 16-jährige Tiuri soll einen geheimnisvollen Brief zum König Unauwen bringen. Getarnt als Mönch kommt er zur Burg Mistrinaut:

„Seid willkommen, Pilger", sagte der Mann. „Geht nur durch diese Tür dort; da ist die große Halle und der Speisesaal. Es brennt ein Feuer im Kamin; da könnt Ihr Eure nassen Kleider trocknen, während Ihr wartet, bis es Essenszeit ist." „Ich danke Euch", sagte Tiuri.

Die große Halle hatte zwar eine gewisse Ähnlichkeit mit der Halle bei ihm zu Hause ..., aber sie war älter und wirkte düsterer. Die Deckenbalken waren schwarz verrußt, die Mauern grau und verwittert. In dem Raum standen viele lange Bänke und Tische mit gekreuzten Beinen. An einer Seite des Saales befand sich eine Empore, zu der eine Holztreppe hinaufführte. Auch dort stand ein Tisch, mit einem weißen Tuch bedeckt. Dort saßen natürlich der Burgherr und seine Familie. Und bei festlichen Gelegenheiten war dies der Platz für die Minnesänger* und die Musikanten. Am großen offenen Kamin stand ein blau gekleideter Diener und drehte ein großes Stück Fleisch an einem Spieß ... Weitere Diener kamen herein, mit Krügen und Zinnschalen voller Brot, die sie auf die Tische stellten. Einer von ihnen zündete die Fackeln an, die in Eisenringen an den Wänden hingen. Der dunkle Raum sah nun ganz anders aus; alles erhielt einen warmen, rötlichen Glanz."

Tonke Dragt, Der Brief für den König, übers. v. Liesel Linn und Gottfried Bartjes, Neuausgabe 2000, Weinheim/Basel (Beltz & Gelberg), S. 85f.

1 Arbeite aus dem Darstellungstext heraus: Wer lebte auf der Burg und welche Aufgaben hatte der Adel?

2 Stelle mithilfe des Darstellungstextes und M2 die Wohnbedingungen auf einer Burg dar.

3 **Methode:** Untersuche M1 mithilfe der Arbeitsschritte „Eine Bildquelle interpretieren" auf S. 83. Vergleiche mit deinen Ergebnissen von Aufgabe 2.

4 **a)** Vergleiche die Beschreibung der Burg im Darstellungstext und in M3.
b) Nenne Gründe für die Unterschiede.
Tipp: Darstellungen sind Rekonstruktionen.

5 Begründe, warum die Quellen widersprüchliche Aussagen über das Leben der Adligen machen.

Die Ritter: Tapfere Krieger und gut erzogen?

Ritter waren Berufskrieger und als Untervasallen oft Teil des Lehnswesens (siehe S. 81). Mit sieben Jahren begann ihre Ausbildung an einem fremden Hof. Mit 20 Jahren wurden sie mit dem „Ritterschlag" in den Kreis der Krieger aufgenommen.

- ***Was waren die Ziele der ritterlichen Ausbildung?***
- ***Erfüllten die Ritter diese Anforderungen?***

Wähle aus, ob du diese Fragen mit Textquellen (A) oder Bildquellen (B) bearbeiten möchtest.

Wie wurden die Kinder adliger Familien erzogen?
Adelsfamilien lagen im Mittelalter häufig in Streit („Fehde*") um Besitz und Ehre. Deshalb wurden die adligen Söhne von Anfang an darauf vorbereitet, als Ritter gegen andere Adlige in den Krieg zu ziehen und sich in Zweikämpfen zu bewähren. Pferd, Kettenhemd, Lanze und Schwert gehörten zur Kampfausrüstung.

Neben dem Kriegshandwerk verlangte man von Rittern auch ein „kultiviertes" Benehmen, z. B. Höflichkeit, Anstand und gute Tischmanieren. Noch heute bezeichnen wir im Deutschen Menschen mit guten Manieren als „ritterlich" und „höflich". Die jungen Ritter erlernten auch die „Minne". Das waren Regeln für die Verehrung einer adligen Dame. Der Ritter kämpfte für sie auf Turnieren und erfreute sie mit Liebesgedichten und Gesang (Minnedienst*).

Adlige Mädchen lernten lesen und schreiben. Auch ein Musikinstrument sollten sie spielen können. Sie wurden auf ihre späteren Aufgaben in der Hauswirtschaft sowie der Pflege von Kranken und der Burgverwaltung bei Abwesenheit des Burgherrn vorbereitet. Außerdem mussten sie die Verhaltensregeln bei Turnieren kennen und wissen, wie sie dem Minnedienst eines Ritters begegneten. Oft lernten sie auch die Sprache ihres künftigen Ehemannes.

Aus dem Ritterroman „Parzival" von Wolfram von Eschenbach (um 1210)

Der Junge Parzival wird am Hof des Adligen Gurnemanz in die gewünschten Eigenschaften (= Tugenden) eines Ritters eingeführt:

Ihr habt eine schöne Gestalt und seht gut aus, Ihr könnt wohl ein Herrscher werden. Doch auch, wenn Ihr von hoher Geburt seid ..., so sollt Ihr doch stets Erbarmen mit den Notleidenden haben. Bekämpft ihre Not mit Großherzigkeit und Güte; seid immer bereit, anderen zu dienen ... Ihr sollt das rechte Augenmaß behalten, ob Ihr nun arm oder reich seid. Verschwendung steht einem Herrn ebenso wenig an wie das Anhäufen von Schätzen; auch das ist unehrenhaft. Haltet immer das rechte Maß.

Wolfram von Eschenbach, Parzival 170,21–172,16, hg. v. Walther Hofstaetter, Stuttgart (Reclam) 1934/2001. Übers. v. Wilhelm Hertz.

Bischof Jakob von Vitry über Ritter (13. Jh.):

Es fehlt nämlich nicht Hochmut bei den Rittern, wenn sie, ... eitlem Ruhm zuliebe, unfromm und eitel herumstolzieren. Es fehlt auch nicht der Neid bei ihnen, wenn einer den anderen beneidet, weil dieser im Waffenhandwerk für tüchtiger gehalten wird und größeres Lob erntet. Es fehlen nicht Hass und Zorn bei ihnen, wenn einer den anderen durchbohrt und ... meistens tödlich verwundet oder direkt gleich tötet ... Sie ... rauben die Güter von anständigen Menschen, ohne Mitleid zu haben, sie zertrampeln die Ernte oder rauben den Ernteertrag ... und schädigen und bedrängen die armen Bauern sehr. Die Turniere sind auch mit der Fress- und Trunksucht verbunden ... nicht nur ihre Güter, sondern auch das Eigentum der armen Leute verschwenden sie bei ihren Gelagen.

Zit. nach Hans-Henning Kortüm, Menschen und Mentalitäten. Einführung in die Vorstellungswelten des Mittelalters, Berlin (Akademie) 1996, S. 58f. Bearb. v. Verf.

1 Stelle aus dem Darstellungstext zusammen, was adlige Kinder lernen sollten.

2 Erläutere, welche Merkmale eines Ritters in M1 hervorgehoben werden.

3 Arbeite aus M2 heraus, wie der Autor Ritter bewertet. Vergleiche mit M1.
Tipp: Nimm den Begriffskasten „Raubritter" (S. 89) zu Hilfe.

B

M 3 *Ritterturnier, Abbildung aus einer Lieder- und Gedichtsammlung, um 1300*

M 4 *Ritter rauben und plündern in einem Dorf. Ausschnitt aus einer Zeichnung, um 1470*

1 Arbeite aus dem Darstellungstext die Regeln heraus, denen ein Ritter gehorchen musste.

2 **a)** Beschreibe M3.

b) Erkläre die Bestandteile der Ritterrüstung und die Bedeutung der Personen oben.

3 Beschreibe, welche Regeln die Ritter in M4 verletzten.

Tipp: Nimm den Begriffskasten „Raubritter" zu Hilfe.

Raubritter

Seit dem 14. Jahrhundert konnten viele Adlige das teure Ritterleben auf der Burg nicht mehr finanzieren. Neue Waffen wie Kanonen und Feuerwaffen machten die Burgen verwundbar und die Ritter als Krieger überflüssig. In dieser Situation wurden Ritter zu Raubrittern. Sie zogen durchs Land und überfielen Händler und Dörfer, um ihren Lebensunterhalt zu sichern.

Aufgabe für alle:

Ein Knappe und ein adliges Mädchen berichten über ihre unterschiedliche Ausbildung. Gestaltet ein Gespräch.

Mittelalterliche Glaubensvorstellungen

Auf der rechten Seite siehst du drei Bilder, in denen sich Wirkliches und Fantastisches mischen: Neben Menschen tauchen Engel, Teufel und Gestalten aus der Unterwelt auf. Über der ländlichen Gegend schwebt Christus auf einer Wolke, und das wilde Gerangel um das Heu wird eingerahmt von Szenen aus dem Paradies und der Hölle. „Der Heuwagen“ wurde von dem Niederländer Hieronymus Bosch (um 1450–1516) gemalt. Es ist ein Tryptichon, ein dreiteiliges Kunstwerk, das mit seinen Seitenflügeln einem Altar ähnelt.

- ***Warum hat der Zeichner dieses Bild angefertigt?***
- ***Was wollte er damit ausdrücken?***

Die Bedeutung der Religion im Mittelalter

Der Glauben an Gott war für die Menschen des Mittelalters immer allgegenwärtig. Er war der einzige Halt der Menschen, denn nach ihrer Vorstellung konnte nur ein gottgefälliges Leben sie vor dem Bösen beschützen. Daher hatten die Szenen des Gemäldes für die zeitgenössischen Betrachter eine religiöse Bedeutung: Die Menschen – Kleidung und Tätigkeit weisen sie allen mittelalterlichen Gesellschaftsgruppen zu – streiten um das Heu. Ein moderner Betrachter interpretiert das Kunstwerk vielleicht als Albtraum eines Einzelnen, aber das Thema war allen mittelalterlichen Menschen wohl bekannt: Die Welt war voller Versuchungen, gefallene Engel trieben als Dämonen ihr Unwesen und verführten Menschen, bis diese ihnen verblendet und willenlos in die Hölle folgten. Die Menschen erklärten ihre Ängste meist mit dem Wirken von Engeln oder Dämonen, die sie überfielen und zu Opfern machten. Nur Christus konnte die Menschen retten, aber die Menschen mussten erst „die Augen öffnen“ und seine Nähe suchen.

Mitten im Leben lauert der Tod

Die Lebensbedingungen im Mittelalter und die oft mangelhafte medizinische Versorgung führten dazu, dass Krankheit und Sterben alltäglich waren. Die Medizin konnte den Menschen meist keine Erklärungen für ihre Leiden bieten, deshalb glaubten viele den Antworten, die die Kirche gab: Krankheit wurde als Zeichen Gottes gedeutet.

Mittelalterliche Pilgerreisen

Nach mittelalterlichem Glauben bereiteten Buße und gute Werke auf das Leben im Jenseits vor. Da man sich nichts zuschulden kommen lassen und einem Leben in der Hölle vorbeugen wollte, begaben sich viele Menschen auf eine Pilgerreise. Als Pilger (lat. pelegrinus = Fremder, Wanderer) ging man von der Hoffnung aus, dass sich an bestimmten, geheiligten Orten Gott offenbaren könnte. Jerusalem, Rom und das Grab des Apostels Jakobus im spanischen Santiago de Compostela zählten zu den bekanntesten heiligen Stätten, zu denen Christen pilgerten.

Der Reliquienkult

Die Nonne Hildegard von Bingen (1098–1179) half vielen Kranken. Schon zu Lebzeiten wurde ihr nachgesagt, dass sie Wunder vollbringen könne. Nach ihrem Tod wurde sie von der Kirche heiliggesprochen. Die „Hildegard-Vita“, eine Mischung aus Legende und Lebensbeschreibung, berichtete auch von Wundern an ihrem Grab. 1489 öffnete man ihren Sarg und verschenkte einzelne Überreste als Reliquien*.

Der sogenannte Reliquienkult war im Mittelalter weit verbreitet. Er beruhte auf der Annahme, dass die besonderen Kräfte der Verstorbenen in ihren Körperteilen und in Gegenständen, mit denen sie oder ihr Grab in Berührung gekommen waren, nach ihrem Tode weiterwirkten. Reliquien wurden schon früh als Heil- und Schutzmittel gegen böse Mächte und deren Wirken (z. B. Krankheit) benutzt.

M 1

Reliquienschrein mit Gebeinen der Heiligen Hildegard von Bingen, Foto, undatiert

M 2

„Der Heuwagen", Triptychon von Hieronymus Bosch, vermutlich um 1490. Der linke Flügel des Triptychons stellt den Garten Eden (das Paradies im Himmel) dar, die Mitte den „Heuwagen", der rechte Flügel steht für die Hölle.

Reliquien

Reliquien (lat. reliquiae = Überreste) sind Überreste von Heiligen oder deren Besitz. Manchmal gelten auch Gegenstände, die ein Heiliger berührt haben soll, als Reliquien. Sie werden in sogenannten Reliquiaren aufbewahrt und finden sich häufig in Altären oder in Krypten, einem Heiligengrab im Gewölbe christlicher Kirchen.

1 **Methode:** Untersuche M2 mithilfe der Arbeitsschritte „Bildquelle" auf S. 83.
Tipp: Nimm den Darstellungstext zu Hilfe.

2 Arbeite die Gefahren heraus, vor denen sich die Menschen im Mittelalter fürchteten (Darstellungstext).

3 Im Mittelalter gab es viele tödliche Krankheiten. Eine davon war die Pest („der Schwarze Tod"). Im 14. Jahrhundert forderte sie in fünf Jahren ca. 20 Millionen Tote. Stelle Vermutungen darüber an, wie die Menschen die Krankheit erklärten.

4 Erkläre die Bedeutung von Reliquien im Mittelalter für gläubige Christen (Darstellungstext, M1).

5 Begründe vor dem Hintergrund der Glaubensvorstellungen der Menschen im Mittelalter, warum das Ständesystem nicht hinterfragt wurde.

Webcode: FG656646-091
Film: Höllenangst und Seelenheil

Das Kloster: Eine eigene Welt?

Mönche, Nonnen und Klöster sind aus unserem Alltag nahezu verschwunden. Einzelne, heute noch existierende Klöster bieten eine Unterkunft, um einige Tage im abgeschiedenen Klosterleben Ruhe zu finden. Manche bieten Jugendlichen Ausbildungsplätze an. Im Mittelalter sah das ganz anders aus, denn Klöster spielten eine bedeutende Rolle.

- ***Wie sah das Klosterleben im Mittelalter aus?***

Warum entstand das Mönchstum?

Der Ausdruck „Mönch" kommt vom griechischen Wort „monachos" (Einsiedler). Die ersten christlichen Mönche gab es im Orient. Sie zogen sich in die Wüsten Ägyptens und Syriens zurück und wollten durch Enthaltsamkeit (Askese*) zur Vollkommenheit gelangen.

In Westeuropa bildete sich zuerst in Irland und Schottland eine andere Art des Mönchstums heraus. Die Lösung aller Bindungen von Familie, Freunden und Heimat erfolgte nicht als Rückzug in die Einsamkeit. Die Mönche gingen als Missionare wie Bonifatius in die Welt, um das Wort Gottes zu verbreiten. Dabei gründeten sie zahlreiche Klöster.

Wie war das Klosterleben geregelt?

Als Urvater des Mönchstums im Süden und Westen Europas gilt Benedikt von Nursia (480–547). Er gründete das Kloster Montecassino südlich von Rom und stellte dort 529 Regeln für Mönche und Nonnen auf. Von den Anhängern seiner Ordensregel, den Benediktinern und Benediktinerinnen, verlangte die Regel die Einhaltung von drei Gelübden: Wer ins Kloster eintrat, musste dort sein Leben lang bleiben, auf Eigentum und Ehe verzichten sowie gehorsam sein gegenüber dem Leiter des Klosters, dem Abt. Wer nach dieser Ordnung lebte, gehörte zur Mönchsgemeinschaft, dem Orden. In späteren Jahrhunderten entstanden andere Ordensgemeinschaften wie die Zisterzienser, Franziskaner oder Dominikaner. Auch Frauen gründeten neue Orden.

Das Kloster als wirtschaftliches Zentrum

Klöster bzw. deren Äbte waren oft Grundherren, an die abhängige Bauern Abgaben leisten mussten. Trotzdem ließ sich die Klostergemeinschaft nicht nur von den abhängigen Bauern im Umland versorgen, sondern arbeitete nach den Regeln Benedikts, „ora et labora" (bete und arbeite), auch selbst aktiv bei der Sicherung des Lebensunterhaltes mit. Im Klostergarten züchteten und hüteten sie Nutztiere. Es gab Schreiner, Bäcker, Apotheker und andere Spezialisten. Daher war ein mittelalterliches Kloster kein Ort der Stille, sondern oft auch ein Wirtschaftshof voller Leben, Lärm und Gestank.

M 1

Luftbild des Benediktinerklosters in Huysburg in Sachsen-Anhalt, Foto, 2016

M 2

Urkunde, die aufführt, was der Bauer Widrad dem Kloster Prüm in der Eifel abzuliefern oder zu leisten hatte (893):

[Der Bauer] Widrad gibt an das Kloster jedes Jahr einen Eber, ein Pfund Garn, drei Hühner, 18 Eier. Er fährt fünf Wagenladungen von seinem Mist auf unsere Äcker, bringt fünf Bündel Baumrinde für die Beleuchtung und fährt zwölf Wagenladungen Holz zum Kloster. Dieses Holz dient im Winter zum Heizen. Ferner liefert Widrad dem Kloster jährlich 50 Latten und 100 Schindeln für Dachreparaturen. Sein Brot bäckt Widrad in unserem Backhaus, und das Bier braut er in unserem Brauhaus. Hierfür zahlt er an das Kloster eine Gebühr. Eine Woche in jedem Jahr verrichtet er den Hirtendienst bei unserer Schweineherde im Wald. Er bestellt drei Morgen Land, das ganze Jahr hindurch, jede Woche drei Tage. Das bedeutet: Er muss bei der Einzäunung unserer Äcker und Weiden helfen, zur rechten Zeit pflügen, säen, ernten und die Ernte in die Scheune bringen. Bis zum Dezember, wenn das Getreide gedroschen wird, muss er es zusammen mit anderen Hörigen bewachen, damit es nicht von Brandstiftern angezündet wird ... Wenn Widrad 15 Nächte den Wachdienst verrichtet, das Heu geerntet und auf unseren Äckern gepflügt hat, erhält er in einem guten Erntejahr Brot, Bier und Fleisch; in anderen Jahren erhält er nichts ... Die Frau Widrads muss leinene Tücher aus reinem Flachs anfertigen, acht Ellen[1] lang und zwei Ellen breit. Sie fertigt daraus Hosen für die Mönche an ...

Zit. nach Günther Franz, Der Bauernstand im Mittelalter, Darmstadt (Wissenschaftliche Buchgesellschaft) 1967, S. 83ff. Bearb. v. Verf.

[1] *Maßeinheit; eine Elle entspricht ca 1,14 m.*

Kloster

Ein Kloster (lat. claustrum = Verschluss) ist ein gegenüber der Außenwelt „abgeschlossener Ort“, in dem Mönche oder Nonnen leben. Die Leitung eines Klosters liegt in der Hand eines Abtes oder einer Äbtissin. Mönche und Nonnen legen beim Eintritt ins Kloster ein Gelübde ab, ihr Leben lang einer schriftlich überlieferten Ordensregel zu folgen. Sie dürfen nicht heiraten und müssen auf privaten Besitz verzichten.

M 3

Tagesablauf in einem Kloster

1 Beschreibe ausgehend von M1 deine Kenntnisse über Klöster und das Klosterleben.

2 Arbeite aus dem Darstellungstext heraus, warum Klöster entstanden und wie sie sich verbreiteten.

3 Notiere mögliche Gründe, warum die Klöster im Mittelalter eigene Regeln brauchten (Darstellungstext).

4 Ein normaler Tag begann frühmorgens um drei Uhr (M3). Notiere, was dir an diesem Tagesablauf auffällt. Vergleiche deinen Tagesablauf damit.

5 **a)** Arbeite Abgaben und Dienste des hörigen Bauern Widrad heraus (M2). Lege dazu eine Tabelle an:

jährliche Abgaben	*Frondienste*	*weitere Leistungen*

b) Notiert aus der Sicht des Bauern Widrad und seiner Frau, welche Abgaben und Dienste sie als besonders hart empfunden haben könnten.

Zusatzaufgabe: siehe S. 149

Das Kloster: Ein Ort der Bildung

Wenn du z. B. für ein Referat Informationen benötigst, kannst du diese im Internet, in Büchern oder Zeitungen recherchieren, wo du Quellen und Darstellungen findest. Im Mittelalter gab es keine vergleichbaren Informationsangebote. Nur wenige Menschen konnten lesen und waren deshalb auf mündlich vermittelte Informationen angewiesen. Oft wandten sie sich hilfesuchend an die Mönche oder Nonnen eines Klosters.

- ***Über welche besonderen Kenntnisse verfügten Mönche und Nonnen?***
- ***Wieso wurden die Klöster zu den zentralen Orten des Wissens, der Kultur und der Bildung?***

Klöster als Zentren der Bildung und Kultur

Im frühen Mittelalter übernahmen die Klöster Verwaltungsaufgaben für Könige und Fürsten, denn nur in den Klöstern gab es genügend Personen, die lesen und schreiben konnten. Klöster blieben während des gesamten Mittelalters die einzigen Bildungseinrichtungen. Adlige brachten ihre Kinder für eine gewisse Zeit in Klöstern unter, wo sie Singen und Beten, Lesen und Schreiben sowie Rechnen und Latein lernten.

Andere traten ins Kloster ein, um ihr ganzes Leben dort zu bleiben. Sie wurden dann Angehörige des ersten Standes. Es war in den meisten Adelsfamilien üblich, eines der Kinder „Gott zu weihen". Meist handelte es sich um Söhne, die vom Erbe ausgeschlossen waren und im Kloster wirtschaftliche Sicherheit suchten. Die Quellen berichten auch von adligen Männern, die das brutale Kriegshandwerk des Ritters verabscheuten und die Arbeit und Gelehrsamkeit des Klosterlebens vorzogen. Für Mädchen und Frauen waren Klöster der einzige Ort, sich wissenschaftlich oder künstlerisch zu betätigen. Viele gingen lieber ins Kloster, als zwangsverheiratet zu werden.

Viele Adlige gründeten selber ein Kloster oder stifteten einem Kloster Landbesitz. Die Mönche beteten dann für das Seelenheil des Geldgebers. Durch Stiftungen wurden viele Klöster reich, auch wenn Mönche und Nonnen arm blieben.

Die Klosterbibliotheken: Wissen für die Nachwelt

Klöster wetteiferten darin, antike Schriften aufzufinden und zu erwerben. In den Schreibstuben schrieben Mönche und Nonnen diese Bücher sorgfältig ab oder übersetzten sie. Das Abschreiben eines Buches konnte Monate oder Jahre dauern, denn alles musste mit Federkielen von Hand geschrieben werden. Da es in Nordeuropa noch kein Papier gab, schrieb man auf behandelte Tierhäute, dem Pergament. Dann wurde die Abschrift mit kunstvollen Abbildungen verziert. Die Farben dafür mussten sorgfältig gemischt werden und waren in der Herstellung sehr teuer.

Was wurde in den Klöstern erforscht?

Besonderes Wissen erlangten Mönche und Nonnen in den Bereichen Medizin und Pharmazie. In vielen Klöstern entstanden Bücher zur Kräuterheilkunde, in denen Aussehen und Wirkung von Heilpflanzen beschrieben wurde. Medikamente und die Anweisungen für die Einnahme stellten die Klöster selber her, da ihre Kräutergärten ständig vergrößert und mit neuen Pflanzen ausgestattet wurden.

Daneben entstanden in den Klöstern Schriften über Architektur, Werkzeugherstellung, Landwirtschaft, Viehzucht und Fischzucht. Die Klosterangehörigen wurden daher zu Fachleuten, die bei Fragen zu den verschiedensten Dingen des Alltags, des Rechts und der Wirtschaft Auskunft geben konnten.

M 1

Adlige Eltern bringen ihren Sohn in eine Klosterschule. Buchmalerei, 13. Jh.

Der englische Mönch Beda Venerabilis notierte um 730 n. Chr.:

Ich, Beda, bin ein Diener Christi und Priester im Kloster zu Wearmouth und Jarrow, das den heiligen Aposteln Petrus und Paulus geweiht ist. Ich wurde in der Nähe des Klosters geboren. Als ich 7 Jahre alt war, übergaben mich meine Verwandten zuerst dem verehrungswürdigen Abt Benedikt und dann dem Abt Ceolfrid zur Erziehung. Von dieser Zeit an habe ich immer in diesem Kloster gelebt. Meine ganze Kraft hat immer dem Studium der Schriften gegolten. Den klösterlichen Lebensregeln und dem täglichen Lobgesang in der Kirche habe ich mich stets gewissenhaft unterzogen. Besondere Freude aber hatte ich am Lernen, Lehren und Schreiben. In meinem 19. Lebensjahr wurde ich zum Diakon, in meinem 30. zum Priester geweiht ... Von der Zeit meiner Priesterweihe an bis zu meinem 59. Lebensjahr war ich darum bemüht, aus den Schriften der Kirchenväter zu meiner und meiner Mitbrüder Belehrung Auslegungen der Heiligen Schrift zusammenzustellen oder auch eigene Erläuterungen zum besseren Verständnis hinzuzufügen.

Historia Ecclesiastica Gentis Anglorum, zit. nach Bertram Colgrave & Roger Aubrey Baskerville Mynors (Hg.), Bede's Ecclesiastical History of the English People, Oxford (Clarendon) 1969. Übers. d. Verf.

M 3

Vier dominikanische Mönche an ihren Schreibtischen, Fresko, 1342

1 Erläutere anhand des Darstellungstextes und M1 die Bedeutung von Klosterschulen im Mittelalter.

2 Beschreibe am Beispiel des Mönchs Beda (M2), welche (Aufstiegs-)Chancen sich einem Jungen nach der Übergabe in ein Kloster boten.

3 **Methode:** Untersuche M3 mithilfe der Arbeitsschritte „Eine Bildquelle interpretieren" (siehe S. 83).

4 Der Junge Beda (M1) ist inzwischen 13 Jahre alt. Durch einen Brief seiner Eltern weiß er, dass diese sich überlegen, auch seine Schwester Franziska in ein Frauenkloster zu geben. Der junge Mönch entschließt sich, einen Brief an Franziska zu schreiben. Gestalte diesen Brief – du kannst zwischen zwei Briefanfängen wählen:

„Liebe Franziska, das Kloster ist für mich eine Art Paradies ..."

„Liebe Franziska, hier im Kloster ist es wie in einem Gefängnis ..."

5 **Wähle eine Aufgabe aus:**

a) Klöster waren kulturelle Zentren des Mittelalters. Begründe diese Aussage mithilfe des Darstellungstextes und M1.

b) Erstelle mithilfe des Darstellungstextes eine Mindmap zum Thema „Klöster".

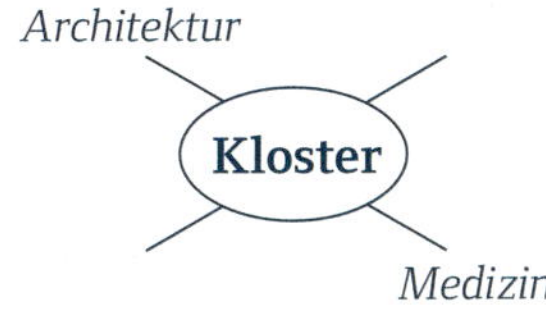

Bauen wie im Mittelalter? Der Nachbau einer mittelalterlichen Klosteranlage

Im baden-württembergischen Meßkirch wird seit 2013 eine mittelalterliche Klosteranlage errichtet. Die Anlage wird nach einem Originalplan aus dem Mittelalter gebaut: dem Klosterplan von St. Gallen. Das Projekt mit dem Titel „Campus Galli" orientiert sich an Werkzeugen und Arbeitsmitteln aus dem 9. Jahrhundert, um die Anlage möglichst wahrheitsgetreu nachzubauen.

- ***Warum baut man heute eine mittelalterliche Klosterstadt nach?***
- ***Wie realitätsnah ist ein Nachbau des rund 1200 Jahre alten Klosterplans?***

Die Grundlage des Projekts

Der Klosterplan von St. Gallen aus dem frühen 9. Jahrhundert besteht aus fünf zusammengenähten Pergamentblättern und hat eine Größe von 112 x 77,5 Zentimetern. Es wird vermutet, dass der Plan von Mönchen auf der Insel Reichenau im Bodensee für den St. Gallener Abt Gozbert gezeichnet wurde. Mit 52 Gebäuden und vielen weiteren Details, wie Zäunen oder Gärten, gilt der Plan als die älteste erhaltene Architekturzeichnung des Mittelalters. Der Plan zeigt nicht nur Größe und genaue Lage der Gebäude, sondern es wurde auch deren Funktion in der Legende festgehalten. Bei einigen Bauten ist sogar die Inneneinrichtung, wie Tische oder Betten, eingezeichnet.

Der Plan wurde niemals in die Realität umgesetzt. Wurde er zunächst in Form von Zeichnungen und Holzmodellen nachgestellt, entschloss man sich in Meßkirch zu einer Rekonstruktion in maßstabgetreuer Größe.

Bauen wie vor 1200 Jahren

Auf dem Gelände des „Campus Galli" arbeiten neben vielen Freiwilligen über 20 Festangestellte z. B. als Besenbinder, Töpfer, Schmiedegesell oder Weber. Das zum Bau der Anlage benötigte Werkzeug stellen die Handwerker auf der Baustelle selbst her, denn sie arbeiten allein nach mittelalterlichen Methoden und mit den damals verwendeten Baumaterialien. Moderne Maschinen und selbst Schubkarren sind verboten. Die Bauzeit soll ungefähr 40 Jahre dauern.

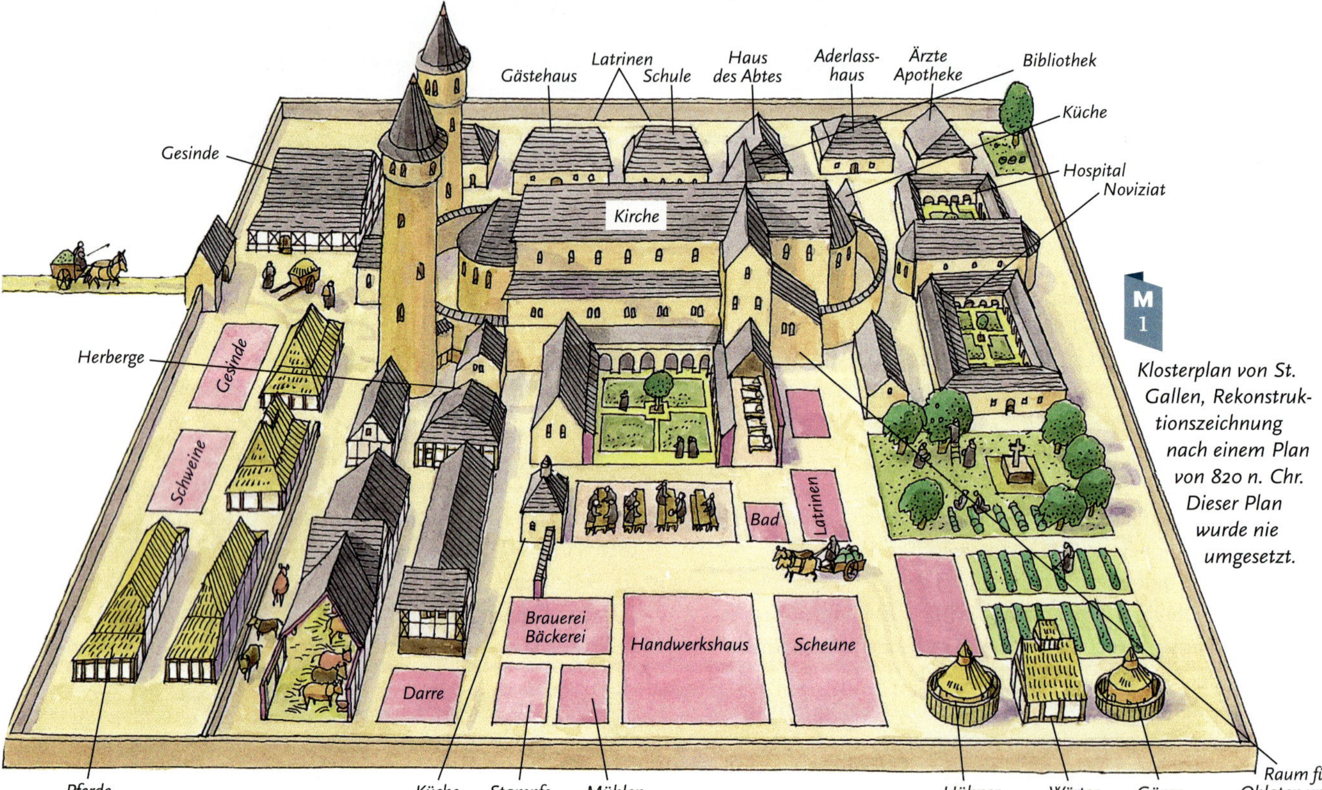

M1 *Klosterplan von St. Gallen, Rekonstruktionszeichnung nach einem Plan von 820 n. Chr. Dieser Plan wurde nie umgesetzt.*

Um der Realität so nahe wie möglich zu kommen, müssen die Arbeiter und Handwerker auf der Baustelle auf alle modernen Gegenstände wie Smartphones, Armbanduhren oder Schmuck verzichten. Stattdessen tragen die Helfer mittelalterliche Gewänder und essen und trinken, wie die Menschen im Mittelalter, aus Tongefäßen.

Wie realitätsnah ist das Projekt wirklich?

Das Projekt wird von einem wissenschaftlichen Rat aus Historikern, Archäologen und Denkmalpflegern beraten. Der Rat achtet darauf, dass die Handwerker möglichst genau nach den Methoden arbeiten, die auch im Mittelalter angewendet wurden. Kenntnisse darüber gewinnt man aus überlieferten Quellen. Aus dem 9. Jahrhundert liegen aber weniger Überlieferungen oder archäologische Funde vor als aus der Zeit davor oder danach. Daher erhoffen sich Forscher aus dem Projekt auch Erkenntnisse über bauhistorische Fragen, Handwerkstechniken sowie Arbeits- und Lebensweisen des Frühmittelalters, über die in den Quellen nicht berichtet wird. Durch das Nachstellen mittelalterlicher Methoden soll aber auch untersucht werden, ob es sich bei den Quellenberichten um realitätsnahe Überlieferungen handelt oder ob Geräte und Techniken in Wirklichkeit ganz anders funktioniert haben müssen.

M 2 Kritik am „Campus Galli" (2015):

„Es gibt natürlich auch immer Mittelalter-Fans, die nur hierherkommen, um nach Fehlern zu suchen. Aber das sind sehr wenige", sagt der Schindelmacher[1]. Die mokieren sich dann über das Nasen-Piercing der Färberin. Die fotografieren das Kleidergrößenetikett am Wollgewand oder den Elektrozaun am Schweinekoben[2] ... Natürlich liegt ein Feuerlöscher neben der Schmiede. Natürlich gibt es Sicherheitsschuhe. Die Versicherungen leben nämlich nicht im Mittelalter. Und die damalige Dichte an Einäugigen und Krüppeln möchte man nicht wiederaufleben lassen. „Uns war klar, dass es ein Spagat sein würde", sagt Bert Guerten. „So nah wie möglich ans 9. Jahrhundert, aber mit allen Einschränkungen des 21. Jahrhunderts. Bei Bauvorschriften, Gesundheit, Sicherheit machen wir keine Kompromisse."

Zit. nach Alexander Smoltczyk, Zeitreise, handgemacht, in: Spiegel Geschichte 1/2015, S. 116f.

[1] *eine Art Holzziegel zur Dachdeckung*
[2] *Schweinestall*

M 3 *Handwerker gießen auf dem „Campus Galli" eine Eisenglocke nach einer mittelalterlichen Methode, Foto, 2016. Zum Schutz trugen die Männer moderne Schutzkleidung (Helm, feuersichere Schürze und Handschuhe). Das Experiment bestätigte, dass die in der Quelle beschriebene Anleitung historisch korrekt war.*

1 Arbeite wesentliche Merkmale zum Klosterplan von St. Gallen heraus (Darstellungstext, M1).

2 Erkläre, welche Gebäude zu welchen Bereichen des klösterlichen Lebens gehörten (M1).
Tipp: Du kannst z. B. Oberbegriffe wie Glaube, Bildung, Ernährung und Handwerk nutzen.

3 Beschreibe die auf der Baustelle angewendeten Arbeitsmethoden (Darstellungstext).

4 Erläutere die Ziele der Wissenschaftler, die mit dem Nachbau des Planes nach mittelalterlichen Methoden verbunden sind (Darstellungstext, M3).

5 **Wähle eine Aufgabe aus:**
a) Bewerte, wie realitätsnah die Umsetzung des Klosterplans von St. Gallen ist (M2, M3).
Tipp: Wird auf der Baustelle wie vor 1200 Jahren gearbeitet?
b) Stelle in einer Tabelle Argumente gegenüber, die dafür oder dagegen sprechen, dass der Nachbau des Klosterplans realitätsnah ist (M2, Darstellungstext).

6 Diskutiert in der Klasse: Kann man sich durch das „Nachstellen" von Geschichte ein Bild von der Vergangenheit machen?

Webcode: FG656646-097
Campus Galli

500 | 600 | 700 | 800 | 900 | 1000

500–850
Frühmittelalter

850–1250
Hochmittelalter

529 Ordensregel des Benedikt von Nursia

6./7. Jh. Europa wird christlich, zahlreiche Klostergründungen

seit 7./8. Jh. Grundherrschaft und Lehnswesen

8.–10. Jh. Räderpflug löst Hakenpflug ab

9. Jh. Klosterplan von St. Gallen
seit 1000 Burgen werden in großer Zahl gebaut

Mittelalterliches Leben auf dem Land

Die Grundherrschaft

Die größte Bevölkerungsgruppe im Mittelalter waren die Bauern. Im Laufe des Mittelalters nahm die Zahl der unfreien Bauern ohne eigenes Land immer mehr zu. Diese hörigen Bauern erhielten von einem Grundherrn Land zur Bebauung (= Hufen) und mussten ihm dafür Abgaben (meist Lebensmittel) und Dienste leisten (= Frondienste). Grundherren waren der König, adlige Fürsten oder Bischöfe und Äbte von Klöstern. Bauernfamilien, die auf dem Herrenhof des Grundherrn arbeiteten, waren Leibeigene und galten als dessen persönlicher Besitz. Der Grundherr war für seine Leibeigenen und Hörigen nicht nur Arbeitgeber, sondern auch ihr Richter. Bei Missernten versorgte er sie aus seinen Vorräten, und im Kriegsfall standen sie unter dem Schutz seiner Ritter und Soldaten. Grundherr und Höriger waren in gewissem Maße also beide voneinander abhängig.

Das Dorf und die Bauern

Die Gesellschaft im Mittelalter war eine Agrargesellschaft. Fast alle Menschen lebten von der Landwirtschaft. Wälder und Ackerland bildeten die Lebensgrundlage, Dörfer bestimmten das Siedlungsbild. Das alltägliche Leben der Bauern in den Dörfern war durch harte Arbeit geprägt. Wenn wir heute etwas über die Lebensverhältnisse auf dem Land wissen möchten, sind wir vor allem auf Bildquellen oder auf gegenständliche Quellen angewiesen.
Technische Modernisierungen, z. B. der Räderpflug oder die Wassermühle, setzten sich seit dem 11. Jahrhundert durch. Auch neue Formen der landwirtschaftlichen Nutzung führten dazu, dass sich die Lebensbedingungen der Menschen langsam verbesserten. Mit dem Übergang von der Zweifelder- zur Dreifelderwirtschaft um 1100 stiegen die Erträge. Im Zeitraum zwischen 800 und 1200 verfünffachte sich die Bevölkerung in Europa.

Die deutsche Ostsiedlung

Durch eine starke Bevölkerungszunahme in Westeuropa seit dem 11. Jahrhundert gerieten zahlreiche bäuerliche Familien in Not. In den noch unbesiedelten Gebieten Deutschlands wurden Moore und Sümpfe trockengelegt und Wälder gerodet. Es entstanden Kulturlandschaften. Um Siedler für die neuen Gebiete im Osten zu gewinnen und den Landesausbau weiter voranzutreiben, wurden Siedlungsunternehmer, sogenannte Lokatoren, eingesetzt. Seit dem 12. Jahrhundert riefen auch slawische Herrscher immer mehr Deutsche in ihr Land. Das Verhältnis verschlechterte sich, als der Deutsche Orden einen eigenen Staat gründete. Der Orden wurde 1410 bei dem Dorf Tannenberg besiegt. Der Konflikt mit dem Deutschen Orden hat das polnisch-deutsche Verhältnis nachhaltig belastet.

Die Ständegesellschaft

Nach der Auffassung mittelalterlicher Gelehrter bestand die Gesellschaft aus drei Ständen (Dreiständelehre): dem Klerus als erstem, dem Adel als zweitem und den Bauern und später den Bürgern in den Städten als drittem Stand. Mit Ausnahme des Klerus war jedem Menschen durch Geburt sein Platz in dieser „gottgegebenen“ Ordnung zugewiesen. Jeder Stand hatte bestimmte Rechte und Pflichten. Durch diese Abgrenzung war der Aufstieg in einen anderen Stand kaum möglich. Ungleichheit war deshalb das auffälligste Merkmal dieser Ständegesellschaft. Im Verlauf des Spätmittelalters – vor allem mit

1100 | 1200 | 1300 | 1400 | 1500

1250–1500
Spätmittelalter

Neuzeit

seit 11. Jh. Dreifelderwirtschaft in Europa; Bevölkerungsanstieg in Europa

12.–14. Jh. deutsche Ostsiedlung

seit 14. Jh. Verarmung der Ritter; Raubrittertum

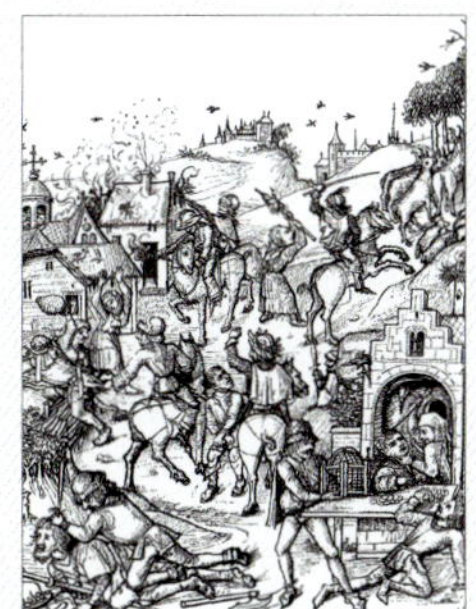

der Herausbildung des Bürgertums in den Städten – wurde die Ständegesellschaft durchlässiger.

Das Lehnswesen

Eine wichtige Grundform mittelalterlicher Herrschaft war das Lehnswesen (= Feudalismus). Es beruhte auf einem System persönlicher Bindungen zwischen einem Lehnsherrn und seinen weltlichen und geistlichen Lehnsmännern (= Vasallen). Hierbei begaben sich der Lehnsherr, z. B. der König, und der Vasall in ein gegenseitig verpflichtendes Treueverhältnis, das sie voneinander abhängig machte. Der Herr erwartete im Frieden Rat und im Kriegsfall militärische Hilfe. Als Gegenleistung belohnte der Herr den Vasallen mit einem Lehen auf Lebenszeit (Land, ein Amt oder ein bestimmtes Recht). Herzöge, Grafen und Bischöfe waren Vasallen des Königs (= Kronvasallen) und übten Ämter in der Reichsverwaltung aus. Die Lehensübergabe bestand aus mehreren Teilen, bei denen Symbole und Gesten eine zentrale Rolle spielten. Im Laufe der Zeit veränderte sich das Lehnswesen zugunsten der Vasallen, denn es setzte sich das Prinzip der Erblichkeit der Lehen innerhalb der adligen Familien durch. Dadurch wurde die persönliche Verpflichtung weltlicher Vasallen gegenüber den Lehnsherren stark abgeschwächt. Eine Ausnahme bildete allerdings noch immer die Belehnung von Bischöfen und Äbten.

Die Burg und die Ritter

Gegenüber der bäuerlichen Bevölkerung bildete der Adel eine kleine gesellschaftliche Gruppe. Als Herrschaftssitze ließen die Adelsfamilien Burgen bauen. Die Burg änderte im Verlauf der Jahrhunderte nicht nur ihr Aussehen, sondern erfüllte auch andere Funktionen: Ursprünglich ein Verteidigungsbau, wurde sie seit dem Hochmittelalter zunehmend Rechts- und Verwaltungssitz, aber auch Zentrum der Ritterkultur mit Turnieren und Burgfesten. In Ritterromanen und im Minnesang wurde die Wirklichkeit beschönigt: Nicht immer konnten die Ritter im Alltag den hohen Idealen entsprechen. Durch Veränderungen in der Kriegstechnik, der Wirtschaft und in der Gesellschaft verloren die Ritter im 14. Jahrhundert an Bedeutung und Ansehen. Ein Großteil verarmte, manche versuchten ihren Lebensunterhalt als Raubritter zu sichern.

Mittelalterliche Glaubensvorstellungen

Für die Menschen des Mittelalters gehörten Krankheiten, Hungernöte, Gewalt und Naturkatastrophen zu den vielen Gefahren und Ereignissen, die sie zumeist weder erklären noch verhindern konnten. Sie wurden als von Gott gegeben betrachtet. Schutz und Hilfe suchten die Menschen im christlichen Glauben. Um ein gottgefälliges Leben zu führen, damit man nach dem Tode in den Himmel kommt, begaben sich viele Menschen auf Pilgerreisen. Die Motive der Pilger lagen in der Hoffnung, dass sich ihnen an bestimmten Orten Gott offenbaren könnte und sie von ihren Sünden befreit wurden.

Das Kloster, die Mönche und Nonnen

Klöster hatten verschiedene Funktionen: Sie waren religiöse Zentren, Wirtschaftsbetriebe und Herrschaftseinrichtungen. Auch als Forschungs- und Bildungszentren hatten die Klöster eine wichtige Aufgabe: Mönche und Nonnen waren Experten in Medizin und Pharmazie, aber auch für landwirtschaftliche Fragen wie Pflanzenanbau und Fischzucht. In Klosterbibliotheken sammelten sie Bücher und Handschriften antiker Autorinnen und Autoren. Durch Abschriften und Übersetzungen vermittelten sie überliefertes Wissen und ergänzten es durch eigene Forschungen.

In diesem Kapitel konntest du folgende Kompetenzen erwerben:

- quellengestützt Abhängigkeiten in der mittelalterlichen Grundherrschaft und im Lehnswesen herausarbeiten
- mittelalterliche Bildquellen mit Blick auf das Alltagsleben auf dem Land analysieren
- in einer Darstellung das Handeln von Grundherr und Hörigen darstellen und dabei gegenseitige Verpflichtungen beachten
- den historischen Bezug nachgestellter mittelalterlicher Geschichte beurteilen
- **Methode:** Eine Bildquelle interpretieren

Folgende Begriffe hast du kennengelernt:
- Grundherrschaft
- Lehnswesen
- Feudalismus
- Hörige
- Frondienste
- Leibeigene
- Kulturlandschaften
- Veränderungen in der Landwirtschaft
- Klöster
- Sachsenspiegel
- deutsche Ostsiedlung

1 **Partnerarbeit:** Erklärt euch gegenseitig die Begriffe Grundherrschaft und Lehnswesen. **Tipp:** Zu welchen Abhängigkeiten kommt es jeweils? Nehmt auch die passenden Begriffe aus dem Kasten zu Hilfe.

M 1 Im französischen Guédelon wird eine mittelalterliche Burg errichtet (2011):

45 Handwerker bauen ... die letzte mittelalterliche Burg der Welt – unter Bedingungen wie vor 800 Jahren ... [Es] geht ... darum, selbst eine Burg zu bauen, ... und zwar so, wie man im Mittelalter gebaut hätte: Ohne Maschinen, ohne Strom, ohne Baumärkte. Eine Burg, gleichsam in Handarbeit, ein einzigartiges archäologisches Experiment. Geplante Bauzeit: 26 Jahre ... „Das hier ist ein experimenteller archäologischer Bauplatz. Wir wollen herausfinden, wie in der Zeit gebaut wurde“, erklärt [ein Mitarbeiter], „wir verstehen vieles jetzt schon besser.“ Theorien gäbe es ... viele, aber der einzige Weg es wirklich herauszubekommen, sei, selbst zu bauen.

Zit. nach Werner Bloch, Burgbau ohne Baumarkt und Beton, http://www.sueddeutsche.de/reise/archaeologisches-experiment-in-frankreich-burgbau-ohne-baumarkt-und-beton-1.1133759 (Stand: 8.8.2016). Bearb. v. Verf.

M 2

Illustrationen zum Lehnsrecht, Sachsenspiegel, 13./14. Jh.

M3

Eine Gruppe von Adligen begrüßt eine vornehme Dame. Wandteppich aus Nordfrankreich, 15. Jh. Der Teppich hing in einer Burg.

M4

Bäuerlicher Abgabenkalender, Buchmalerei, 14. Jh. Dargestellt sind von oben nach unten: Lämmerzehnt (1. Mai), Obst- und Weinzehnt (25. Mai), Fleischzehnt (24. Juni), Getreidezehnt (13. Juli), Gänsezehnt (15. August) und die Abgabe des Geldzins für Eier und Getreide an den Grundherrn (24. August).

Methoden- und Interpretationskompetenz

1 **a)** Erkläre die Symbole und Gesten in der Bildquelle M2 mithilfe von S. 83.
b) Partnerarbeit: Verfasst Dialoge zu den in M2 dargestellten Handlungen und führt diese in einem szenischen Spiel auf.

2 **Wähle eine Aufgabe aus:**
a) Beschreibe, wie auf dem Wandteppich M3 das Leben der Adligen dargestellt ist.
b) Begründe, warum M3 das tatsächliche Leben der Adligen nur teilweise wiedergibt.

3 **a)** Erstelle eine Liste mit den Abgaben, die die Bauern an den Grundherrn leisten mussten (M4).
b) Begründe, warum die Bauern den Zehnt überhaupt zahlten.

Geschichte darstellen (narrative Kompetenz)

4 Ein adliger Grundherr vergibt ein neues Stück Ackerland an einen Bauern. In einem Abgabenkalender (M4) hält der Grundherr fest, wann der Bauer Abgaben leisten muss. Spielt diese Vergabe in einem Rollenspiel nach. In welche gegenseitigen Verpflichtungen gerieten Grundherr und Bauer? Was könnte der Bauer auf die Forderungen geantwortet haben?
Tipp: Eine Anleitung für ein Rollenspiel findet ihr auf S. 163.

Geschichte heute (geschichtskulturelle Kompetenz)

5 Diskutiert in der Klasse die Idee, eine Burg nach mittelalterlichen Methoden zu errichten (M1).

Webcode: FG656646-101
Selbsteinschätzungsbogen

Nouember
October

4 Leben in der mittelalterlichen Stadt

Fast alle Städte in West- und Mitteleuropa haben ihren Ursprung im Mittelalter. Die Menschen damals entdeckten mit ihnen eine ganz neue, moderne Form des Zusammenlebens. Die mittelalterlichen Städte hatten viele Gemeinsamkeiten, egal, ob sie in Frankreich, Deutschland oder Polen entstanden: Fast immer lag in ihrem Zentrum ein Marktplatz mit Rathaus, Kirche oder Brunnen.

Das Bild zeigt den Marktplatz der Stadt Augsburg an einem kalten Herbsttag. Suche dir eine Szene heraus. Worüber könnten sich die beteiligten Personen unterhalten? Welche Funktion hat ein Markt bis heute?

Der Marktplatz von Augsburg, Gemälde von Jörg Breu d. Ä., um 1530

500–850
Frühmittelalter

850–1250
Hochmittelalter

962 Kaiserkrönung Ottos I.; Gründung des Heiligen Römischen Reichs

11./12. Jh. Kämpfe um die Stadtherrschaft

Anstieg der Bevölkerung

Leben in der mittelalterlichen Stadt

Wer sich am Ende des Mittelalters nach langer Reise einer Stadt näherte, konnte schon aus der Entfernung an einigen Merkmalen erkennen, dass es sich nicht um eine dörfliche Siedlung handelte: Mehrere Kirchtürme überragten alle anderen Gebäude. Eine Mauer mit Befestigungstürmen und einem Wassergraben umgab die Stadt. Gepflasterte Straßen gab es nur teilweise am Marktplatz und um die Kirchen herum.

Städte als Siedlungsform gab es bereits einige Tausend Jahre vor den Stadtgründungen in Europa, z. B. im Vorderen Orient, in Indien und in China. In Mittel- und Westeuropa entwickelten sich im frühen Mittelalter die Reste römischer Städte wieder zu Siedlungsplätzen. Seit dem 11. Jahrhundert kam es überall zu Stadtgründungen.

Die Vielfalt der mittelalterlichen Städte wird auf einige grundlegende Merkmale zurückgeführt. Man spricht auch von einer bestimmten „Struktur", die sich in jeder mittelalterlichen Stadt finden ließ. Außer durch den Marktplatz unterschied sich die mittelalterliche Stadt besonders durch ihre Gesellschaft, ihre Wirtschaftsweise und die Stadtherrschaft von den grundherrschaftlichen Verhältnissen auf dem Lande.

- Warum wurden Städte gegründet?
- Wer lebte in der Stadt?
- Welche Anziehungskraft ging von der Stadt auf die Landbewohner aus?
- Wer regierte die Stadt?

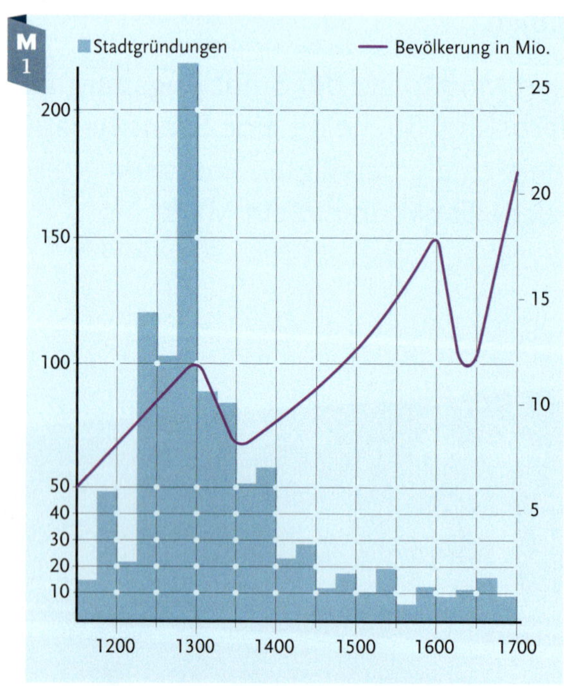

Städtegründungen in Mitteleuropa 1150 bis 1950

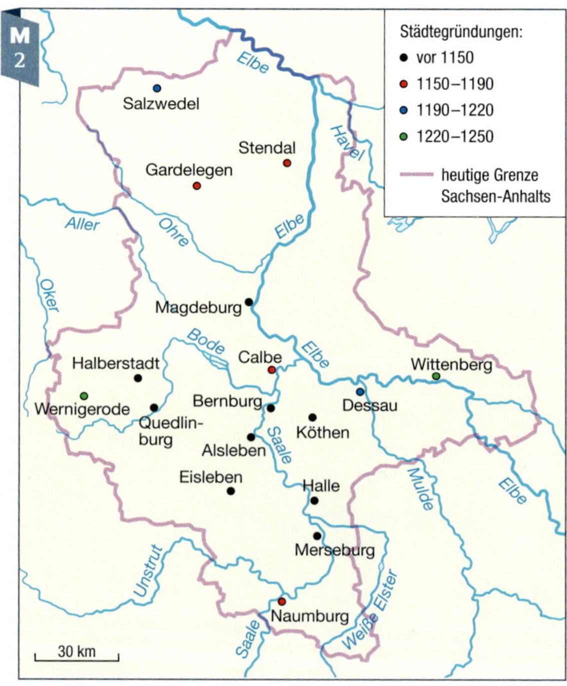

Städtegründungen in Sachsen-Anhalt

1100 | 1200 | 1300 | 1400

1250–1500
Spätmittelalter

seit 1100 Entstehung von Städten in großer Zahl

14. Jh. Zunftkämpfe

Gründung von Fernhandelsgesellschaften

M 3

Die Stadt Tangermünde in Sachsen-Anhalt, Kupferstich von Merian, 1652

M 4

Stadtmauer mit Elbtor und Stephanskirche in Tangermünde, Foto, 2011

1 **a)** Untersuche M1 und M2.
b) Fasse die in M1 und M2 enthaltenen Informationen in maximal vier Sätzen zusammen.

2 Beschreibe M3.

3 **Partnerarbeit:** Vergleicht die Stadtansichten von Tangermünde (M3 und M4). Notiert Gemeinsamkeiten und Unterschiede.

Webcode: FG656646-105
Stadtleben interaktiv

Von der Siedlung zur Stadt

Die meisten Menschen in Deutschland leben heute in Städten. Allein die Städte Berlin, Hamburg, München und Köln zählen zusammen knapp acht Millionen Einwohner. Im Frühmittelalter lebten noch fast alle Menschen auf Burgen oder in Siedlungen auf dem Land.

- ***Warum wurden seit dem 11. Jahrhundert vermehrt Städte gegründet?***
- ***Was waren Voraussetzungen für die Entstehung von Städten?***

M 1 *Stadtansicht von Magdeburg, Holzschnitt, 1493*

M 2 *Stadtansicht von Bremen, Kupferstich, 16. Jh.*

Wo wurden Städte gegründet?

Seit dem 11. Jahrhundert kam es zu zahlreichen Stadtgründungen. Die Stadtgründer, die auch als Stadtherren bezeichnet wurden, waren Könige, Herzöge und Bischöfe. Sie waren die Grundherren des Landes, auf dem sich die Siedlung befand. Meistens war der Stadtherr der Landesherr – ein Graf oder Herzog, bei geistlichen Territorien der Bischof. Reichsstädte* waren Städte, die direkt dem Kaiser unterstellt waren.

Der Gründung einer Stadt ging in den meisten Fällen eine Ansiedlung von Handwerkern und Kaufleuten voraus. Diese ließen sich an Orten nieder, an denen sie ihre Erzeugnisse gut handeln oder verkaufen konnten. Sicher belegt ist, dass Städte daher besonders in der Nähe von Flüssen, an Kreuzungen von Handelswegen, in der Nähe von Pfalzen, Burgen und Klöstern und an Orten, an denen bereits Warenaustausch und Handel betrieben wurde, gegründet wurden. Auch Überreste römischer Städte wurden zu Siedlungsplätzen.

Der Stadtherr verleiht besondere Rechte

Ein wichtiger Grund für die Entstehung von Städten war der Markt. Einen Markt abhalten durften nur die Orte, denen der Stadtherr ein Sonderrecht (Privileg) verliehen hatte: das Marktrecht. Dieses Recht war meistens Kern des Stadtrechts, mit dem der Stadtgründer die Stadt zu einem vom Umland getrennten Rechtsbereich machte.

Eine Stadtgründung belebte Handwerk und Handel in der Region und brachte den Stadtherren finanzielle Vorteile aus Abgaben und Steuern von den Händlern und Handwerkern. Aber auch für die Handwerker und Kaufleute selbst hatte die Stadt offensichtlich Vorteile: Sie fanden für ihre Waren in der Stadt bessere Absatzmöglichkeiten und wurden durch den Stadtherrn geschützt.

Das Marktrecht war nicht das einzige Privileg, das die Städte vom Stadtherrn erhielten. Zu den wichtigsten Sonderrechten gehörten das Recht zur Erhebung von Zöllen, das Recht, eigene Münzen zu prägen, sowie das Recht einer eigenen Gerichtsbarkeit.

Die Gründung des Marktortes Freiburg im Breisgau (Baden-Württemberg)

Der Herzog von Zähringen verlieh den Bürgern von Freiburg im Breisgau in einer Urkunde von 1120 folgende Rechte:

Kundgetan sei allen ... dass ich, Konrad, an dem Ort, der mein Eigengut ist, nämlich Freiburg, einen Markt gegründet habe im Jahre des Herrn 1120. Nachdem also von überallher angesehene Kaufleute zusammengerufen worden sind, habe ich auf der Grundlage einer Schwurvereinigung[1] verfügt, diesen Markt einzurichten und auszubauen. Darauf habe ich einem jeden Kaufmann ... ein Grundstück zugeteilt, damit Häuser errichtet werden; und ich habe festgesetzt, dass von jedem Grundstück ein Schilling mir und meinen Nachkommen jährlich als Zins gezahlt werden soll ... Nun also sei allen kundgetan, dass ich auf Bitten jener die nun folgenden Privilegien eingeräumt habe ...

1. Allen, die meinen Markt besuchen, verspreche ich Frieden und sicheres Geleit innerhalb meines Besitzes und Herrschaftsbereichs.
2. Wenn einer von ihnen in diesem Gebiet beraubt werden sollte, so will ich die Rückerstattung des geraubten Gutes veranlassen oder selbst dafür zahlen.
3. Wenn einer meiner Bürger stirbt, so soll seine Frau mit ihren Kindern alles behalten, was auch immer ihr Mann hinterlassen hat.
4. Allen Kaufleuten erlasse ich den Zoll.
5. Meinen Bürgern will ich keinen anderen Vogt[2] oder Priester geben außer dem, welchen sie selbst gewählt haben.
6. Wenn sich unter meinen Bürgern eine Streitfrage erheben soll, so ist nicht nach meinem Ermessen oder dem ihres Vorstandes zu entscheiden, sondern ... nach dem gebräuchlichen ... Recht aller Kaufleute ...
7. Jeder, der in diese Stadt kommt, darf sich hier frei niederlassen, wenn er nicht der Leibeigene irgendeines Herrn ist ... und diesen auch anerkennt als seinen Herrn ... Wer aber über Jahr und Tag in der Stadt gewohnt hat ..., genießt von da an sicher die Freiheit.

Zit. nach Friedrich Keutgen, Urkunden zur städtischen Verfassungsgeschichte, Berlin (Felber) 1901, Nr. 133, S. 117. Bearb. v. Verf.

[1] *Ein Schwur ist ein gemeinschaftlicher Eid, der gegenüber anderen, sich selbst oder z. B. Gott abgelegt wird.*

[2] *Der Vogt leitete im Auftrag des Stadtherrn die Verwaltung und sprach Recht.*

M 4

Freiburg im Breisgau (Baden-Württemberg) besaß seit 1218 ein Siegel. Die hier abgebildete Form ist seit 1255 bis heute unverändert geblieben. Sie zeigt das Stadttor mit drei Türmen und zwei Wächtern, die auf den Außentürmen ins Horn blasen.

Stadtrecht

Durch die Verleihung von Stadtrechten an eine Siedlung schuf der Stadtherr einen eigenen Rechtsbezirk. In der Gründungsurkunde wurden die in der Stadt geltenden Privilegien (= Sonderrechte), z. B. das Markt-, Zoll- und Münzrecht, sowie Rechtsvorschriften für das Zusammenleben der Bürger und die Pflichten gegenüber dem Stadtherrn festgelegt.

1 **Partnerarbeit:**
a) Diskutiert, warum Magdeburg (M1) und Bremen (M2) vermutlich an den jeweiligen Orten gegründet wurden.
b) Überprüft mithilfe des Darstellungstextes, ob eure Vermutungen korrekt waren oder nicht.

2 **Recherche:** Wähle drei Städte in Sachsen-Anhalt und überprüfe mithilfe des Internets, warum die Städte vermutlich an diesem Ort gegründet wurden.

3 Arbeite aus dem Darstellungstext (Z. 19 ff.) heraus:
a) die Merkmale einer Stadt
b) alle Personen, die Interesse an der Gründung einer Stadt hatten

4 **Wähle eine Aufgabe aus:**
a) Beschreibe, welche Privilegien Herzog Konrad der Stadt Freiburg zugestand (M3).
b) Stell dir vor, du besuchst mit deiner Familie Freiburg im Breisgau. Erzähle ihr die Gründungsgeschichte der Stadt nach (M3).

Woran war eine mittelalterliche Stadt zu erkennen?

Heute erkennen wir eine Stadt vor allem an den hohen Häusern, dem hohen Verkehrsaufkommen und den vielen Menschen, die sich dort aufhalten. Im Mittelalter war dies ähnlich. Obwohl heutige Städte aber längst nicht mehr so aussehen wie im Mittelalter, lassen sich im Stadtbild oft noch Spuren der mittelalterlichen Stadt finden.

- ***Untersuche, woran man eine mittelalterliche Stadt erkennen konnte und inwiefern diese Spuren heute noch sichtbar sind.***

Die Grenzen der Stadt: Die Stadtmauer

Ein Merkmal der mittelalterlichen Stadt war die Stadtmauer mit ihren Befestigungstürmen. In den meisten Fällen wurde um die Stadtmauer noch ein Graben, der teilweise mit Wasser gefüllt wurde, gezogen. Die oft mehrere Meter hohe Steinmauer bot den Einwohnern vor allem Schutz vor Angreifern. Nur durch die großen Stadttore gelangte man in die Stadt oder aus ihr heraus. Diese waren manchmal mit einer Zugbrücke gesichert. Zusätzlich konnten die Tore durch Holz- oder Eisengitter und mächtige Eichentüren verschlossen werden.

Im Laufes des Mittelalters konnte es innerhalb der Stadtmauer zu eng werden. Dann bauten die Stadtbewohner außerhalb der Mauer neue Gebäude und Straßen. Nicht selten wurde eine zweite Stadtmauer gebaut. Die mittelalterliche Stadt veränderte mehrfach ihr Aussehen: Sie war nie „fertig", sondern es wurde ständig gebaut, erneuert oder ersetzt.

Rathaus, Kirchen und der Markt

Vor dem Betreten einer Stadt waren auch die Türme des Rathauses und die der Kirchen gut sichtbar. Da es mehrere Kirchen in der Stadt gab, dominierten die Kirchtürme das Stadtbild. Das Rathaus und eine große Kirche befanden sich meist im Zentrum der Stadt und damit häufig direkt am Marktplatz. Dort wurden Waren gehandelt und getauscht. In einer Stadt konnte es auch mehrere Märkte geben. Alle hatten eine andere Funktion, was man heute noch anhand des Namens erkennen kann: z. B. Viehmarkt, Fischmarkt oder Heumarkt.

Bis heute stehen vor Rathäusern oder auf Marktplätzen sogenannte Rolandsstatuen (M1). Allein in Sachsen-Anhalt gibt es 13 solcher Steinfiguren. Der Ritter mit Schwert und Schild ist ein Symbol für die städtische Eigenständigkeit im Spätmittelalter (siehe S. 130) und den damit verbundenen Privilegien.

Webcode: FG656646-108
Zum Anhören: Alltag in der Torstraße

Wohnhäuser und Straßen

Steinhäuser waren um 1400 noch selten zu finden. Die meisten Stadtbewohner lebten in Holzbauten, manchmal waren es nicht mehr als windschiefe Häuschen. Diese standen dicht gedrängt innerhalb der Stadtmauer. Meist gab es nur ein sehr unregelmäßiges Straßennetz. Im Vergleich zu den Straßen vor den Stadttoren waren diese zumindest am Marktplatz und um die Kirchen herum teilweise gepflastert. Anders als bei griechischen und römischen Städten gab es im Mittelalter keinen einheitlichen Stadtbaustil. Jede Stadt hatte ihren eigenen Charakter, ihr eigenes Wappen und ihre eigene Verwaltung.

M1

Rolandsstatue vor dem Rathaus in Halberstadt, Foto, 2004. Die Statue hat eine Höhe von etwa 5,25 m und wurde 1433 errichtet.

M 2 *Markplatz in Eisleben, Foto, 2015*

M 3 *Das Marientor in Naumburg, Foto, undatiert*

M 4 *Altes Rathaus Wernigerode, Foto, 2015*

M 5 *St.-Jakobs-Kirche (links) und das Rathaus (rechts) in Köthen, Foto, undatiert*

1 Fasse stichpunktartig die sichtbaren Merkmale einer mittelalterlichen Stadt zusammen (Darstellungstext, M1–M5).

2 Verfasse aus der Sicht eines mittelalterlichen Landbewohners, der zum ersten Mal in seinem Leben eine Stadt betritt, eine Geschichte, die von seinem Weg von den Stadtmauern bis zum Zentrum berichtet. Beschreibe dabei, was der Bauer in der Stadt sieht, was ihn beeindrucken oder gar verängstigen könnte (Darstellungstext, M1–M5).
Beginne deine Geschichte so: *„Als ich mich auf dem unbefestigtem Weg der Stadt näherte, sah ich schon von Weitem …"*

3 **Gruppenarbeit:** Die Bilder M2–M5 zeigen Überreste mittelalterlicher Städte in Sachsen-Anhalt.
a) Bildet Dreiergruppen und wählt eine Stadt aus.
b) Führt zur Geschichte der Stadt eine Internetrecherche durch und sucht nach weiteren mittelalterlichen Stadtmerkmalen, die heute noch sichtbar sind.
Tipp: Nimmt die Arbeitsschritte „Das Internet nutzen" auf S. 157 zu Hilfe.
c) Bereitet einen Kurzvortrag vor, in dem ihr eure Ergebnisse vorstellt. Fertigt dazu auch ein Plakat an.
Tipp: Anleitungen für einen Kurzvortrag und ein Plakat findet ihr auf S. 162.

Einen Stadtplan auswerten

Häufig erzählen aktuelle Stadtpläne etwas über die Entwicklungsphasen einer Stadt. So weisen die Namen von Straßen oder Plätzen auf ehemalige Bewohner oder Nutzung hin. Mithilfe von mittelalterlichen Stadtansichten kann man herausfinden, wie die Stadt früher ausgesehen und wie sie sich verändert hat.

- ***Die Arbeitsschritte zeigen dir, wie du einen Stadtplan auswertest.***

M1

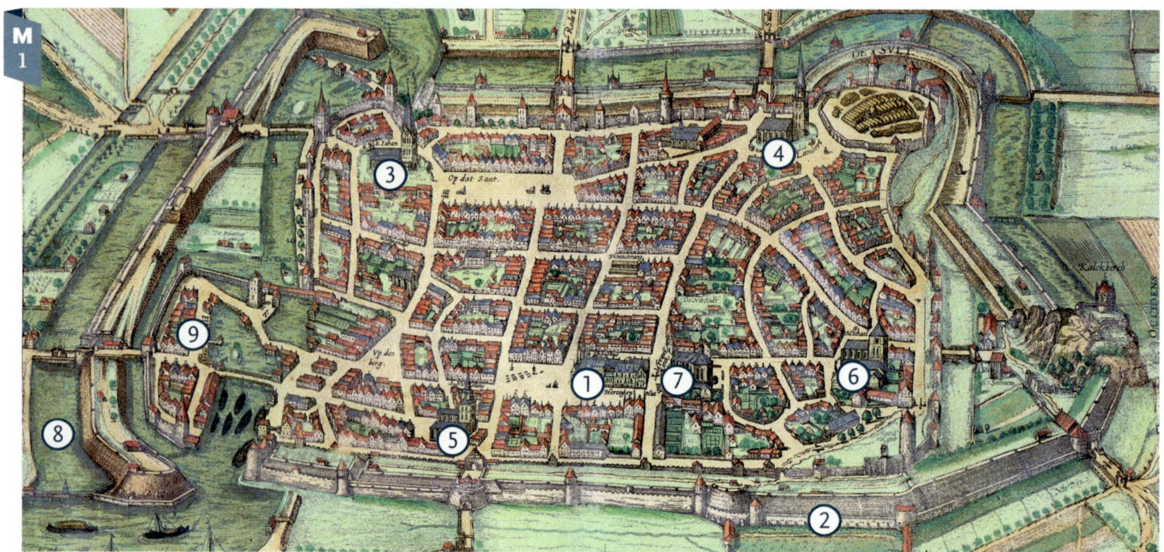

Stadtansicht von Lüneburg (Niedersachsen) aus dem 16. Jahrhundert. 1 = Rathaus, 2 = Stadtmauer, 3 = St. Johanniskirche, 4 = St. Lambertikirche, 5 = Kirche St. Nicolai, 6 = Kirche St. Michaelis, 7 = St. Marienkirche, 8 = Illmenau, 9 = Fischmarkt

M2

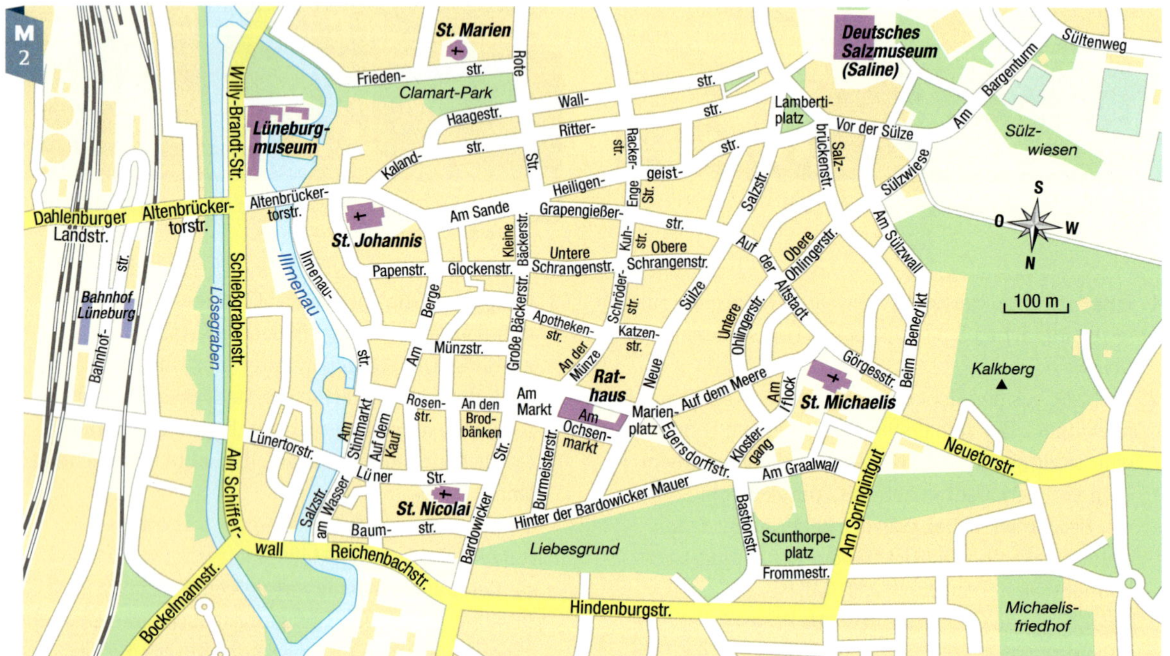

Die Lüneburger Altstadt heute

Arbeitsschritte „Einen Stadtplan auswerten“

Erste Informationen herausarbeiten	Lösungshinweise zu M1 und M2
1. Fertige eine Fotokopie der Stadtpläne an.	**Tipp:** Vergrößere die Pläne um 10 %.
2. Welche Stadt ist dargestellt?	• *Die Stadtpläne zeigen die Stadt ...*
3. Wann sind die Stadtpläne entstanden?	• *Der Stadtplan M1 entstand im ...* • *Der Stadtplan M2 ist ein aktueller Stadtplan.*
Veränderungen in den Stadtplänen untersuchen	
4. Finde die alte Stadtmauer im alten Plan und zeichne ihren ungefähren Verlauf in den neuen Plan ein.	**Tipp:** Der Verlauf der Stadtmauer ist häufig an Straßennamen zu erkennen, die den Begriff „Wall“ oder „Mauer“ beinhalten.
5. Welche besonderen Merkmale einer mittelalterlichen Stadt (z. B. Gebäude, Stadtmauer) kannst du auf dem alten Plan erkennen?	• *Im Stadtplan sind ... und ... eingezeichnet.* • *Außerdem kann man im alten Plan ... erkennen.* • ...
6. Markiere den Standort der besonderen Merkmale der mittelalterlichen Stadt im neuen Plan und prüfe, ob sie heute noch existieren.	• *Heute existieren noch ...* • *Auf der anderen Seite existiert heute ... nicht mehr.* • ...
7. Prüfe im neuen Stadtplan, ob man durch heutige Namen von Straßen oder Plätzen Rückschlüsse auf deren Bedeutung oder ehemalige Bewohner ziehen kann.	• *In der Schrangenstraße (Schrangen = Verkaufsbank, auf der Fleisch oder Brot verkauft wurde) ...* • *In der Grapengießerstraße (Grapen = mittelalterliche Kochkessel aus Bronze) wurden vermutlich ...* • *Am Stintmarkt (Stint = eine Fischart) befand sich im Mittelalter vermutlich der ...* • *In der „Großen Bäckerstraße“ lebten im Mittelalter vermutlich ...* • *Die Straße „Am Ochsenmarkt“ weist darauf hin, ...* • ...
8. Wie entwickelte sich die Stadt in den folgenden Jahrhunderten? (z. B.: Gibt es Anzeichen dafür, dass die Stadt gewachsen ist? Gibt es noch einen Stadtgraben?)	• *Lüneburg ist in den vergangenen Jahrhunderten ... Zu erkennen ist dies daran, dass ...* • ...
Informationen zusammenfassen und deuten	
9. Fasse zusammen, was du aus den Stadtplänen über die Stadt erfährst.	• *Lüneburg hat sich bis heute stark verändert. Die Stadt ist gewachsen. Dies lässt auf einen Bevölkerungsanstieg in der Stadt schließen. Lüneburg weist alle typischen Merkmale einer mittelalterlichen Stadt auf, z. B. ...*

1 Vergleiche M1 und M2 mithilfe der Arbeitsschritte. Ergänze die Lösungshinweise mit deinen eigenen Ergebnissen, besonders an Stellen, wo du Auslassungszeichen (...) siehst .
Tipp: Bücher zur Stadtgeschichte oder das Internet helfen dir, mehr über alte Gebäude oder Plätze herauszufinden.

2 **Partnerarbeit:**
a) Sucht im Internet nach einem Stadtplan eures Heimatortes oder einer größeren Stadt in der Nähe.
b) Untersucht den Plan nach Spuren aus dem Mittelalter (z. B. Straßennamen, Plätze, Gebäude).

Kirchen in der Stadt

Besonders ab dem 12. Jahrhundert legten Städte großen Wert auf prächtige Kirchen, deren Türme weit in den Himmel ragten. Ein neuer Baustil, die Gotik, verbreitete sich in ganz Europa.

- ***Welche Bedeutung hatten die Kirchen für die Menschen in der Stadt?***
- ***Was sind die Merkmale des gotischen Baustils?***

Die Bedeutung der Kirchen für die Menschen

Die Kirche war der zentrale Ort der mittelalterlichen Menschen. Hier fand nicht nur der Gottesdienst statt, sondern es versammelte sich auch die gesamte christliche Gemeinde. Wie auch noch heute begleitete die Kirche die wichtigsten Stationen im Leben der Gläubigen. In der Kirche erhielten sie die Taufe, empfingen die heilige Kommunion, legten die Beichte ab, feierten ihre Hochzeiten, hörten die Predigt und sie verabschiedeten sich dort von ihren Toten. Die Kirche beeinflusste alle Bereiche des Alltags der Menschen, die nach einem gottgefälligen Leben nach Vorgaben der Kirche strebten. Aus der Bedeutung des Glaubens erklärt sich auch, warum es in den Städten so viele Kirchen gab.

M1

Der Magdeburger Dom, Foto, Bauzeit: 1209–1363. Der Dom war der erste gotische Bau in Deutschland.

Da es im Mittelalter keine öffentliche Sozialfürsorge gab, kümmerte sich vor allem die Kirche um Arme und Kranke. Mönche und Nonnen unterhielten in den Städten Krankenstuben, aus klösterlichen Pilgerherbergen entwickelten sich große Spitäler. Darin lebten Waisenkinder, Alte, Behinderte und Kranke. Aufgrund des damals noch begrenzten medizinischen Wissens wurden Spitalbewohner selten geheilt entlassen.

Die Gotik als neuer Baustil

Von Frankreich ausgehend verbreitete sich ab dem 12. Jahrhundert der Baustil der Gotik in ganz Europa. Der Begriff geht zurück auf den Volksstamm der Goten (siehe S. 14 f.), der als unzivilisiert galt.
Seit dem 12. Jahrhundert wurden neue Kirchen im gotischen Baustil errichtet, bestehende umgebaut. Im Gegensatz zu romanischen Gotteshäusern, die von Bischöfen, Klöstern oder durch den König errichtet wurden, war es nun die Stadtbevölkerung selbst, die die Kirchen erbaute. Egal ob Arm oder Reich, alle halfen durch Spenden und eigene Mitwirkung auf der Baustelle. Auch Könige gaben große Spenden. Der Bau eines neuen Gotteshauses dauerte damals oft mehrere Jahrhunderte, in Köln über 600 Jahre. Manchmal brachen beim Bau der großen Steinkirchen ganze Dachkonstruktionen ein und begruben viele Arbeiter unter sich. Dann musste mit dem Bau von vorne begonnen werden.
Merkmale der Gotik sind hohe Bauten mit spitzen Bögen und einem sich daraus ergebenden Gewölbe. Um die Nähe zu Gott zu symbolisieren, sollte die Kirche alle Häuser der Stadt überragen. Der innere Längsraum der Kirche wird „Mittelschiff" genannt, ihn betritt man durch ein langgestrecktes Portal. Am Kopf des Mittelschiffs steht der Altar mit dem Kreuz Jesu Christi. Das Gewölbe wird durch Strebepfeiler, die wiederum die Rahmen für die enorm großen und besonders farbigen Glasfenster bilden, gestützt. Die meisten Menschen konnten damals nicht lesen, daher stellen die bunten Glasfenster Szenen aus der Bibel dar. Insgesamt finden sich viele religiöse Bezüge in den Elementen des Baustils wieder, die Kirche sollte ein Abbild des Himmels sein.

M2

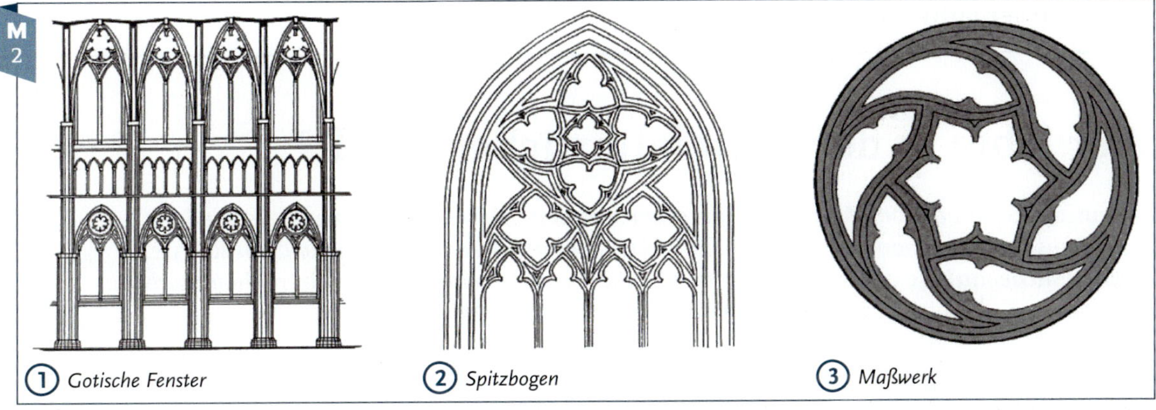

Gotische Baukunst

M3

Bau einer Kathedrale, französische Buchmalerei, 14. Jahrhundert

M4

Das Mittelschiff des Magdeburger Doms, Foto, undatiert.

Dom – Kathedrale – Münster

Große mittelalterliche Kirchen werden häufig als Dom, Kathedrale oder Münster bezeichnet. Dom und Kathedrale bezeichnen beide eine Bischofskirche, d. h. dass dort der Amtssitz eines Bischofs gewesen ist. Ein Münster war ursprünglich eine große Klosterkirche, die nach dem gotischen Baustil errichtet wurde. Ein Münster war aber niemals Bischofssitz.
Mit dem Ulmer Münster und dem Kölner Dom befinden sich die zwei größten gotischen Kirchen Europas in Deutschland.

Zusatzaufgabe: siehe S. 150.

1 **Wähle eine Aufgabe aus:**
a) Arbeite die Bedeutung der Kirchen für die Stadtbewohner heraus (Darstellungstext, M3).
b) Erkläre, warum die Stadtbewohner Kirchen bauten und wie dies finanziert wurde (Darstellungstext).

2 **Methode:** Untersuche M3. Welche Arbeiten sind dargestellt? Nimm die Arbeitsschritte „Bildquelle" auf S. 83 zu Hilfe.

3 **a)** Erstelle eine Liste mit Merkmalen, die für den gotischen Baustil typisch sind (Darstellungstext, M1, M2, M4).
b) Für die Ausstellung „Die gotischen Kirchen Europas" soll eine Infotafel aufgestellt werden, die die Besucher über die gotische Baukunst informieren soll. Verfasse dafür einen erklärenden Text (Darstellungstext, M1–M4).

Wer lebte in der mittelalterlichen Stadt?

In heutigen Städten leben Menschen aus allen sozialen Schichten. Sie üben verschiedene Berufe aus und stammen aus unterschiedlichen Ländern. Alle haben die gleichen Rechte.

- ***Untersuche mithilfe dieser Doppelseite, wie die Menschen in der mittelalterlichen Stadt lebten und welche Unterschiede es zwischen den Stadtbewohnern gab.***

M 1

Eine Patrizierfamilie, Gemälde von Jean Bourdichon, um 1500

Wer wohnte in der Stadt?

Die Einwohner einer Stadt verteilten sich auf verschiedene Wohnviertel. Am Rand, nahe der Stadtmauer, hatten sich Bauernfamilien, Gärtner und Tagelöhner niedergelassen. Hier lagen auch Handwerksbetriebe, die an offenem Feuer arbeiteten, z. B. die Schmiede. Häufig siedelte jedes Handwerk in einem eigenen Viertel. Die Handwerker und ihre Familien, Gesellen* und Lehrlinge stellten etwa die Hälfte der Stadtbevölkerung.

In Zentrumsnähe und um den Markt lebten die reichen Kaufmannsfamilien oder die Adligen. Sie bildeten die städtische Oberschicht (Patrizier*) und machten weniger als ein Zehntel der Stadtbevölkerung aus.

Die Geistlichen, Nonnen oder Mönche lebten in unmittelbarer Nähe der Kirchen oder in städtischen Klöstern. Sie waren der Anlaufpunkt für die Armen und Kranken der Stadt, die oft keinen festen Wohnsitz hatten und dort Unterstützung erhofften. Zur mittelalterlichen Stadt gehörten auch Bettler, die schon am Stadttor und vor allem vor Kirchen und Klöstern den Vorbeilaufenden ihre Hände oder Holzschalen entgegenstreckten und auf Almosen* hofften. Die Spende für Bedürftige war im Mittelalter eine Selbstverständlichkeit.

Zu den wenig anerkannten Berufen gehörten z. B. Gaukler und Spielleute, Henker oder Hundefänger. Sie wurden als „Unehrliche" bezeichnet.

Frauen in der Stadtgesellschaft

Frauen boten sich viele Möglichkeiten beruflicher Tätigkeit, z. B. als Kauffrauen, Webermeisterinnen, Seidenspinnerinnen oder Weinhändlerinnen. Die Rollenverteilung im privaten Bereich wurde mit Aussagen der Bibel begründet. Danach sollte der Ehemann „regieren" und die Ehefrau gehorchen. Eine Liebesheirat blieb meist ein Wunschtraum, denn oft bestimmten die Eltern, wen die Tochter heiratete. Politische Rechte hatten Frauen nicht, obwohl sie rechtlich frei waren.

Ein Einwohner – ein Bürger?

In unserer Gesellschaft genießen alle Menschen mit deutscher Staatsbürgerschaft das Bürgerrecht*. Wer als Bürger mit vollem Bürgerrecht in die Stadtgemeinde aufgenommen werden wollte, musste über Grundbesitz verfügen und ein Handwerk oder Handelsgeschäft ausüben. Mit einem Eid schwor man, regelmäßig Steuern zu zahlen, auf der Stadtmauer Wachdienste zu leisten und die Stadt notfalls gegen Angreifer zu verteidigen.

Neben Bürgern mit vollem Bürgerrecht gab es die Einwohner. Sie hatten weder Grundbesitz, noch waren sie selbstständig. Zu ihnen gehörten Gesellen, Tagelöhner, Mägde, Knechte und Dienstboten. Sie lebten oft zur Miete oder im Haus ihres Arbeitgebers und durften sich meist nur auf Widerruf in der Stadt aufhalten. Auch jüdische Stadtbewohner waren vom Bürgerrecht ausgeschlossen. All das führte zu großen sozialen Ungleichheiten.

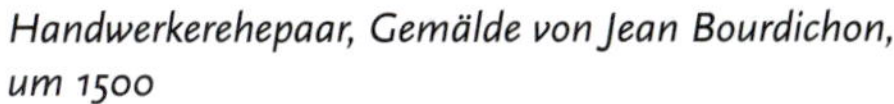

M2 *Handwerkerehepaar, Gemälde von Jean Bourdichon, um 1500*

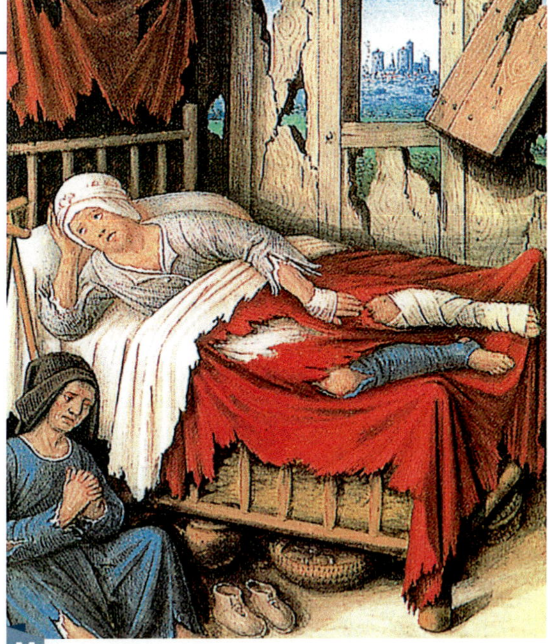

M3 *Tagelöhner mit seiner Frau, Gemälde von Jean Bourdichon, um 1500*

M4 Arbeitsrechtliche Bestimmungen aus einem Rechtsbuch (1328):

Schlägt ein Mann seinen Knecht oder seine Magd mit Ruten oder mit einem Sommerzweig ... und stirbt der ihm unter den Händen, so muss er den Totschlag büßen. Lebt jener aber über den nächsten Tag, so soll er ihn nicht büßen. Das ist deswegen festgesetzt, weil Gott einen jähen[1] Tod oft über die Leute verhängt und niemand wohl mit einem Schössling[2], der in einem Jahr gewachsen ist, den Menschen wohl zu Tode schlagen kann und (weil) die Meister die Dienstboten in Furcht halten müssen, oder sie arbeiten eben nicht.

Zit. nach Peter Ketsch, Frauen im Mittelalter, Bd. 1, Düsseldorf (Schwann) 1983, S. 68.

[1] *etwas ganz Schnelles ohne Vorankündigung*
[2] *frischer Trieb einer Pflanze*

M5 Auszug aus dem Grundgesetz der Bundesrepublik Deutschland (1949)

Im Grundgesetz wurden 1949 Bürgerrechte als Grundrechte (Artikel 1–19) festgelegt:

Art. 1: (1) Jeder hat das Recht auf die freie Entfaltung seiner Persönlichkeit ...

Art. 3: (1) Alle Menschen sind vor dem Gesetz gleich ...

Art. 8: (1) Alle Deutschen haben das Recht, sich ohne Anmeldung oder Erlaubnis friedlich und ohne Waffen zu versammeln.

Art. 9: (1) Alle Deutschen haben das Recht, Vereine und Gesellschaften zu bilden ...

Grundgesetz für die Bundesrepublik Deutschland, zit. nach https://www.bundestag.de/bundestag/aufgaben/rechtsgrundlagen/grundgesetz/gg_01/245122 (Stand: 3. 5. 2016).

1 Vergleiche M1, M2 und M3 hinsichtlich der dort abgebildeten Lebensverhältnisse.
Tipp: Beachte die Personen und die Einrichtung der Räume.

2 Erkläre die Bezeichnungen „Bürger“ und „Einwohner“ (Darstellungstext).

3 Nenne Merkmale des mittelalterlichen Bürgerrechts (Darstellungstext, Z. 37–44).

4 Beurteile die Bedeutsamkeit des mittelalterlichen Bürgerrechts für die Stadtbewohner (Darstellungstext).

5 Benenne Unterschiede zwischen dem mittelalterlichen Bürgerrecht und den Grundrechten im heutigen Grundgesetz (Darstellungstext, M5).
Tipp: Wer verfügte in der mittelalterlichen Stadt über das Bürgerrecht?

6 **a)** Fasse mit eigenen Worten zusammen, was die Bestimmungen in M4 dem Herrn erlaubten.
b) Erläutere, welche Stellung Mägde und Knechte in der Stadtbevölkerung hatten.

Zusatzaufgabe: siehe S. 150.

Macht Stadtluft frei?

Ähnlich wie in unserer Zeit übte auch die mittelalterliche Stadt eine besondere Anziehungskraft auf die Menschen aus. Heute ziehen viele vom Land in die Stadt, weil es dort viele kulturelle Angebote, bessere Ausbildungsmöglichkeiten oder Berufsaussichten gibt. Viele möchten in einer Stadt leben, weil sie sich dort ein besseres Leben erhoffen.

- ***Warum war die mittelalterliche Stadt so attraktiv für die Landbewohner?***
- ***Welche rechtlichen Unterschiede bestanden zwischen den Menschen in der Stadt und denen auf dem Land?***

Warum zog es die Menschen in die Stadt?
Die Landbewohner waren im Mittelalter als Leibeigene (Hörige) von einem Grundherrn abhängig (siehe S. 70/71). Sie hatten keine Rechte und arbeiteten als Bauern auf dem Grund und Boden der Herren. Da sie hohe Abgaben zahlen mussten, blieb kaum genügend für den Lebensunterhalt der eigenen Familie übrig. Dazu kamen noch die Frondienste, die ein Höriger dem Grundherrn leisten musste.

Aus diesen Gründen zogen viele hörige Bauern und auch viele Handwerker vom Land in die Stadt. Sie erhofften sich dort bessere Lebens- und Arbeitsbedingungen und eine verbesserte Rechtsstellung. Wer als Höriger ein Jahr und einen Tag in der Stadt unentdeckt lebte und nicht von seinem ehemaligen Grundherrn entdeckt und zurückgefordert wurde, war persönlich frei. Das bedeutet, er konnte über sich und seinen Besitz, insofern er welchen hatte, verfügen. Im Laufe des Mittelalters wurde dies zu einem Rechtsbrauch, der oft auch in Gründungsurkunden von Städten durch den Stadtherrn garantiert wurde (siehe S. 107, M3).

Viele abhängige Bauern versuchten aus diesem Grund, ihrem Grundherrn durch einen Umzug in die Stadt zu entfliehen. Es ist sicher belegt, dass es einigen Hörigen tatsächlich gelungen ist, sich so aus der Leibeigenschaft zu befreien. Daher rührt der Ausspruch „Stadtluft macht frei – Landluft macht eigen". Im Gegensatz dazu ist es in manchen Fällen auch belegt, dass einige Stadtherren Verträge mit Grundherren vom Land schlossen, in denen die Auslieferung geflüchteter Bauern zugesichert wurde.

M1 *Bettler sitzen vor den Toren einer mittelalterlichen Stadt, Holzstich, 1477*

Frei, aber nicht gleich
Mittelalterliche Quellen belegen sicher, dass die Erwartungen der meisten Hörigen, die in die Stadt kamen, nicht erfüllt worden sind. Da der Zugang zu Handwerksberufen und dem Bürgerrecht an Grundbesitz gebunden war, gerieten die Landbewohner in der Stadt oft in neue Abhängigkeiten. Obwohl sie dort als Einwohner leben konnten, stand der volle Umfang städtischer Freiheiten aber trotzdem nur den Bürgern mit Bürgerrecht zu. Viele ehemalige Landbewohner verarmten in den Städten und lebten als Bettler, Gesinde oder als ungelernte Tagelöhner in einfachen Unterkünften. Einige versuchten auch mithilfe unreiner Berufe, wie Gaukler, Spielleute oder Musikanten, in der Stadt zu überleben.

Ihre Lebensbedingungen konnten sie in der Stadt nicht verbessern, im Gegenteil: Oft ging es ihnen in der Stadt noch schlechter. Trotzdem war die Anziehungskraft der städtischen Freiheit für viele Hörige aber größer als ein Leben in Abhängigkeit eines Grundherrn.

Der Journalist Stephan Burgdorff schrieb 1998:
Allein in der dritten Welt[1] machen sich Tag für Tag rund 170 000 Menschen vom Acker. In der Stadt hoffen sie Arbeit, Wohnraum und Wohlstand zu finden – etwas Besseres also, als das Land und dörfliche Gemeinschaft ihnen bieten können. Seit jeher zieht das urbane[2] Leben die Menschen an. „Stadtluft macht frei", war im europäischen Mittelalter die Devise ländlicher Tagelöhner und Leibeigener, die gegen adlige Ausbeuter aufbegehrten und ihr Heil bei den urbanen Patriziern suchten.

Stephan Burgdorff, Wird die ganze Welt eine Stadt?, in: Spiegel special, Nr. 12, 1998, S. 18.

[1] *Bezeichnung für unterentwickelte Staaten, v. a. in Afrika, Süd- und Mittelamerika, der Karibik und Ozeaniens*
[2] *städtische*

Aus einem Interview mit dem Menschheitsforscher Phillip Tobias über die Folgen des Städtewachstums (1998):

Tobias: Das Problem ist, dass die Stadtbevölkerung immer mehr zunimmt. Zur Zeit Christi lebte nicht einmal ein Prozent der Menschheit in Städten, 1920 waren es schon 14 Prozent. Heute lebt jeder zweite Erdenbürger in einer Stadt, in den USA oder Westeuropa sind es sogar 75 bis 80 Prozent ...

special: Was macht diese [Städte] für die Menschen so attraktiv?

Tobias: Die Menschen hoffen, ein besseres Auskommen für ihre Familien zu finden. Aber das Bedrohliche ist ja nicht nur, dass generell immer mehr Menschen in den Städten leben, sondern dass die einzelnen Städte immer größer werden. Die Großstadtbewohner leiden unter schlechter Luft, Lärm, optischer Reizüberflutung und unter dem Licht, das die Nacht zum Tag macht ... In den Städten gibt es ... mehr Straßenraub, ... mehr Tötungsdelikte, mehr Selbstmorde ... und mehr Nervenzusammenbrüche ... Wir müssen diesen Trend umkehren und die Städte menschenfreundlicher machen.

Nobert F. Pötzl, Gedränge im Menschenzoo, in: Spiegel special, Nr. 12, 1998, S. 63ff. Bearb. v. Verf.

„Stadtluft macht frei"

Für alle, Einwohner und Bürger, galt die Regel: „Stadtluft macht frei." Wer ein Jahr und einen Tag in der Stadt gewohnt hatte, war an keinen Grundherrn mehr gebunden. Viele abhängige Bauern versuchten deshalb, vor ihrem Grundherrn in die Stadt zu fliehen. Sie gerieten dort aber oft in neue Abhängigkeiten, weil der Zugang zu Handwerksberufen und dem Bürgerrecht an Grundbesitz gebunden war. Viele ehemalige Landbewohner verarmten.

1 Erkläre mithilfe des Darstellungstextes und des Begriffskastens die Bedeutung des Ausspruchs „Stadtluft macht frei".

2 **Wähle eine Aufgabe aus:**
a) Beurteile, welche Vor- und Nachteile das Stadtleben für einen Landbewohner mit sich brachte. (Darstellungstext, Begriffskasten und M1)
Tipp: Stelle die Vor- und Nachteile in einer Tabelle gegenüber.
b) Nimm Stellung: Machte „Stadtluft" wirklich frei?

3 **a)** Vergleiche die Gründe, warum die Menschen im Mittelalter in die Stadt gezogen sind, mit den Aussagen aus M2 und M3.
b) Stelle Vermutungen über weitere Gründe an, warum Menschen heute in die Stadt ziehen.
Tipp: Warum ziehen z. B. heute junge oder alte Menschen vom Land in die Stadt?

4 **Partnerarbeit:** Diskutiert, ob die Probleme für die Menschen in den Städten aus M3 auch schon im Mittelalter existiert haben.

Juden in der mittelalterlichen Stadt

Wurden im Mittelalter Städte gegründet, ließen sich in der Regel sehr früh Juden dort nieder. Der Anteil jüdischer Einwohner an der Gesamtbevölkerung des Heiligen Römischen Reichs lag bei etwa fünf Prozent.

- ***Welche Rolle spielten die jüdischen Einwohner in der mittelalterlichen Stadt?***

M 1 *Die Jüdengasse in Quedlinburg, Foto, 2012. Sie wurde 1306 das erste Mal urkundlich erwähnt. Nach der Vertreibung der jüdischen Stadtbewohner lebten in Quedlinburg 1352 keine Juden mehr.*

Juden als „Wirtschaftsfaktor"

Viele Stadtherren förderten die Ansiedlung von jüdischen Kaufleuten, denn deren weitverzweigte Beziehungen im Fern- und Geldhandel ließen hohe Einnahmen durch Zölle und Steuern erwarten. In Sachsen-Anhalt entstanden vor allem in Quedlinburg, Naumburg, Halle oder Wittenberg größere Judengemeinden. In Magdeburg gab es sogar die größte jüdische Gemeinde Mitteldeutschlands.

Die jüdische Gemeinde – eine Stadt in der Stadt

Die Juden lebten zusammen in einer Straße oder einem Wohnviertel. „Judengasse" ist heute deshalb ein typischer Straßenname in vielen Städten. Die Juden bildeten eine eigene Gemeinde mit einem Vorsteher und eigener Rechtsprechung. Obwohl sie rechtlich als „Fremde" galten, waren sie weitgehend in die christliche Stadtgesellschaft eingebunden. Sie sprachen die Landessprache, nahmen aktiv am wirtschaftlichen Leben teil und übernahmen gemeinschaftliche Aufgaben wie die Stadtverteidigung. Eheschließungen zwischen Juden und Christen waren verboten.

Innerhalb ihrer Gemeinde übten Juden verschiedene Berufe aus. Sie arbeiteten z. B. als Lehrer, Rabbiner oder Krankenpfleger. In großen jüdischen Gemeinden gab es Bäcker, Schneider oder Metzger, die wegen des großen Bedarfs unter den jüdischen Stadtbewohnern vom Verkauf ihrer Produkte leben konnten. Außerhalb der Gemeinde arbeiteten Juden als Kleinhändler, Lumpensammler und als Geldverleiher gegen Zins, was Christen verboten war. Da zahlreiche Juden kein Bürgerrecht besaßen, konnten sie außerhalb ihrer Gemeinde keine Handwerksbetriebe führen.

Der Kaiser stellt die Juden unter seinen Schutz

Seit dem 11. Jahrhundert verschlechterte sich die Beziehung zwischen jüdischen und christlichen Stadtbewohnern. 1090 vergab Kaiser Heinrich IV. erstmals ein Schutzprivileg an die Juden von Worms und Speyer (im heutigen Rheinland-Pfalz), nachdem die jüdische Gemeinde von den christlichen Einwohnern gewaltsam angegriffen worden war. Mit dem Schutzprivileg wollte er vor allem die hohen Steuereinnahmen sichern, die von den jüdischen Einwohnern bezahlt wurden. Als Gegenleistung für ein kaiserliches Schutzprivileg mussten außerdem weitere Abgaben entrichtet werden.

Ausgrenzung und Verfolgung

Es ist sicher belegt, dass sich die Ausgrenzung und Verfolgung der jüdischen Einwohner in der Zeit der Kreuzzüge und während der Pestepidemie* im 14. Jahrhundert verschärfte. Die Kirche forderte eine klare Trennung von den Christen, die sich u.a. in Kleidervorschriften zeigte: In vielen Städten mussten Juden spitze „Judenhüte" oder gelbe „Judenflecke" tragen.

In vielen Städten in Europa kam es zu gewaltsamen Angriffen gegen Juden (Pogrome*), die zahlreiche Menschenleben forderten und zur Vernichtung der jüdischen Gemeinde bzw. zur Vertreibung ihrer Bewohner führten. Seit dem 13. Jahrhundert nahm die Verfolgung extreme Ausmaße an: Die Juden wurden aus Regionen und sogar aus Ländern vertrieben: aus England (1290), Frankreich und schließlich aus Spanien (1492). Vor allem in Osteuropa fanden sie eine neue Heimat.

Grundlagen der jüdischen Religion

Das Judentum ist die älteste monotheistische Religion. Nach dem jüdischen Glauben hat sich Gott, der Schöpfer der Welt, dem jüdischen Volk in besonderer Weise zugewandt. Die Heilige Schrift der Juden ist der Tanach. Er besteht aus drei Teilen: der Thora, Nevi'im und Ketuvim. Der Ort des jüdischen Gottesdienstes und des Gebets ist die Synagoge.

M 2 *„Ritualmord der Juden", Holzschnitt, 1475. Im Laufe des Mittelalters kam es immer wieder zu Vorurteilen gegenüber Juden. So wurde unter anderem behauptet, sie seien für die damals unerklärliche Pest verantwortlich. Ein weiteres Vorurteil besagte, dass sie christliche Jungen töteten, um aus deren Blut Brot zu backen.*

M 3 **Kaiserliches Privileg für Juden der Stadt Worms (Rheinland-Pfalz) durch Kaiser Friedrich I. (1157):**

Allen Bischöfen, Äbten, Herzogen, Grafen ... möge bekannt sein, dass wir den Juden von Worms ... die Erlasse unseres Urgroßvaters, des Kaisers Heinrich ..., bestätigen durch ein Gesetz, das immer gelten soll:

1. Wir wollen, dass sie wegen aller Rechtssachen nur uns berücksichtigen müssen und bestimmen, dass weder Bischof, ... Graf, Schultheiß[1] noch überhaupt sonst jemand ... wegen irgendeiner Streitsache ... infolge eines Rechtsfalles mit ihnen oder gegen sie verhandelt ...
2. Von den Sachen, die sie nach Erbrecht besitzen in Form von Grundstücken, Gärten, Weinbergen, Äckern, Knechten ..., soll sich keiner vermessen, irgendetwas wegzunehmen ...
3. Sie sollen die freie Befugnis haben, in der ganzen Stadt mit jedermann Silber zu wechseln ... innerhalb des Gebietes unseres Reiches dürfen sie frei und friedlich umherziehen, um ihre Geschäfte und ihren Handel auszuüben ...
4. Wenn jemand gegen einen von ihnen einen Plan ausheckt oder ihn tötet, so sollen beide, Ratgeber und Mörder, zwölf Pfund Gold an das Schatzamt des Königs zahlen.

Quellen zur deutschen Verfassungs-, Wirtschafts- und Sozialgeschichte bis 1250, ausgew. und übers. von Lorenz Weinrich, Darmstadt (Wiss. Buchgesellschaft) 1977, S. 241ff. Bearb. d. Verf.

[1] *Richter*

1 Wähle eine Aufgabe aus:

a) Ordne die Aussagen zum Zusammenleben von christlichen und jüdischen Einwohnern den Phasen *erwünscht – geduldet – verfolgt* zu (Darstellungstext).

b) Stelle mithilfe des Darstellungstextes und M1 das Zusammenleben von christlichen und jüdischen Einwohnern mittelalterlicher Städte dar.

2 a) Methode: Analysiere M3 mithilfe der Arbeitsschritte „Eine schriftliche Quelle analysieren" (siehe S. 51).

b) Partnerarbeit: Diskutiert die Motive von Friedrich I., diese Regeln zu erlassen.

3 Methode: Untersuche M2 mithilfe der Methode „Eine Bildquelle interpretieren" auf S. 83.

4 Beschreibe die Wirkung, die Darstellungen wie in M2 auf die Menschen im Mittelalter gehabt haben könnte.

Webcode: FG656646-119
Juden im Mittelalter

Die Stadt als Drehscheibe des Handels

Wenn wir heute einkaufen wollen, gehen wir meist in den nächsten Supermarkt, in ein Einkaufszentrum oder bestellen online – nur selten gehen wir auf den Markt. Im Mittelalter war dies anders. Damals hatte ein Markt eine große Bedeutung.

- ***Weshalb waren die städtischen Märkte im Mittelalter so wichtig?***

M 1

Markttreiben in einer flämischen Stadt, Ölgemälde von Pieter Aertsen, Mitte 16. Jh.

Welche Bedeutung hatte der Markt für eine Stadt?

Der Marktplatz war in der mittelalterlichen Stadt der wichtigste Ort. Er lag meist in der Stadtmitte. Dort boten Händler Lebensmittel für den täglichen Bedarf an, welche die Bewohner mangels Anbauflächen in der Stadt nicht selbst produzieren konnten. Die städtische Bevölkerung war von den auf dem Markt angebotenen Lebensmitteln abhängig.

Von den Handwerkern wurden Stoffe, Kleidung und alle Arten von Haushaltswaren angeboten. Für reiche Einwohner gab es Luxusgüter wie Pelze oder edle Gewürze wie Pfeffer und Safran. Natürlich war die Auswahl nicht mit der heutigen zu vergleichen: Es gab nur Lebensmittel der Saison und es herrschte oft Mangel. Besonders auf kleineren Märkten gab es bestimmte Waren monate- oder jahrelang nicht.

Handel nah und fern

Für viele Bauern war eine Anreise zum nächsten Markt sehr mühsam. Oft waren nur die Bauern aus den benachbarten Dörfern in der Lage, den Markt einer Stadt zu besuchen, um dort ihre Waren anzubieten. Daher kauften Fernhändler an Orten mit Warenüberschüssen diese günstig ein und versuchten sie in Städten zu verkaufen. Sie boten auch kostbare Stoffe aus anderen Ländern an, die besonders beim Adel und den reichen Bürgern beliebt waren. So spannten die Fernkaufleute über Ländergrenzen hinweg ein dichtes Handelsnetz von Stadt zu Stadt.

Während zu dieser Zeit auf den Dörfern meist noch Ware gegen Ware getauscht wurde, war es auf dem städtischen Markt bereits üblich, Ware mit Geld zu bezahlen. Aus dem Erlös konnten sich dann auch die Bauern handwerkliche Erzeugnisse oder Handelsware wie Salz oder Wein kaufen.

Marktordnungen regeln das Geschäft

Damit der Händler seinem Geschäft nachgehen durfte, musste er Marktgebühren entrichten. Diese waren für jede Stadt eine wichtige Einnahmequelle. Den Händlern wurde dafür der Marktfrieden zugesichert, um einen ruhigen Handel zu gewährleisten. So war es z. B. verboten, Waffen zu tragen. Marktordnungen regelten den Geschäftsbetrieb. Auch galten einheitliche Währungen und Maße für alle Händler. Die Einhaltung der Marktordnungen wurde von sogenannten Stadtbütteln auf dem Markplatz überwacht.

M2

Bauern auf dem Weg zum städtischen Markt, französische Buchmalerei, 15. Jahrhundert. Oft gestatten die Grundherren den Bauern, ihre Waren zollfrei in die Stadt zu bringen, um sie dort auf dem Markt zu verkaufen.

M3

Aus der heutigen Wochenmarktsatzung der Stadt Merseburg (2010):

§ 2 (1) [Der] Wochenmarkt [findet] dienstags, donnerstags und samstags (Markttage) auf dem Markt und den angrenzenden Flächen der Stadt Merseburg statt.
(2) Entsprechend der festgesetzten Öffnungszeiten beginnt der Wochenmarkt an den Markttagen Dienstag und Donnerstag 8.00 Uhr und endet 17.00 Uhr ... Am Samstag beginnt der Wochenmarkt 7.00 Uhr und endet 12.00 Uhr ...
§5 Als Verkaufseinrichtungen auf dem Wochenmarkt der Stadt Merseburg sind nur mobile Verkaufsstände zugelassen ...
§ 4(3) Die Erlaubnis [zum Verkauf von Waren] kann von der Stadt widerrufen werden, wenn ... ein Teilnehmer die ... Gebühren auf dem Wochenmarkt der Stadt Merseburg ... nicht bezahlt ...
§8 Jede Störung der Ordnung und des Marktfriedens auf dem Wochenmarkt ist nicht gestattet. Wer als Teilnehmer vorsätzlich oder grob gegen eine Vorschrift dieser Marktordnung verstößt, oder den Anordnungen der verantwortlichen Mitarbeiter der Stadt nicht nachkommt, kann ... vom Markt ausgeschlossen werden.

Marktordnung der Stadt Merseburg, zit. nach http://www.merseburg.de/media/dokumente/verwaltung_und_stadtrat/ortsrecht/2012/marktordnung_v._23.02.101.pdf (Stand: 17. 2. 2016). Bearb. d. Verf.

M4

Aus der Marktordnung der Stadt Landshut im heutigen Bayern (1256):

Wir verbieten, Schwerter und Dolche innerhalb der Stadt zu tragen ... Wir verordnen, 2½ Pfund Rindfleisch für einen Pfennig zu verkaufen und ebenso viel Hammelfleisch und 3 Pfund Ziegenfleisch. Die Leute, die es anders machen, werden der Stadt 6 Schillinge und dem Richter 60 Pfennige zahlen ... Wir verordnen, dass kein Kauf außerhalb des öffentlichen Marktes stattfindet, was Leute anbetrifft, die Waren in die Stadt bringen. Wer gegen diese Bestimmung handelt, muss der Stadt 6 Schilling und dem Richter 60 Pfennige zahlen. Wenn er kein Geld besitzt, wird ihm die Hand abgeschlagen ... Lotterbuden in jeder Art, fahrende Schüler mit langem Haar halten wir fern. Die Leute, die sie über Nacht beherbergen, verurteilen wir zu 1 Pfund.

Zit. nach Heinrich Pleticha, Bürger, Bauer, Bettelmann. Stadt und Land im späten Mittelalter, Würzburg (Arena) 1976, S. 87. Bearb. d. Verf.

1 **Partnerarbeit:** Erläutert mithilfe des Darstellungstextes und M2 die Überschrift „Die Stadt als Drehscheibe des Handels".
2 Gib in eigenen Worten wieder, was die Marktordnung der Stadt Landshut festschrieb (M4).
3 Erkläre mithilfe des Darstellungstextes und M4, warum Stadtherren Marktordnungen erließen.
4 Vergleiche M3 und M4, indem du Gemeinsamkeiten und Unterschiede gegenüberstellst. Begründe diese. Nimm dazu auch M1 zu Hilfe.
5 **Geschichte darstellen:** Stelle aus der Sicht eines Bauern aus dem städtischen Umland dar, warum viele Landbewohner an einem Markttag in die Stadt zogen (Darstellungstext, M2).

Handwerker organisieren sich in Zünften

Die Handwerker und ihre Familien waren die größte Bevölkerungsgruppe in der mittelalterlichen Stadt. Seit Beginn des 12. Jahrhunderts schlossen sich viele von ihnen zu Zünften zusammen, später wurde die Zunftmitgliedschaft für alle Angehörigen eines Handwerks sogar zur Pflicht.

- ***Was waren die Aufgaben der Zünfte?***
- ***Welche Bedeutung hatten sie in der mittelalterlichen Stadt?***

Webcode: FG656646-122
Handwerk *und Zünfte*

Was regelte die Zunft?

Die Zunft regelte alle Fragen, die die Arbeit betrafen: z. B. welche Qualität ein bestimmter Stoff haben musste oder wie teuer ein Brot sein durfte. Auch erließ sie Vorschriften für die Lehrlingsausbildung. Diese dauerte im Mittelalter etwa sieben, manchmal sogar bis zu zwölf Jahre. Das war deutlich länger als eine heutige Ausbildung von drei Jahren. Nach der Lehrzeit wurde man zum Gesellen ernannt und konnte nach einigen Berufsjahren die Meisterprüfung ablegen.

Vor allem waren die Zünfte bestrebt, Konkurrenz auszuschalten. Die Aufnahme neuer Mitglieder wurde deshalb streng überwacht und eng begrenzt. So durfte ein Zunftmeister nicht mehr Lehrlinge als vorgeschrieben beschäftigen, und viele Gesellen hatten kaum eine Chance, sich als Meister selbstständig zu machen. Nichtbürger, z. B. Juden, waren generell ausgeschlossen. In vielen Zünften waren zwar nur Männer zugelassen, aber Witwen durften in der Regel die Tätigkeit ihres Mannes weiterführen.

Bei den Tuchmachern und anderen Zünften der Bekleidungsproduktion wurden seit dem 13. und 14. Jahrhundert auch Frauen als Lehrtöchter aufgenommen, manche von ihnen legten später die Meisterprüfung ab oder machten sich selbstständig.

Die meisten Frauen in Handwerksbetrieben waren die Töchter der Meister. Sie halfen ihren Vätern aus und lernten dabei das Handwerk. Manche konnten auch nach ihrer Heirat weiterarbeiten, wenn sie Zunftgelder zahlten und die Zunft damit einverstanden war.

Zünfte – nicht nur ein Berufsverband

Eine Zunft war mehr als nur ein Berufsverband. In Zunfthäusern traf man sich zu Festen. Geriet ein Mitglied durch Krankheit oder Tod eines Angehörigen in Not, half die Zunft. Es ist sicher belegt, dass Spenden (Almosen) der wohlhabenden Zunftmitglieder in Form von Geld, Kleidung und Nahrung auch oft die einzige Möglichkeit zum Überleben für die vielen armen Menschen der Stadt waren. Gemeinsam sah man die „Zünftler" auch bei kirchlichen Prozessionen* durch die Stadt marschieren. Wurde die Stadt angegriffen, übernahm jede Zunft bestimmte militärische Aufgaben.

Zunft
Verpflichtender Zusammenschluss von Handwerkern eines Berufszweiges. Die Zunft regelte und überwachte Ausbildung, Warenqualität, Handel, Preise und Anzahl der Meisterbetriebe. Sie sicherte die wirtschaftliche Existenz der Handwerker, indem sie Konkurrenz verhinderte. Im Mittelalter prägten die Zünfte die alltägliche Lebensführung.

M 1

Geselle auf der Walz, Foto, 2016. Eine Tradition der mittelalterlichen Zünfte ist bis heute lebendig geblieben: nach bestandener Lehre „auf Walz" (= Wanderschaft) gehen, um an verschiedenen Orten Berufserfahrung zu sammeln. Handwerker auf der Walz mussten ihrem Heimatort drei Jahre und einen Tag fernbleiben. Mitnehmen durften sie nur ein kleines Bündel.

M2

Aus den Zunftordnungen der Ulmer Leineweber von 1346 und 1403:

Allen Bürgern und Bürgerinnen, die seit fünf Jahren bei uns wohnen, gestatten wir, dass ihre Kinder, die das Weberhandwerk lernen wollen, das tun dürfen. Wenn sie die Lehrzeit beendet haben, dürfen die Weber ... sie in die Zunft aufnehmen. Wenn von heute an ein Fremder vom Land oder aus anderen Städten, der dieses Handwerk betreibt, zu uns zieht ..., soll er ... fünf Jahre lang das Weberhandwerk nicht ausüben und die Weber sollen ihn auch nicht in die Zunft aufnehmen. Kein Geselle darf selbstständig in Ulm arbeiten oder einen Webstuhl betreiben. Wir haben ferner festgesetzt, dass fremde Weber und Weberinnen ... außerhalb der Stadt und im Umkreis von einer halben Meile ihr Handwerk betreiben und ihre Erzeugnisse zu unserer Leinwandschau bringen dürfen. Die auswärtigen Weber sollen aber nur Barchent[1] zur Schau bringen, der aus Baumwolle gewebt ist, die in Ulm geprüft und von unseren Beschauern für gut befunden worden ist. Die ... Beschauer sollen ... alle Leinwand in der Stadt ... allwöchentlich beschauen. Wenn sie in den Häusern oder auf dem Markt eine Leinwand finden, die zu dünn ist ..., so soll ein Meister der Zunft einen Schilling (als Strafe) geben, stammt aber die Leinwand von einem Gesellen, der muss sechs Heller geben.

Friedrich Keutgen (Hg.), Urkunden zur städtischen Verfassungsgeschichte, Berlin (Felber) 1901, Nr. 286 und 287. Teilw. übers. und bearb. v. Verf.

[1] *Mischgewebe aus Baumwolle und Leinen*

M3

Glasfenster im Freiburger Münster, die um 1330 von den Handwerkszünften der Stadt gestiftet wurden

1 **a)** Arbeite Aufgaben und Ziele der Zünfte aus dem Darstellungstext heraus.
b) Erkläre diese in eigenen Worten.

2 Überprüfe, ob Männer und Frauen in den Zünften gleichgestellt waren (Darstellungstext).

3 Erläutere, mit welchen Maßnahmen die Zunft der Ulmer Leineweber Konkurrenz verhindern wollte (M2).

4 **a)** Finde mithilfe der Zunftzeichen (M3) heraus, welche Zünfte im Freiburger Dom ein Fenster stifteten.
b) Stelle Vermutungen darüber an, warum die Zünfte Glasfenster im Freiburger Dom gespendet haben.

5 **Wähle eine Aufgabe aus:**
a) Gestalte ein eigenes Zunftzeichen zu einem heutigen Beruf deiner Wahl.
Tipp: Orientiere dich an den Freiburger Zunftzeichen M3.
b) **Recherche:** Informiere dich im Internet zu einem Handwerksberuf deiner Wahl, unter welchen Voraussetzungen man heutzutage a) eine Lehrstelle bekommt und b) einen Meisterbrief erhält.

6 Nimm mithilfe von M1 Stellung, ob du selbst nach einer Ausbildung auf die Walz gehen würdest.

Zusatzaufgabe: siehe S. 151.

Das Mittelalter heute

Spuren des Mittelalters lassen sich in verschiedenen Bereichen unseres Alltags wiederfinden. Einen Einblick in das Mittelalter erhält man auf einem Mittelaltermarkt. Darsteller und Mitwirkende geben sich viel Mühe, um einen Markt so realistisch wie möglich zu inszenieren (= nachzustellen).

- ***Untersuche, wo uns heute noch Spuren des Mittelalters begegnen.***

Die Gegenwärtigkeit des Mittelalters

Das Mittelalter ist gar nicht so fern, wie es scheint. Im Kino und im Fernsehen werden immer wieder Spielfilme gezeigt, die das Mittelalter thematisieren. Dazu gibt es Dokumentationen, die über berühmte Kaufmannsfamilien oder auch über das Leben in der mittelalterlichen Stadt berichten. In manchen Computerspielen kann man in einer mittelalterlichen Welt das Leben eines Kaufmannes nachspielen.
Auch haben viele heutige Bräuche und Sprichwörter ihren Ursprung im Mittelalter, wie z.B. der Brauch des Zuprostens mit einem Getränk oder die Sprüche „Immer der Nase nach“ und „blaumachen“.

Christliche Kultur des Mittelalters

Im Mittelalter kümmerte sich vor allem die Kirche um die Sozialfürsorge. Noch heute befinden sich einige Kindergärten, Schulen oder Krankenhäuser in kirchlicher Trägerschaft, wie z.B. das Krankenhaus St. Elisabeth und St. Barbara in Halle oder das Krankenhaus St. Marienstift in Magdeburg.
Die Begriffe Hospital und Hospiz stammen aus dem Mittelalter und vom lateinischen Wort „hospitium“ (= Gastfreundschaft) ab. Im Mittelalter dienten christliche Hospitäler vor allem als Unterkunft für Pilger. Diejenigen, die auf ihrer Pilgerreise krank wurden, blieben in den Hospizen, wo sie im Sinne der christlichen Nächstenliebe weiter versorgt wurden. Diese Einrichtungen wurden im Laufe des Mittelalters auch zunehmend von mittellosen Kranken und Alten aufgesucht, sodass die Herbergen in der Folge eher als Armenhäuser galten. Noch heute finanziert die Kirche Einrichtungen für hilfsbedürftige Menschen, die von Not und Armut bedroht sind.

Mittelaltermärkte – inszenierte Geschichte?

Wer als Interessierter einen Einblick in das Leben und den Alltag des Mittelalters erhalten möchte, kann einen Mittelaltermarkt besuchen. Die Darsteller solcher Märkte geben sich große Mühe, den Markt so realitätsnah wie möglich zu gestalten. Gelingt dies, ist er authentisch. Die Darsteller tragen Leinengewänder, arbeiten mit mittelalterlichen Werkzeugen, spielen auf mittelalterlichen Instrumenten, manche reden sogar wie damals. Als Händler, Handwerker, Gaukler, Feuerschlucker oder als andere historische Figuren kreuzen sie die Wege der Besucher und inszenieren einen mittelalterlichen Markt.
Die authentischen mittelalterlichen Gewänder und Gegenstände kaufen viele Darsteller bei Händlern und Handwerkern, die ihre Produkte oft selbst herstellen und in eigenen Verkaufsständen auf dem Markt anbieten. Andere bestellen auch im Internet oder durchsuchen Kleinanzeigen in Zeitschriften über das Mittelalter. Vielen Teilnehmern sind jedoch die Preise der Händler zu hoch. Daher nähen sie sich ihre Kleidung selbst.

M 1

Darstellerin eines Mittelaltermarktes mit mittelalterlichem Gewand, Foto, 2008. Ein solches Gewand kann bei einem Händler bis zu 100 Euro kosten.

Marktordnung des Mittelaltermarktes Petersaurach in Bayern (2012):

§ 2 Marktgegenstand

Auf dem Markt dürfen ... nur Waren angeboten werden, die eine Beziehung zum Mittelalter aufweisen ...

§ 4 Marktzeit

... Sämtliche Mitwirkende ... sind für die mittelalterliche Ausgestaltung, Dekoration und Beleuchtung ihres Standes ... verantwortlich. Kunststoffe, wie auch neumodische Errungenschaften der Technik sind nicht erwünscht. Sofern sie denn unvermeidbar sind, so sind sie mittelalterlich zu tarnen/verkleiden ... Alle modernen Sachen sind aus dem Sichtfeld der Besucher zu entfernen. Ebenfalls sind alle Beteiligten ... mittelalterlich gewandet. Faschingskostüme o. ä. gelten nicht als mittelalterliche Gewandung ...

§ 5 Aufbau der Marktstände / Lager

... Zugelassen werden nur historisch wirkende Stände und Zelte. Werbungen und andere Aufdrucke sind so zu verdecken, dass sie aus dem Sichtfeld der Besucher verschwinden. Nicht erlaubt sind Gartenpavillons mit Fenstern o. ä. Sonnensegel aus Tuch in gedeckten Farben sind erlaubt. Plastik, Sicherungen der Abspannungen und Metallstangen o. ä. sind zu verdecken. Um auf dem Mittelaltermarkt ... eine attraktive mittelalterliche Atmosphäre zu erzeugen darf kein elektrisches Licht verwendet werden, sondern ausschließlich dem Mittelalter entsprechende Beleuchtungsmittel ... Jeder Marktteilnehmer hat zur Brandbekämpfung mindestens einen 6 kg Pulverlöscher oder einen Wasserlöscher ... bereit zu halten.

Zit. nach http://www.medieval-agentur.de/Marktinfo/Marktordnung_03_2012.pdf (Stand: 8. 8. 2016). Bearb. v. Verf.

Der Universitätsprofessor Sven Kommer über den kommerziellen[1] Aspekt von Mittelaltermärkten (2011):

Alle Zugangsmöglichkeiten jenseits des Haupteinganges sind ... verschlossen – der Zutritt kostet schließlich Geld ... Auf dem Markt gilt eine eigene Währung mit eigenen Münzen, beim Zahlen des Eintritts findet ein „Zwangsumtausch" statt, indem Wechselgeld in der „Marktwährung" herausgegeben wird (es darf hinterher aber auch zurückgetauscht werden). Letztendlich kann an Ständen und Ausschank aber auch ... in neuzeitlicher Währung gezahlt werden ... Auf dem Gelände [finden sich] sehr viele Verpflegungs- und Getränkestände. Nicht immer unterstützt ihr Ambiente[2] die Simulation einer Zeitreise ... Nahezu alle Stände sind ... reine Verkaufsstände. Vorführungen und Erläuterungen von älteren Handwerkstechniken sind so gut wie nicht zu beobachten. Damit fehlt auch der pädagogische Impetus[3] von Marktbeschickern[4], dem Publikum Wissen ... über das Mittelalter zu vermitteln.

Zit. nach Thomas Martin Buch und Nicola Brauch (Hg.), Das Mittelalter zwischen Vorstellung und Wirklichkeit: Probleme, Perspektiven und Anstöße für die Unterrichtspraxis, Münster (Waxmann) 2011, S. 189. Bearb. v. Verf.

[1] *auf finanziellen Gewinn abzielend*
[2] *Aussehen*
[3] *Wille*
[4] *Markthändler/Darsteller auf dem Markt*

1 Fasse zusammen, wo dir im Alltag das Mittelalter heute noch begegnet (Darstellungstext).

2 **Recherche:** Finde mithilfe des Internets heraus:
a) worauf der Brauch des Zuprostens zurückgeht
b) was die Sprichwörter „Immer der Nase nach" und „blaumachen" bedeuten.
c) Suche nach weiteren Sprichwörtern und Bräuchen und stelle deren Bedeutung vor.

3 **Partnerarbeit:** Diskutiert, wie realitätsnah ein Mittelaltermarkt ist (Darstellungstext, M1, M2).

4 **Wähle eine Aufgabe aus:**
a) Bewerte, ob Veranstalter und Darsteller von Mittelaltermärkten die Vergangenheit möglichst realitätsnah inszenieren wollen, oder ob sie eher nach finanziellem Gewinn streben (M2 und M3).
b) Fasse M3 in eigenen Worten zusammen.

Webcode: FG656646-125
Mittelalterliche Sprichwörter

Die Hanse – mehr als ein Bund von Kaufleuten?

Noch heute sind Städte stolz darauf, dass sie zu den Hansestädten gehören. Sie zeigen dies auf ihrem Stadtschild (Freie und Hansestadt Hamburg) oder in ihrem Autokennzeichen (HH, HB, HL, HR). Die „Hanse" war ein mächtiger Städtebund*, der im Mittelalter gegründet wurde. Entscheide dich für A oder B und untersuche:

- ***Wie funktionierte die Hanse und was waren ihre Ziele?***

Alltag der Fernhändler

Fernhändler versorgten die Bevölkerung mit Waren und Luxusgütern, die sie auf festen Handelsrouten aus aller Welt nach Europa brachten. Das Leben der Fernhändler bestand aus Reisen. Das war im Mittelalter mühsam, teuer und oft gefährlich, denn Transporte wurden oft überfallen. Die Wege waren nicht befestigt, sodass die Wagen oft umkippten oder bei schlechtem Wetter steckenblieben. Deshalb reisten die Fernhändler, wenn es möglich war, auf Flüssen. Aber auch hier, wie auf den Landstraßen, mussten sie für die Benutzung Zoll bezahlen. Während der oft monatelangen Abwesenheit führten die Frauen das Geschäft zu Hause selbstständig weiter. Wie die Handwerker schlossen sich auch die Kaufleute zusammen: In Gilden vertraten sie ihre Interessen. Die Mitglieder einer Gilde unterstützten sich gegenseitig in Notsituationen.

Gründung der Hanse

Mit der Ausweitung des Handels in Europa seit dem 12. Jahrhundert gewannen für viele Fernhändler die Gilden immer mehr an Bedeutung. Sie wurden zu Fahrtgenossenschaften, in denen die Kaufleute neben ihrer Sicherheit auf Reisen auch ihre Handels- und Gewinnmöglichkeiten verbessern konnten. Aus einer solchen Fahrtgenossenschaft norddeutscher und nordwestdeutscher Kaufleute bildete sich 1358 die Deutsche Hanse*. Dort schlossen sich nicht mehr die Kaufleute selbst zusammen, sondern die Städte, aus denen sie stammten. Zeitweise gehörten 160 Städte zu diesem Städtebund, der von der Hansestadt Lübeck aus geleitet wurde. In Sachsen-Anhalt waren die Städte Magdeburg, Halle, Gardelegen, Osterburg, Salzwedel, Seehausen, Stendal, Werben und Halberstadt Mitglied in der Hanse.

Aufgabe für alle:

Diskutiert, warum eine mittelalterliche Stadt Interesse daran haben konnte, Mitglied der Hanse zu werden.

1469 schrieb die Hanse an den englischen Kronrat:

Die Hansa Theutonica [deutsche Hanse] ist ... ein festes Bündnis von vielen Städten, Orten und Gemeinschaften zu dem Zwecke, dass die Handelsunternehmungen zu Wasser und zu Land den erwünschten und günstigen Erfolg haben und dass ein wirksamer Schutz gegen Seeräuber und Wegelagerer geleistet werde, damit nicht durch deren Nachstellungen die Kaufleute ihrer Güter und ihrer Werte beraubt würden.

Zit. nach Philippe Dollinger, Die Hanse, 5. Aufl., Stuttgart (Kröner) 1998, S. 549.

Das Lübecker Stadtsiegel von 1256. Vorn im Schiff steht der binnenländische Kaufmann, der für Fertigwaren aus dem Westen und aus den Niederlanden sorgte, hinten befindet sich der seefahrende Kaufmann, der Rohstoffe aus dem Norden lieferte und die skandinavischen Absatzmärkte erschloss. Die Umschrift lautet: Sigillum burgensium de Lubeke. Durchmesser: 9,5 Zentimeter.

1 Beschreibe die Probleme der Fernhändler (Darstellungstext).
2 Erarbeite, warum die Hanse gegründet wurde und welche Ziele sie hatte (M1).
3 Erkläre: Welchen Zusammenhang haben die Umschrift und das Bild des Siegels mit dem Begriff der Hanse (M2)?

M 3 *Handelswege und Waren in Europa um 1400*

1 Beschreibe mithilfe des Darstellungstextes die Probleme der Fernhändler.
2 Vergleiche den Handel mittels Fuhrwerk und Hansekogge (M4).
3 Ein Händler möchte Wolle von Toledo nach Königsberg transportieren. Entwickle einen Vorschlag für eine günstige und schnelle Handelsroute. Berechne, wie lange er jeweils auf dem Land- und Seeweg brauchen würde (M3, M4)?

Hanse

Die Deutsche Hanse war ein Städtebund. Sie vertrat die Interessen der städtischen Fernhandelskaufleute. An zentralen Handelsplätzen Nordeuropas wurden Hansekontore (Stadtviertel mit Lagerräumen und Hafenanlagen) errichtet. Die Hansevertreter verhandelten über Fahrttermine und Ladegüter der großen Handelsschiffe („Koggen") oder sie sprachen mit ausländischen Herrschern über Zollvergünstigungen. 1669 wurde die Hanse aufgelöst.

Die Kogge, das Handels- und Kriegsschiff der Hanse im 14./15. Jahrhundert, Modellnachbau, 20. Jh. Frachtraum: 200t, Geschwindigkeit: ca. 9km/h, 20 Seeleute. Zum Vergleich: Ein Fuhrwerk trug ca. 2t Last, hatte eine Geschwindigkeit von ca. 2km/h und benötigte einen Fuhrmann und Bewachung.

Webcode: FG656646-127
Film: Die Hanse

Der Kampf der Zünfte um die Stadtherrschaft: Ein Rollenspiel

Im Hochmittelalter kam es zu Kämpfen um die Stadtherrschaft zwischen Bürgern und ihren adligen oder geistlichen Stadtherren. In Köln beispielsweise vertrieben die Bürger 1074 Erzbischof Anno aus der Stadt. Auch in vielen anderen Städten nahmen die Auseinandersetzungen um die Stadtherrschaft zu. Viele Zünfte wollten nun direkt an der Stadtregierung beteiligt werden. Das führte im 14. Jahrhundert zu schweren Auseinandersetzungen zwischen Handwerkern und Patriziern. Diesen historischen Konflikt könnt ihr in einem Rollenspiel nachvollziehen.

Ausgangslage und Zielsetzung klären
Stellt euch vor, ihr lebt im 14. Jahrhundert in der Stadt Ulm. Als freie Reichsstadt untersteht diese Stadt seit 1274 allein dem Kaiser. Regiert wird Ulm von einem Stadtrat, der jährlich den Bürgermeister wählt. Die Mitglieder des Rats sind ausschließlich Patrizier.
Vor allem wegen der Textilherstellung und des Handels ist die Stadt reich geworden. Die Mehrheit der Bürger sind Handwerker, die in Zünften organisiert sind. Auch die Kaufleute haben sich in einer Zunft zusammengeschlossen. Eine der größten Handwerkszünfte ist die Weberzunft. Die Handwerker sind von Wahl und Mitbestimmung ausgeschlossen, obwohl sie maßgeblich zum Aufblühen der Stadt beigetragen haben. Um die Beteiligung an der Ulmer Stadtregierung wird erbittert gestritten, es gibt Tote und Verletzte.
In dieser kritischen Situation kommt es zu einer Zusammenkunft von Patriziern, Zunftmeistern, Kaufleuten und Chronisten. Gesucht wird ein Kompromiss, um die Ruhe und Ordnung in der Stadt Ulm wieder herzustellen.

Die Chronisten

Einige Schülerinnen und Schüler beobachten als Chronisten die Durchführung des gesamten Rollenspiels. Am Ende bewerten sie das Spiel und begründen ihre Meinung. Dabei achten sie besonders auf die folgenden Punkte:
- Wurden die Rollen „echt“ gespielt?
- Was war gut, was könnte verbessert werden?

Die Patrizier

Die Patrizier wissen, dass sie die Zünfte nicht mehr gänzlich von der Macht ausschließen können. Trotzdem wollen sie deren Einfluss so gering wie möglich halten. Der Posten des Bürgermeisters ist ihnen besonders wichtig.

Die Zunftmeister der Handwerker

Sie werden angeführt vom Zunftmeister der Weber. Die Zunftmeister wissen nicht genau, wie viel Macht sie den Patriziern abringen können, und überlegen sich drei mögliche Ziele, unter anderem die Einrichtung eines „erweiterten Rates“.

Die Vertreter der Kaufleute

Angeführt von einem Fernhandelskaufmann streben die Kaufleute ebenfalls nach Mitsprache. Sie fürchten um die Selbstständigkeit gegenüber dem Kaiser und damit auch um die wirtschaftliche Unabhängigkeit der Stadt.

1 **Rollenspiel:** Gestaltet ein Rollenspiel mithilfe der Anleitung auf S. 163. Nehmt die Rollenkarten M1 zu Hilfe.
2 Diskutiert nach dem Rollenspiel die folgenden Fragen:
- Passen die Argumente und die Lösung des Problems in die Situation der damaligen Zeit?
- Ist der gefundene Kompromiss geeignet, um Ruhe und Ordnung in der Stadt Ulm wieder herzustellen?

M2

Der Oberbürgermeister von Ulm, Ivo Gönner, hebt am 21. 7. 2014 auf dem Balkon des Ulmer „Schwörhauses" seine Hand zum Schwur. Am Stadtfeiertag, dem Schwörmontag, legt der Oberbürgermeister jährlich öffentlich Rechenschaft vor der Bürgerschaft ab und erneuert seinen Amtseid.

M3

Aus dem Großen Ulmer Schwörbrief (1397):

Vor längst vergangenen Zeiten und Jahren haben unsere Vorfahren ... hier in Ulm eine Zunftverfassung bestimmt und festgesetzt, und zwar solchermaßen, dass sie hier in Ulm 17 Zunftmeister und Zünfte eingesetzt haben, in denen alle Handwerke hier in Ulm vertreten waren ...

Jeder Ulmer Bürger, ob von den Patriziern oder von den Zünften, soll all seinen Besitz ... samt und sonders versteuern, ... wie dies der Große[1] und der Kleine Rat zu Ulm einstimmig oder mehrheitlich festsetzen.

Es sollen auch ausdrücklich von den Patriziern stets 14 geschworene Ratsherren in den Kleinen Rat zu Ulm entsandt werden ... Von den Zünften und Handwerkern sollen 17 geschworene Zunftmeister entsandt werden. Also sollen insgesamt 32 Mann (inklusive Bürgermeister) im Kleinen Rat sein ...

Und so sollen auch der Bürgermeister[2] und Großer wie Kleiner Rat hier in Ulm ... über eine jegliche Angelegenheit so beratschlagen und urteilen, dass niemand bevorzugt oder benachteiligt wird ... Was auf diese Weise der Bürgermeister sowie die Mitglieder des Großen und Kleinen Rates einstimmig oder mehrheitlich erklären und beschließen, ... das soll vorbehaltlos geschehen und es soll endgültig dabei bleiben ... Wir haben auch ausdrücklich festgesetzt, dass kein Ulmer Bürger, er sei Patrizier oder Zunftmitglied, weder zum Bürgermeister noch zum Zunftmeister noch zum ... Ratsmitglied gewählt werden darf, der nicht seit mindestens fünf Jahren das Ulmer Bürgerrecht besitzt.

Zit. nach Ulm in der Reichsstadtzeit, hg. v. Stadtarchiv Ulm, Arbeitskreis Schule und Archiv, S. 4f. Bearb. v. Hans Eugen Specker, 1998.

[1] *Der Große Rat bestand aus 30 Zunftvertretern und 10 Patriziern. Er trat zusammen, um Beschlüsse über Krieg und Frieden oder über sehr große Ausgaben zu fassen.*

[2] *Ein Bürgermeister musste Patrizier sein und wurde von den Zunftvertretern im Kleinen und Großen Rat für ein Jahr gewählt. Er leitete die Verwaltung und die Rechtsprechung in der Stadt.*

M4

Auszug aus der Schwörrede des Ulmer Oberbürgermeisters Ivo Gönner am Schwörmontag (21. Juli 2014):

Bürgerinnen und Bürger,

... in guter Tradition feiern wir unser Ulmer Verfassungsfest. Wir erinnern an die Ereignisse im Jahre 1397, als nach langen und heftigen Auseinandersetzungen, die Zünfte und die Patrizier den Ulmer Schwörbrief verfasst haben ...

Vom Münsterturm klingt nun die Schwörglocke. Sie mahnt uns, aktive Bürgerinnen und Bürger zu bleiben und sich für die Gemeinschaft ... zu engagieren. Der Gemeinschaft zu dienen, das ist Gebot und Botschaft des Schwörbriefes ... und so will ich mit all diesen Gedanken den Schwur aus dem Jahre 1397 auch in diesem Jahr erneuern: Reichen und Armen ein gemeiner Mann zu sein in den gleichen, gemeinsamen und redlichen Dingen ohne allen Vorbehalt.

Zit. nach http://www.ulm.de/politik_verwaltung/rathaus/schwoerrede_2014.132823.3076,3571,3744,3521, 4105,135016.htm (Stand: 27. 4. 2016).

3 **Partnerarbeit:** Arbeitet aus M3 heraus, welche Regelungen die Bürger Ulms im Großen Schwörbrief vereinbart haben.
Tipp: Achtet z. B. auf die Angaben über die Zünfte, über Steuerzahlungen, über die Zusammensetzung des Kleinen und des Großen Rates und über die Wahl des Bürgermeisters.

4 Beurteile den in M3 gefundenen Kompromiss zwischen Patriziern und Zünften.

5 Vergleicht die Regelungen des Großen Ulmer Schwörbriefs (M3) mit dem von euch im Rollenspiel gefundenen Kompromiss.

6 Betrachte M2 und lies M4: Wie erklärst du dir die Tradition Ulms, dass der Oberbürgermeister jedes Jahr den Schwur von 1397 erneuert?
Tipp: Ist dieser gerecht? Hat sich etwas verbessert?

Wie entstand die städtische Selbstverwaltung?

Heute besitzen Städte das Recht, über Angelegenheiten, die die Stadt betreffen, selbst zu entscheiden, z. B. über Finanzen oder Schul- und Krankenhausbau. Die städtische Selbstverwaltung in Europa entstand im späten Mittelalter.

- ***Auf dieser Seite kannst du diesen Begriff näher untersuchen.***

M 1

Vertreter der Zünfte betreten die Ratsstube, Buchillustration aus Augsburg, 15./16. Jh. Die Patrizier sitzen auf den Bänken an der Wand. In der Mitte der Ratsstube liegt neben Siegel und Schlüsselbund das „Statutenbuch" der Stadt, in dem alle Anordnungen und Vorgänge der Stadtverwaltung festgehalten wurden.

Rat und Bürgermeister regieren die Stadt

Als die Patrizier und viele Handwerker im Laufe des 11. und 12. Jahrhunderts zu großem Reichtum gelangten, stellten sie die Alleinherrschaft des Stadtherrn immer häufiger infrage. Nach zahlreichen Auseinandersetzungen gelang es in fast allen Städten des Reichs, einen Rat als Stadtregierung einzusetzen. In den Rat konnte nur gewählt werden, wer das Bürgerrecht besaß. Frauen waren ausgeschlossen, auch wenn sie über ihren Mann über das Bürgerrecht verfügten oder es selbst erworben hatten. Während zunächst nur Patrizier Ratsherren werden konnten, erkämpften sich im Laufe des 13. und 14. Jahrhunderts die Zünfte die Beteiligung an der Stadtregierung, z. B. 1293 in Magdeburg, 1397 in Ulm. Zu den Aufgaben der Ratsherren und des Bürgermeisters gehörten:

- die Einstellung der städtischen Bediensteten, z. B. Stadtschreiber, Torwächter oder Türmer
- die Aufnahme neuer Bürger in die Gemeinde
- die Instandhaltung und Verteidigung der Stadtmauer
- die Überwachung der Marktordnung
- die Kontrolle der Zölle und des Münzwesens

Verwaltung durch den Stadtherrn (bis ca. 11. Jahrhundert)

Burggraf oder Vogt und weitere Beamte
werden durch den Stadtherrn eingesetzt
verwalten die Stadt im Namen des Stadtherrn

Selbstverwaltung nach Auseinandersetzungen mit dem Stadtherrn (ca. 12. Jahrhundert)

Bürgermeister
Ratsherren wählen den Bürgermeister
Patrizier bestimmen Ratsherren aus ihren Reihen

Selbstverwaltung nach den Zunftkämpfen (ca. 14. Jahrhundert)

Bürgermeister
Ratsherren wählen den Bürgermeister
Patrizier und Zunftmitglieder bestimmen Ratsherren aus ihren Reihen

alle Stadtbewohner
Stadtbewohner ohne Wahlrecht und Wählbarkeit

Die Entstehung der städtischen Selbstverwaltung. Da alle Ämter ehrenamtlich (d. h. ohne Bezahlung) ausgeübt wurden, mussten die Amtsinhaber vermögend sein.

1 Verfasse mithilfe der Materialien dieser Seite einen Lexikonbegriff „städtische Selbstverwaltung".

2 Erkläre, an welcher Stelle des Schaubilds M2 die Informationen aus dem Darstellungstext am besten passen würden. Zeichne das ergänzte Schaubild auf.

Zusatzaufgabe: siehe S. 151.

Zusammenfassung

1000 | 1100 | 1200 | 1300 | 1400 | 1500

11.–14. Jh. Anstieg der Bevölkerung

ab 1090 Schutzprivilegien des Königs für die jüdischen Einwohner einer Stadt

ab 1100 Stadtgründungen in Europa in großer Zahl; Höhepunkt um 1250

ab 1100 Handwerker schließen sich in Zünften zusammen

12. Jh. Konflikte der Städte mit den Stadtherren: Die Regierung geht auf den Rat und den Bürgermeister über.

14. Jh. Zunftkämpfe; Zunftverfassungen regeln die Beteiligung von Handwerkern am Rat

Leben in der mittelalterlichen Stadt

Aus Siedlungen werden Städte

Zu den wichtigsten Merkmalen einer mittelalterlichen Stadt gehörten die Stadtmauer und -tore, das Rathaus, der Marktplatz mit der Rolandsstatue, der Kirchturm und die zahlreichen dicht gedrängten Häuser.

Es waren vor allem wirtschaftliche Gründe, die zu den Stadtgründungen führten. Könige, Herzöge und Bischöfe benötigten Einnahmen für ihren oft prachtvollen Lebensstil. Sie gewährten gegen Bezahlung das Marktrecht, ließen Zölle einnehmen und vergaben gegen hohe Gebühren das Recht, Münzen prägen zu dürfen. So wurden bestimmte Orte mit ihren Märkten zu Zentren des Handels und der Produktion. Viele Landbewohner zogen in die Städte, da sie sich dort ein besseres Leben und persönliche Freiheit versprachen.

Die Stadtgesellschaft

In aller Regel waren Bewohner einer Stadt persönlich frei. Wer als Höriger seinem Grundherrn entlaufen war und „binnen Jahr und Tag“ nicht zurückgefordert wurde, erlangte die persönliche Freiheit. Innerhalb der Städte gab es große soziale und wirtschaftliche Unterschiede. Bürger oder Bürgerin einer Stadt konnte nur werden, wer über Grundbesitz und Vermögen verfügte oder ein selbstständiges Handwerk oder ein Geschäft betrieb. Rund zwei Drittel der Einwohner besaß kein Bürgerrecht. Die städtische Oberschicht bildeten die Patrizier mit ihren Familien. Sie kontrollierten Wirtschaft und Politik der Stadt.

Die Handwerker bildeten die größte Gruppe der Einwohnerschaft. Je nach Beruf gab es sehr gut verdienende Handwerker wie z.B. Goldschmiede. Weber gehörten zu den armen Handwerkern. Bettler und Kranke warteten vor Kirchen und Klöstern auf Almosen. Die Spende für Bedürftige war im gesamten Mittelalter eine Selbstverständlichkeit.

Frauen waren in der Stadt rechtlich frei, sie besaßen aber keine politischen Rechte. Daher durften sie auch keine Ämter im Stadtrat, dem Gericht oder der Verwaltung ausüben. Im Privatleben war die Rollenverteilung zwischen Mann und Frau klar geregelt.

Jüdische Stadtbewohner konnten kein Bürgerrecht erwerben. Sie galten rechtlich als „Fremde“, obwohl sie vielfach in die städtische Gesellschaft eingebunden waren und dem Schutz des Kaisers unterstanden. Gegen jüdische Stadtbewohner kam es mehrfach zu Verfolgungen, vor allem in Zeiten des Ausbruchs von Epidemien und in der Epoche der Kreuzzüge.

Die wirtschaftliche Bedeutung der Städte

In den Städten bildete sich eine arbeitsteilige Gesellschaft heraus. Durch den wachsenden Handel ging man immer schneller von der Tauschwirtschaft zur Bezahlung in Geld über. Die meisten Handwerkszweige waren in Zünften organisiert. Zünfte erließen Vorschriften, wie die Produkte auszusehen hatten, und regelten die Tätigkeit der Handwerker. Auch der Fernhandel nahm zu und Messe- und Handelszentren entstanden. In Nord- und Mitteleuropa erreichten die Hansestädte eine besondere Bedeutung, der Städtebund der Hanse wurde eine wirtschaftliche und politische Macht.

Der Beginn der städtischen Selbstverwaltung

Seit dem 12. Jahrhundert entstand in Mitteleuropa die städtische Selbstverwaltung. Viele Städte lösten sich von der Herrschaft der adligen Stadtherren und setzen einen Rat ein, der die Verwaltung übernahm und den Bürgermeister wählte. Ab dem 14. Jahrhundert erhielten auch die Handwerker Zugang zum Rat und wurden an der Macht und Verwaltung beteiligt.

In diesem Kapitel konntest du folgende Kompetenzen erwerben:

- die Anziehungskraft städtischen Lebens für Landbewohner erklären und darstellen
- mithilfe von Quellen das mittelalterliche Stadtleben charakterisieren
- mithilfe von Quellen die rechtliche Stellung unterschiedlicher Stadtbewohner herausarbeiten
- den kommerziellen Aspekt von nachgestellter mittelalterlicher Geschichte untersuchen und bewerten
- **Methode:** Einen Stadtgrundriss auswerten

Folgende Begriffe hast du kennengelernt:

- Stadtgründungen: Ursachen und Standorte
- sichtbare Merkmale der Stadt
- Stadtrechte
- städtische Wirtschaft
- Zünfte
- Kirchen in der Stadt
- die Bewohner der Stadt
- Juden, Arme und Kranke in der Stadt
- Frauen in der mittelalterlichen Stadt
- die Hanse
- „Stadtluft macht frei“
- mittelalterliche Kultur in unserem Leben

1 **Partnerarbeit:** Wählt jeweils drei Begriffe aus und erklärt sie eurem Partner.
2 Beschreibe die Rolle von Frauen in der mittelalterlichen Stadt.

Volkszählung in Nürnberg (1449/1450)

1449/1450 wurde in Nürnberg eine Volkszählung durchgeführt. Kinder wurden ab dem zwölften Lebensjahr als Erwachsene gezählt. Danach wurden als Einwohner registriert:

1. Bürgerliche Personen (3753 Bürger, 4383 Bürgerinnen, 6173 Kinder, 3274 Knechte und Mägde	**17583**
2. Juden	**150**
3. Geistliche	**446**
4. sonstige Nichtbürger	**1986**
5. Bäuerliche Personen (Bäuerinnen und Bauer, Mägde und Knechte, Kinder)	**10032**
Anwesende Personen (1.–5.)	**30197**
Einwohner (1.–4.)	**20165**

Zusammengestellt nach Quellen zur Wirtschafts- und Sozialgeschichte mittel- und oberdeutscher Städte im Spätmittelalter, hg. von Gisela Möncke, Darmstadt 1982.

Ausschnitt aus einem Wandgemälde in der norditalienischen Stadt Siena, 14. Jh.

Die Anziehungskraft mittelalterlicher Städte:

- Viele Landbewohner waren von ihrem Grundherrn abhängig. Als Hörige bezeichnete man die Landbewohner, die ein besonders gutes Verhältnis zu ihrem Grundherrn hatten.
- Die Stadt hatte für viele Menschen aus dem Umland eine besondere Anziehungskraft, weil sie das Privileg des Zollrechtes besaß.
- Für die Dorf- bzw. Landbewohner war die Stadt ein besonderer Ort, an dem sie ihre Waren gegen andere Waren eintauschen konnten.
- Die Dorfbewohner hatten wenig Interesse an den Waren aus verschiedenen Ländern, die von den vielen Kaufleuten und Händlern in die Stadt gebracht wurden.
- Viele der Landbewohner erhofften sich ein reicheres Leben in der Stadt.
- Schaffte es der Leibeigene eines Grundherrn zwei Jahre in der Stadt zu leben, war er nicht mehr vom Grundherrn abhängig, bekam sofort das Bürgerrecht und konnte alle Berufe ausüben.

Interview mit Melanie Schmitt, einer Darstellerin bei Mittelaltermärkten (2016):

1. Was fasziniert an Mittelaltermärkten?

Anfangs war es die Faszination und das Interesse am Unbekannten. Auf Märkten haben wir das Leben möglichst authentisch dargestellt, und das war etwas komplett anderes, verglichen zum normalen Alltag. Auch der Zusammenhalt in der Gruppe spielte eine Rolle.

2. Wie teuer ist dieses Hobby?

Pro Jahr gebe ich für mein Hobby ungefähr 160 Euro aus. Die Kleidung wird zum Teil selbst genäht, Zelte werden vom Mittelalterverein gestellt. Dazu kommt meistens die Eintrittsgebühr für den Markt, die je nach Veranstalter zwischen 10 und 35 Euro liegen kann.

3. Spielt die Authentizität eine große Rolle?

Bei der Farbe der Kleidung wird zum Teil eine Ausnahme gemacht. Es ist auch die Farbe Schwarz erlaubt – die Kleidung war im Mittelalter meistens braun. Aber ansonsten (z. B. bei der Arbeitsteilung zwischen Mann und Frau) ist unser Verein sehr genau. Die wichtigste Regel ist, dass sämtliche elektronischen Geräte nicht sichtbar sind. Für den normalen Marktbesucher soll alles möglichst authentisch wirken. Schließlich zahlen auch die Besucher Eintritt.

Interview mit Melanie Schmitt vom 8. 8. 2016.

Methoden- und Interpretationskompetenz

1 Beschreibe anhand von M1 die Zusammensetzung der Nürnberger Stadtbevölkerung und gehe dabei auf unterschiedliche Rechte der Gruppen ein.
Tipp: Nimm S. 114/115 zu Hilfe.

2 Beschreibe, wie der Künstler in M2 den Unterschied zwischen ländlichem und städtischem Leben im Mittelalter darstellte. Was unterschied die Stadt vom Land?

Geschichte darstellen (narrative Kompetenz)

3 a) In M3 befindet sich in jedem Satz mindestens ein Fehler. Schreibe die Sätze korrekt in dein Heft.
b) Schreibe eine kurze Darstellung zu dem Thema „Die Anziehungskraft der Stadt für die Bewohner des Dorfes“. Verwende dazu deine korrigierten Sätze aus der Aufgabe zuvor.

Geschichte heute (geschichtskulturelle Kompetenz)

4 Stelle Vermutungen an, warum Darsteller und Besucher an Mittelaltermärkten teilnehmen und sogar Geld dafür bezahlen (M4).
Tipp: Darsteller dürfen Verkaufsstände eröffnen und eigene Waren zum Verkauf anbieten.

5 Partnerarbeit: Diskutiert, was für und was gegen die Durchführung von Mittelaltermärkten spricht.
Tipp: Nimm M4 zu Hilfe.

Webcode: FG656646-133
Selbsteinschätzungsbogen

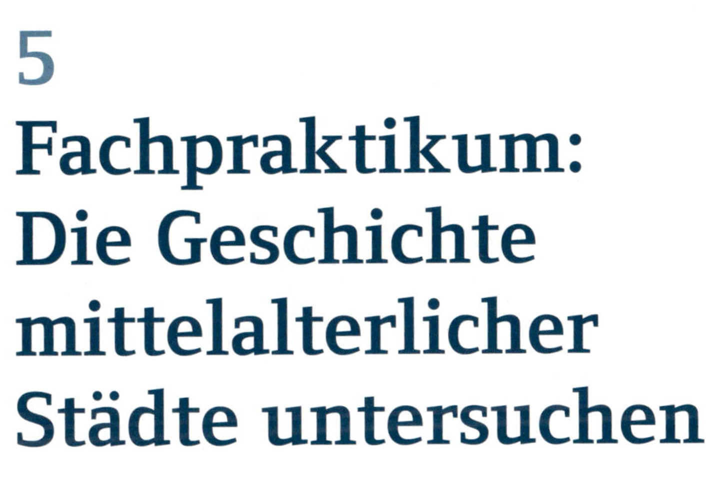

5 Fachpraktikum: Die Geschichte mittelalterlicher Städte untersuchen

Die meisten Städte Sachsen-Anhalts wurden im Mittelalter gegründet. Jede Stadt hat ihre eigene Geschichte, die bis heute im Stadtbild ihre Spuren hinterlassen hat.

In diesem Fachpraktikum wirst du Beispiele aus der mittelalterlichen Stadtgeschichte Sachsen-Anhalts untersuchen. Du kannst das Fachpraktikum auf drei Wegen bearbeiten:

- **In Gruppenarbeit:** Bildet Dreiergruppen und bearbeitet ein Thema aus dem Fachpraktikum.
- **Als Einzelarbeit:** Jeder bearbeitet alle Themen aus dem Fachpraktikum.
- **Freies Arbeiten:** Untersuche die mittelalterliche Geschichte einer Stadt deiner Wahl.

Schloss und Schlosskirche in Quedlinburg, Foto, 2012

Das Altstädter Rathaus von Salzwedel: Eine Quelle der Stadtgeschichte?

In fast jeder Stadt gibt es Gebäude, die uns etwas über die Stadtgeschichte verraten. In Salzwedel zählen dazu die Reste der mittelalterlichen Stadtbefestigung oder das heutige Amtsgericht. Im Mittelalter war es das „Altstädter Rathaus“.

- ***Untersuche am Beispiel des Altstädter Rathauses, welche Erkenntnisse du von dem Gebäude über die mittelalterliche Stadtgeschichte Salzwedels gewinnen kannst.***

Die Bedeutung Salzwedels im Mittelalter

Bereits im 8. Jahrhundert gab es im heutigen Salzwedel eine Handelsstraße, auf der Salz aus Lüneburg nach Osten transportiert wurde. Um den Transport abzusichern, wurde vermutlich im 9. Jahrhundert am Fluss Jeetze an einer Furt* die Burg Salzwedel errichtet. Dort ließen sich Händler und Kaufleute nieder. Archäologische Funde deuten aber darauf hin, dass dort auch schon früher Menschen siedelten.

Salzwedel lag im Mittelalter in der Mark Brandenburg unter der Herrschaft des Markgrafen und später des Kurfürsten von Brandenburg. Daran erinnert heute noch ein Wappen am Altstädter Rathaus. Aufgrund der Lage an wichtigen Handelswegen entstand eine bedeutende Handels- und Kaufmannsstadt. Der wichtigste Handelsbereich der Stadt war der Tuchhandel. Salzwedeler Kaufleute handelten aber auch andere Waren wie Honig, Wachs oder Bier. Im Jahr 1263 wurde die Stadt Mitglied der Hanse. Die Überreste der mittelalterlichen Stadt belegen, dass die Stadt durch den Handel über Wohlstand verfügte und wirtschaftlich aufblühte.

Bereits 1247 entstand neben der Altstadt eine Neustadt als planmäßige Neugründung. Erst 1713 kam es zur Vereinigung von Alt- und Neustadt.

Die Gewandschneidergilde und das Rathaus

Als Salzwedel 1233 das erste Mal in einer Urkunde als Stadt erwähnt wurde, übertrugen die regierenden Markgrafenbrüder Johann und Otto von Brandenburg ein Privileg an die Gewandschneidergilde (Vereinigung der Tuchhändler). Laut dem Privileg durften nur im Kaufhaus der Gilde durch deren Mitglieder Tücher in der Stadt hergestellt werden. Im Spätmittelalter (1509) wurde das Altstädter Rathaus über dem Kaufhaus der Gewandschneider errichtet. Dort stand seit 1330 ein Rathaus, welches aber abgerissen wurde. Dieses Rathaus war vermutlich mit dem Kaufhaus der Gewandschneider verbunden. Es ist anzunehmen, dass die Gilde im Stadtrat eine wichtige Rolle spielte.

M 1

Das Altstädter Rathaus, Foto, 2014. Das Rathaus wurde im Jahr 1600 bei einem Brand stark beschädigt. Heute befindet sich dort das Amtsgericht.

Das Wappen des Kurfürsten und Markgrafen von Brandenburg am Altstädter Rathaus, Foto, 2005

Figur des heiligen Christophorus am Altstädter Rathaus, Foto, 2005

Madonna mit Strahlenkranz am Altstädter Rathaus, Foto, 2005

Informationen zum Altstädter Rathaus

Lage:

- Das Rathaus lag im Mittelalter an der Kreuzung von zwei Fernhandelsstraßen und somit an einem wichtigen Ort in der Stadt.
- Durch den Ort zog sich ein Straßenmarkt, daher gibt es heute in Salzwedel keinen typischen Marktplatz wie in anderen Städten.

Beschreibung des Gebäudes:

- Höhe und Breite: ca. 41 m x 23 m
- Firsthöhe: ca. 17 m, Turmhöhe: ca. 36 m
- aus rotem Backstein gebaut („Backsteingotik“)
- besteht aus zwei Stockwerken
- Giebel und Dachfenster sind weiß und rot verziert.
- Am Giebel befinden sich buntbemalte Figuren und ein Wappen.

Giebelfiguren und Wappen:

- Das Wappen (M2) ist das des Markgrafen und Kurfürsten von Brandenburg; es besteht aus vier Feldern: Adler, schwarze Rauten, schwarzes Tier im Sprung, Vogel, Schlüssel.
- Bedeutung des heiligen Christophorus (M3): Schutzheiliger der Furten und der Reisenden; er trägt Jesus sicher über den Fluss; Salzwedel wurde vermutlich an einer Furt gegründet.
- Bedeutung der Madonna (M4): dargestellt ist Maria, die das Christuskind auf dem Arm trägt. Die Verehrung der Maria (Mutter von Jesus) war typisch für die gotische Baukunst.

Zusammengestellt vom Verfasser

1 Untersuche, warum Salzwedel vermutlich an diesem Ort entstand (Darstellungstext).

2 Erläutere die Bedeutung Salzwedels im Mittelalter (Darstellungstext).

3 **a)** Gestalte einen Beitrag für einen Stadtführer, der Touristen über die Geschichte des Altstädter Rathauses und über die Bedeutung Salzwedels im Mittelalter informiert (Darstellungstext, M1–M5).
Tipp: Gib auch an, ob sich deine Aussagen belegen lassen oder nicht. Nimm die Begriffe von S. 161 zu Hilfe.

b) Recherche: Suche nach weiteren Informationen zu offenen Fragen (z. B. im Internet, Lexikon, Sachbuch). Kläre dabei z. B.:

- Seit wann wird das Rathaus als Amtsgericht genutzt?
- Was bedeuten die Tiere auf dem Wappen (M2)?
- Was war die Mark Brandenburg?
- Wer waren die Markgrafen?

c) Überarbeitet euren Beitrag und fügt eure Erkenntnisse aus der Recherche ein.

4 Begründe, ob man anhand von Gebäuden Teile einer Stadtgeschichte rekonstruieren kann.
Tipp: Was würde euch helfen, um noch mehr über das Gebäude und seine Geschichte zu erfahren?

Das Magdeburger Recht

Im Mittelalter wurde eine Stadt gegründet, indem der Stadtherr einer Siedlung das Stadtrecht verlieh. Dabei übertrugen die Stadtherren oft das Stadtrecht einer älteren, angesehenen Stadt auf die neu gegründete. Eines dieser Stadtrechte war das Magdeburger Recht, das sich bis nach Osteuropa ausbreitete.

- ***Was war das Besondere am Magdeburger Recht und wie wird heute daran erinnert?***

M 1

Denkmal für das Magdeburger Recht in Kiew, erbaut 1802 bis 1808, Foto, 2008. Die Stadt bekam zwischen 1492 und 1497 das Magdeburger Recht verliehen. Das Denkmal besteht aus einer 18 Meter hohen Säule, die durch eine goldene Kugel mit Kreuz gekrönt ist.

Das Magdeburger Recht als Stadtrecht

Vermutlich um 1130 entstand das Magdeburger Recht, das 1188 durch den Magdeburger Erzbischof reformiert (überarbeitet) wurde. Diese Reform ist gleichzeitig der älteste überlieferte direkte Beleg für das Magdeburger Recht. Das Original der Quelle ist nicht überliefert.

Regelungen des Magdeburger Rechts

Das Magdeburger Recht ist eine Sammlung von Gesetzen und Rechtsvorstellungen. Es galt seinerzeit als modern und vorbildlich. Zu dessen Inhalten gehörten unter anderem Regelungen zum Kaufmannsrecht. Diese zielten darauf ab, dass der Handel in Magdeburg nicht beeinträchtigt wird. So wurde festgelegt, wer für beschädigte Ware haftete und wer den Schaden wiedergutmachen musste. Weiterhin wurden Händler zu einer geordneten Buchführung (Auflistung von Einnahmen und Ausgaben) verpflichtet, was der Stadt die Erhebung von Steuern erleichterte. Jedem wurde das Recht auf ungestörte wirtschaftliche Tätigkeit garantiert.

Das Magdeburger Recht regelte auch, dass Zeugenaussagen und Beweise bei Gerichtsverhandlungen zu entscheidenden Rechtsmitteln wurden. Auch wurde das Amt des Schöffen gegründet. Dies waren Personen, die mit den Aufgaben der Rechtsprechung und Verwaltung betraut waren und den Richter unterstützten. Im Bereich des Eherechts war der Ehemann immer noch der gesetzliche Vormund, Frauen wurden aber eigene Rechte zugesprochen und sie konnten vor Gericht in Verhandlungen auftreten.

Ausbreitung in Europa

Besonders bekannt wurde das Magdeburger Recht mithilfe des Sachsenspiegels. Mit ihm gelangte es bis nach Osteuropa (z. B. Slowakei, Litauen, Ukraine und Polen) und sogar nach Russland. Das Magdeburger Recht spielte auch bei der Deutschen Ostsiedlung (siehe S. 76/77) eine Rolle. In Polen wurde es sogar das allgemein verbindliche Recht für das ganze Land.

Die Übernahme des Magdeburger Rechts bedeutete in der Regel die Anerkennung Magdeburgs als Rechtsvorort. Das heisst, dass sich Städte mit Magdeburger Stadtrecht bei Rechtsfragen an das Magdeburger Schöffenkollegium, dem sogenannten Schöffenstuhl, wandten. Hier wurde das Anliegen beraten und anschließend eine „Rechtsauskunft" versandt. Viele Städte folgten der Auskunft der Magdeburger Schöffen.

Auszug aus dem Magdeburger Recht (12. Jh.)

In dieser Vorschrift wurde die Beschleunigung von Gerichtsverfahren geregelt, an denen Fremde, z. B. Kaufleute, beteiligt waren:

Wenn der Bürger gegen den Fremden und der Fremde gegen den Bürger eine Klage hat, bei der man die Entscheidung des Burggrafen oder des Schultheißen[1] abwarten müsste, bestimmen wir, damit nicht durch irgendeine Verzögerung beiden Parteien Schaden erwachse, dass an demselben Tage, an dem die Sache anhängig gemacht ist, sie auch erledigt und zu Ende geführt werde.

Zit. nach Fritz Markmann, Vom deutschen Stadtrecht, Leipzig (Bibliographisches Institut) 1937, S. 51. Übers. v. Fritz Markmann. Bearb. v. Verf.

[1] *Bürgermeister*

Der Rechtshistoriker Clausdieter Schott über den Einfluss des Magdeburger Schöffenkollegiums (2007):

Das Magdeburger Stadtrecht war vornehmlich Schöffenrecht ... Die Schöffen haben nicht nur für die Stadt selbst Recht gesprochen, vielmehr reichte ihre Spruchtätigkeit bis weit in den slawischen Osten hinein. Es ist anzunehmen, dass der Schöffenstuhl seine Entscheidungen als Präjudizen[1] abrufbar in umfangreichen Spruchsammlungen bereit hielt. 1631 ... ging jedoch die Stadt in Flammen auf, denen auch das Schöffenhaus mit seinen Beständen zum Opfer fiel.

Zit. nach http://www.dijv.de/sachsenspiegel-und-magdeburger-stadtrecht (Stand: 2. 9. 2016)

[1] *Vorentscheidungen*

Julia Hartwig über ein Denkmal für das Magdeburger Recht in Magdeburg (2015):

Der Verein DENKMAL MADGEBURGER RECHT e. V., welcher 2011 ... gegründet worden ist, beabsichtigt, ... einem der bedeutendsten mittelalterlichen Stadtrechte ein repräsentatives[1] Denkmal zu setzen. Aus diesen Gründen hat ein künstlerischer Beirat mit Fachexperten ... fünf ... Bildhauer beauftragt, Modelle für das Denkmal Magdeburger Recht zu entwerfen ... Mit Claus Bury ... konnte ein bedeutender und bekannter deutscher Bildhauer gewonnen werden ... [Das Denkmal] nennt ... die Namen bedeutender Tochterstädte des Magdeburger Rechts mit Jahreszahlen, womit auch eindeutig der Hinweis zum Magdeburger Recht und seiner Verbreitung gegeben wird ... Das Denkmal, welches aus Corten-Stahl mit 12 Sitzbänken und 13 Säulen mit Halbkreisschalen entworfen [worden] ist, soll die Lebendigkeit vom Magdeburger Recht aufzeigen ...

Zit. nach http://ra-hartwig.de/Texte/Denkmal%20Magdeburger%20Recht.pdf (Stand: 29. 7. 2016). Bearb. d. Verf.

[1] *angesehenes*

1 **a)** Fasse die Bestimmung des Magdeburger Rechts (M2) in eigenen Worten zusammen.
b) Arbeite aus dem Darstellungstext weitere Regelungen des Magdeburger Rechts heraus.
c) Erkläre, wie du die Informationen aus dem Darstellungstext überprüfen und ergänzen könntest.
Tipp: Darstellungstexte sind eine Rekonstruktion von Geschichte.

2 Beschreibe die Ausbreitung des Magdeburger Rechts (Darstellungstext).

3 Begründe, weshalb Städte das Magdeburger Recht annahmen und dafür in Kiew ein Denkmal errichtet wurde (Darstellungstext, M1).

4 Beurteile die Bedeutung des Magdeburger Schöffenkollegiums (M3) für andere Städte.

5 Ein Kaufmann hat 1498 einem Kunden in einer polnischen Stadt beschädigte Ware verkauft. Gestalte ein Streitgespräch zwischen dem Kaufmann und dem Käufer, der nach dem Magdeburger Recht defekte Waren umtauschen darf.

6 Auch in Magdeburg soll dem Magdeburger Recht ein Denkmal gesetzt werden:
a) Recherche: Beschreibe mithilfe von M4 und des Internets den Entwurf des Denkmals. Nutze auch den **Webcode**.
b) Du nimmst im Internet an einer Abstimmung über den Denkmalbau teil und stimmst dafür. Verfasse einen Kommentar, in dem du deine Meinung begründest und die Bedeutung des Magdeburger Rechts darstellst.

Webcode: FG656646-139
Das Magdeburger Recht

Das Salz in Halle: Wie prägte der Rohstoff die Stadt?

Vielleicht warst du schon einmal in der Innenstadt von Halle (Saale) und hast dich gewundert, weshalb so viele Namen von Straßen oder Plätzen eine Verbindung zu Salz zu haben scheinen. In der Tat spielte Salz vor allem in der mittelalterlichen Stadtgeschichte Halles eine große Rolle. Noch heute liegt die Stadt an der „alten Salzstraße". Über Salz zu verfügen bot einer mittelalterlichen Stadt zahlreiche Vorteile, führte aber auch zu Konflikten. Untersuche auf dieser Doppelseite:

- ***Warum war Salz ein bedeutsamer Rohstoff im Mittelalter?***
- ***Welchen Einfluss hatte das Salz auf die Stadt Halle?***

Die Bedeutung von Salz im Mittelalter

Gehen wir heute in den Supermarkt, können wir für wenig Geld ein Päckchen Salz kaufen. Im Mittelalter war das Salz etwas sehr Wertvolles, es wurde als „weißes Gold" bezeichnet. Salz ist ein lebenswichtiger Stoff, den alle Menschen jeden Tag zu sich nehmen müssen. So verwendete man das Salz im Mittelalter ähnlich wie heute als Zutat für Gerichte, aber auch zur Haltbarmachung (Konservierung) von Lebensmitteln wie etwa Fisch und Fleisch. Auch bei der Herstellung von Keramik, Glas oder Fellen wurde Salz benötigt. Es war im Mittelalter eines der wichtigsten Produkte im Fernhandel.

Der Einfluss des Salzes auf Halle

Die Menschen in Halle profitierten vermutlich schon früh von den Salzvorkommen an diesem Ort. Archäologische Funde belegen, dass bereits vor ca. 2000 Jahren in Halle Salz produziert wurde.

Seinen Ursprung hat das Salz in einer geologischen Besonderheit. Unter dem Marktplatz und dem Hallmarkt befindet sich die „Hallesche Störung". Tief im Erdboden wird dort salzhaltiges Gestein von Tiefenwasser umspült. Das daraus resultierende, sehr salzhaltige Wasser (Sole) sammelt sich in den Gesteinsritzen tief im Boden. Die Sole ist gashaltig und hat deshalb starken Auftrieb. Daher benötigte man in Halle für ihre Förderung keine Bergwerke, sondern nur Brunnen. Die Salzarbeiter, die sogenannten Halloren, stellten aus dem Solewasser in ihren Siedehäusern (Salinen) das Salz her. Dazu brachten sie das Solewasser über einem Feuer in sogenannten Pfannen zum Kochen. Das Wasser verdunstete, das übrig gebliebene Salz wurde getrocknet und anschließend verkauft.

Um die Salzbereitungsstätte entstanden im Frühmittelalter mehrere Siedlungskerne, wo sich Händler und Kaufleute niederließen. Am Handelsplatz entwickelte sich schnell ein Markt und aus den Siedlungskernen wurde eine Stadt.

Durch den Handel und Verkauf des Salzes entwickelte sich Halle im Mittelalter zu einer bedeutenden Handelsstadt. Das Salz wurde von Halle aus auf langen „Salzstraßen" in weit entfernte Städte, etwa nach Prag oder auch Frankfurt am Main, transportiert.

Bis heute erinnern die Namen von Straßen oder Plätzen in Halle an die Bedeutung des Salzes. Es gab Halle vermutlich auch seinen Namen, denn das Wort Hall, dessen Ursprung nicht eindeutig belegt ist, taucht häufig im Zusammenhang mit der Salzgewinnung und der Saline auf. So ist z. B. Reichenhall auch eine Salzstadt.

M 1

Das Geoskop auf dem Marktplatz von Halle (Saale), Foto, 2016. Interessierte können hier fünf Meter tief in die Erde sehen und erkennen, wo die „Hallesche Störung" verläuft.

M 2

Straßenschilder in Halle, Foto, 2016. Der Salzgraf wurde vom Grundherrn eingesetzt. Er überwachte die Saline.

Wem gehörte das Salz?

Überall, wo es im Mittelalter Salz gab, blühte die Wirtschaft. Wo es Reichtum gab, herrschten auch oft Konflikte, denn der kostbare Rohstoff weckte das Interesse vieler Menschen, die darüber verfügen und bestimmen wollten.

Eigentümer der Solen war eigentlich der jeweilige Grundherr. Oft verliehen sie den Salzabbau aber als Lehen. So übergab Otto I. im Jahr 961 die Siedlungen um Halle mit allen Salzquellen als Lehen an das neu gegründete Moritzkloster in Magdeburg. 987 erhielt das inzwischen in ein Erzbistum umgewandelte Kloster die Hoheit über wichtige Privilegien in der Stadt. Damit hatte der Erzbischof von Magdeburg viele Mitspracherechte in Halle. Das Kloster vergab sein Lehen jedoch auch wiederum an Adlige oder sogar an vereinzelte Bürger der Stadt, die als „Pfänner" bezeichnet wurden. Sie schlossen sich später in der Zunft der Pfännerschaft zusammen, um ihre Interessen gegenüber den Stadtherren durchzusetzen. In der Folge kam es immer wieder zu Konflikten darüber, wer über das Salz und die Einkünfte daraus entscheiden durfte.

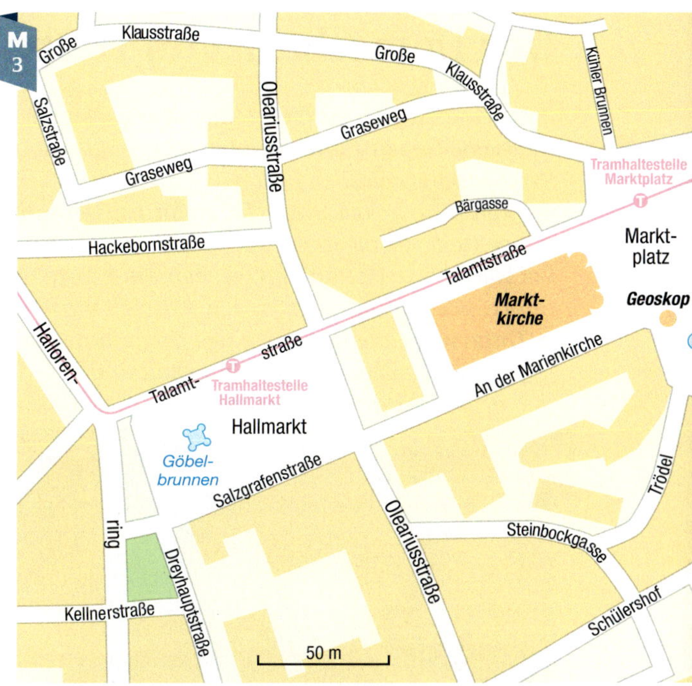

Kartenausschnitt der heutigen Innenstadt von Halle. Der Bereich am Hallmarkt war über viele Jahrhunderte das Zentrum der Salzgewinnung und -verarbeitung. Das Thalamt (Talamtstraße) war früher der Sitz der Salinenverwaltung.

M 4 Der Historiker Michael Hecht über die Besitzverhältnisse des Salzes in Halle (2010):

Die Besitzverhältnisse waren kompliziert, so dass selbst Zeitgenossen über Verständnisschwierigkeiten klagten ... Allerdings sind genaue Informationen über die Besitzstruktur vor den 1470er Jahren nicht zu finden ... Die Magdeburger Erzbischöfe als Grundherren der hallischen Saline verloren ihre Eigentumsrechte am Solgut[1] nie vollständig. Es gelang ihnen vielmehr ... ihre Stellung als Lehnsherren zu stärken. Gerade ihre Auseinandersetzungen mit den Pfännern[2] im 15. Jahrhundert waren darauf ausgerichtet, die Lehnsbindung festzuschreiben und zu intensivieren.

Michael Hecht, Patriziatsbildung als kommunikativer Prozess. Die Salzstädte Lüneburg, Halle und Werl in Spätmittelalter und Früher Neuzeit, Köln (Böhlau) 2010, S. 39ff. Bearb. v. Verf.

[1] *die aus den Salzbrunnen geförderte Solemenge*
[2] *Betreiber von Siedesalinen*

1 Beschreibe die Bedeutung des Salzes im Mittelalter (Darstellungstext).

2 Erkläre, wie das Salz in Halle gewonnen wurde (Darstellungstext, M1).

3 Verfasse einen Beitrag für eure Schülerzeitung, in dem du erklärst, warum viele Namen von Straßen oder Plätzen in Halle an die mittelalterliche Salzgewinnung erinnern und was die Namen vermutlich bedeuten (Darstellungstext, M2, M3).

4 **a)** Erzähle M4 mit eigenen Worten nach.
b) Erkläre, warum es in Halle zu Konflikten wegen des Salzes kam (Darstellungstext, M4).

5 **Wähle eine Aufgabe aus:**
a) Beurteile, ob sich die Salzvorkommen in Halle positiv oder negativ auf die Entwicklung der Stadt auswirkten.
b) Nimm Stellung zu der Überschrift dieser Doppelseite.

Der Domschatz von Halberstadt

Im Domschatz des Halberstädter Doms werden seit dem Mittelalter besonders wertvolle Gegenstände aufbewahrt. Weltweit gibt es sogar keinen größeren Kirchenschatz. Neben besonderen Textilstücken, Skulpturen oder Goldschmiedewerken zählen zum Domschatz von Halberstadt auch die Reliquien* (Überreste) dreier Heiliger, die dort in sogenannten Reliquiaren für Besucher ausgestellt werden. Bei solchen Ausstellungen werden oft Ausstellungskataloge angeboten, in denen Interessierte Genaueres zu den Ausstellungsstücken erfahren können.

- ***Untersuche die Reliquien des Domschatzes von Halberstadt und verfasse einen Text für einen solchen Ausstellungskatalog.***

M 1

Armreliquiare aus dem Domschatz zu Halberstadt, Foto, undatiert. Sie enthalten Reliquien (Knochen) der drei Heiligen Stephanus, Jakobus und Nikolaus (von links). Sie bestehen aus Silber, sind vergoldet und mit Edelsteinen besetzt.

Die Bedeutung Halberstadts im Mittelalter

Ausgangspunkt der Stadtentwicklung war ein von Karl dem Großen 804 gegründetes Bistum. Die Bischöfe hatten in Halberstadt mehr als acht Jahrhunderte ihren Amtssitz. Daher war die Stadt in der Region schon früh ein religiöses Machtzentrum. Halberstadt erhielt 989 die Privilegien des Münz-, Markt- und Zollrechts.

Die Anfänge des Doms, des Bischofssitzes, reichen ebenso bis ins 9. Jahrhundert zurück. Zunächst wurden Bischofskirchen als kleinere Steinbauten errichtet, ehe 859 der erste Dom gebaut wurde. Dieser stürzte vermutlich schon 865 wegen Baumängeln zusammen. Ein Neubau wurde 1060 stark beschädigt, ehe ein weiterer 1179 abermals zerstört wurde. Der Dom wurde anschließend bis 1220 wieder restauriert. In seiner heutigen Gestalt wurde der Dom von 1236 bis 1486 errichtet.

Reliquien als Machtsymbole des Mittelalters

Eine Besonderheit des Halberstädter Doms sind die im Domschatz aufbewahrten Armreliquiare dreier Heiliger

(M1, M2). Im Mittelalter spielten Reliquien eine besondere Rolle, waren es doch vermeintliche Gegenstände oder Körperteile (z. B. Knochen oder Zähne) eines Heiligen. Dies waren oft Märtyrer, d. h. Menschen, die für ihren Glauben gestorben sind. Heute werden die Reliquien eines Heiligen meist an mehreren Orten in ganz Europa aufbewahrt und immer noch verehrt.

Den geistlichen und weltlichen Herrschern des Mittelalters dienten die Reliquien vor allem der Repräsentation ihrer Macht. Da sich die Menschen von ihnen Heilung, Schutz und Glück versprachen, ging von den Überresten eine hohe Anziehungskraft aus. So kam es oft zu einem gewinnbringenden Handel mit Reliquien. Eine große Ansammlung, ein sogenanntes Heiltum, galt als Ausdruck des Einflusses des Besitzers.

Wie kamen die Armreliquiare nach Halberstadt?

Als sich das Christentum nördlich der Alpen ausbreitete (ca. 4. Jh.), gab es dort noch nicht viele Reliquien. Mit dem Vierten Kreuzzug (1202–1204) wurden zahlreiche Überreste von Heiligen aus dem christlichen Konstantinopel nach Norden gebracht. So auch die Reliquien der drei Heiligen Stephanus, Jakobus und Nikolaus von Myra, die vermutlich seit spätestens 1225 in der Schatzkammer des Doms von Halberstadt in den Reliquiaren aufbewahrt werden.

M 2

Informationen zu den drei Heiligen aus dem Halberstädter Domschatz

Der heilige Stephanus (ca. 1–40 n. Chr.):
Er war ein wichtiges Mitglied Urgemeinde von Jerusalem, der ersten christlichen Gemeinde nach dem Tod Jesu, und gilt als erster Märtyrer des Christentums. Er wurde wegen angeblicher Gotteslästerung zu Tode gesteinigt.

Der heilige Jakobus (Geburt unklar; starb ca. 44 n. Chr.):
Der heilige Jakobus war einer der zwölf Apostel („Sendbote") und gehörte zum Jüngerkreis Jesu. Er wurde von den römischen Besatzern mit dem Schwert enthauptet.

Der heilige Nikolaus von Myra (270–345 n. Chr.):
Er war Bischof von Myra (heute: Türkei) und wirkte angeblich Wunder. Er ist das historische Vorbild des heiligen Nikolaus (Gedenktag am 6. Dezember). Er starb vermutlich eines natürlichen Todes.

Zusammengestellt vom Verfasser

M 3 *Der Dom von Halberstadt, Foto, 2010. Der Dom wurde während des Zweiten Weltkrieges (1939–1945) durch Bomben schwer beschädigt. Danach wurde er wieder aufgebaut (restauriert). (1) Aufbewahrungsort des Domschatzes*

1 Erkläre den Begriff Reliquie (Darstellungstext, M1).
Tipp: Lies auch nochmals auf S. 90/91 nach.

2 Begründe: Reliquien waren im Mittelalter ein Machtsymbol geistlicher und weltlicher Herren (Darstellungstext).

3 **a)** Arbeite stichpunktartig Informationen zu folgenden Fragen heraus (M1–M3, Darstellungstext):
- Bedeutung Halberstadts im Mittelalter
- Baugeschichte des Halberstädter Doms
- Beschreibung der Armreliquiare im Domschatz von Halberstadt

b) Verfasse mithilfe der Arbeitsschritte „Einen Sachtext verfassen" (S. 160) und deiner Lösungen aus den vorangegangenen Aufgaben einen Text für einen Ausstellungskatalog zu den drei Armreliquiaren aus dem Domschatz von Halberstadt.
Tipp: Vergiss nicht, Absätze für die verschiedenen Fragen aus Aufgabe 3a) einzufügen.

Webcode: FG656646-143
Virtueller 360° Rundgang durch den Domschatz von Halberstadt

Die Stiftskirche St. Servatius in Quedlinburg – eine „Gottesburg“?

Noch vor der Gotik entwickelte und verbreitete sich zwischen 950 und 1250 in ganz Europa zum ersten Mal seit der Antike ein einheitlicher Baustil, der sich vor allem im Kirchenbau niederschlug: die Romanik. Noch heute prägen die nach dem romanischen Baustil errichteten Kirchen das Bild vieler Städte. Auch in Sachsen-Anhalt gibt es zahlreiche Zeugnisse romanischer Baukunst, die du auf der „Straße der Romanik“ besichtigen kannst.

- *Untersuche am Beispiel der Stiftskirche St. Servatius die Merkmale des romanischen Baustils und weshalb romanische Kirchen auch als „Gottesburgen“ bezeichnet werden.*

M 1

Die Stiftskirche St. Servatius in Quedlinburg/Harz, Foto, 2009. Die romanische Kirche wurde im 11. Jahrhundert erbaut. Seit 1994 zählt sie aufgrund ihrer Einzigartigkeit zum UNESCO-Weltkulturerbe.

Die Kirche als „Gottesburg“

Romanische Kirchen wurden im Auftrag von Kaisern, Königen, Fürsten, Bischöfen und Äbten gebaut. Es gab Dome, Kloster- oder auch einfache Dorfkirchen.

Romanische Kirchen werden aufgrund ihrer Architektur als „Gottesburgen“ bezeichnet, denn sie sollten wie eine Burg die Häuser der umliegenden Städte und Dörfer überragen. Solche Gotteshäuser verfügen über einen sehr großen Grundkörper, der mit seinen dicken Wänden und kleinen Fenstern sehr mächtig wirkt. Diese Bauweise sollte die Macht Gottes und die Stärke des Christentums symbolisieren. Neben dem Ort, wo der Gottesdienst abgehalten wurde, diente die „Gottesburg“ mit ihren dicken Mauern im Mittelalter bei Kriegen außerdem auch als Schutzraum für die Bevölkerung.

Merkmale der Romanik

Am Begriff Romanik, der erst im 19. Jahrhundert geprägt wurde, lässt sich deutlich erkennen, dass es einen starken Bezug zur römischen Architektur gab. Romanische Kirchen wurden nach dem Vorbild römischer Prachtbauten (sogenannte Basilika) erbaut und wiesen daher gemeinsame Merkmale auf. Man bezeichnet diesen Baustil deshalb als „romanisch“.

Anhand des Grundrisses der Stiftskirche St. Servatius in Quedlinburg erkennt man die Grundzüge einer romani-

schen „Gottesburg“ sehr deutlich (M3 und S. 134/135). Er entspricht einem christlichen Kreuz, wobei das Längsschiff in drei Teile unterteilt ist. Das erhöhte Mittelschiff und die zwei niedrigeren Seitenschiffe bildeten den Versammlungsort der Gemeinde. Im Querschiff saß der Klerus. Im Westen befindet sich zwischen zwei repräsentativen Türmen der Eingang, im Osten, dem Eingang gegenüber, befindet sich der Chor mit dem Altar und dem Kreuz Jeus. Der Chor schließt mit einem halbrunden Raum (Apsis) ab.
Ein weiteres Merkmal der Romanik sind die von Säulen oder Pfeilern getragenen Rundbögen. Die Säulenköpfe (Kapitelle) sind mit Tier- oder Pflanzenmotiven oder mit christlichen Symbolen verziert. Die rundliche Form findet sich auch in den kleinen Rundbogenfenstern wieder.

Die „Straße der Romantik“
Im Jahr 1993 wurde in Magdeburg die sogenannte „Straße der Romanik“ eröffnet. Auf einem Weg durch 65 Städte und Dörfer Sachsen-Anhalts lässt sich eine große Dichte romanischer Kirchen, Klöster, Dome und anderer christlicher Bauwerke bewundern. Die 1000 km lange Straße (siehe S. 175) teilt sich in eine Nord- und eine Südroute, auf letzterer findet sich die Stiftskirche St. Servatius in Quedlinburg.

M2

Kapitell auf einer Säule mit Tier- und Pflanzenmotiven in der Stiftskirche St. Servatius in Quedlinburg, Foto, 2013

M3

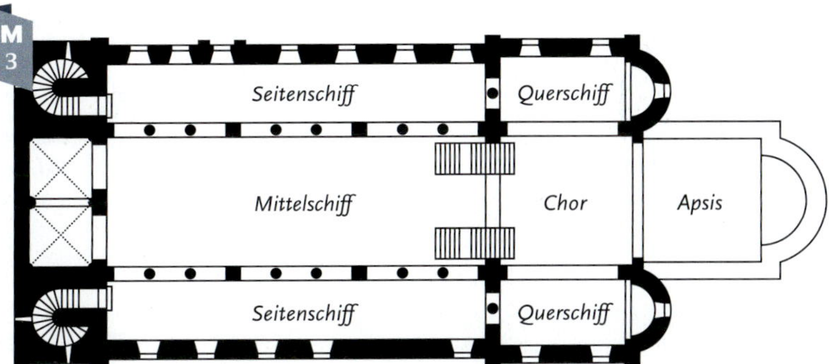

Grundriss der Stiftskirche St. Servatius in Quedlinburg, Rekonstruktionszeichnung, 2016. Durch die außen sichtbar herausragenden Querschiffe bekam der Grundriss die Form eines Kreuzes (siehe auch S. 134/135)

M4

Gewölbe der romanischen Kirche St. Peter und Paul in Seehausen/Altmark mit Pfeilern und Rundbögen, Foto, 2010

1 Wähle eine Aufgabe aus:
a) Beschreibe Aussehen und Lage der Stiftskirche St. Servatius im Hinblick auf ihre Bezeichnung als „Gottesburg“ (M1).
b) Erkläre, warum eine romanische Kirche auch als „Gottesburg“ bezeichnet wird (Darstellungstext, M1).

2 Entwirf einen Informationsflyer über die „Straße der Romanik“, in dem du über die Stiftskirche St. Servatius in Quedlinburg als „Gottesburg“ berichtest:
a) Arbeite mithilfe des Darstellungstextes sowie M1–M4 zunächst stichpunktartig die typischen Merkmale des romanischen Baustils heraus.
b) Verfasse mithilfe der Materialien einen Sachtext, der die Besucher über den Baustil romanischer Kirchen am Beispiel der Stiftskirche St. Servatius in Quedlinburg informiert.
Tipp: Nutze auch den Webcode.

3 Recherchiere zu wichtigen Bauwerken auf der „Straße der Romanik“ in Sachsen-Anhalt. Wähle ein Gebäude aus und stelle es in der Klasse vor.

Webcode: FG656646-145
Die Straße der Romanik

Zusatzaufgaben

Kapitel 1: Die Dreiteilung der Mittelmeerwelt

zu S. 16/17:

1 Finde heraus, wann und warum die Hagia Sophia zur Moschee wurde.

zu S. 20/21:

1 **Recherche:** Im heutigen Jordanien sind Wüstenschlösser der ersten islamischen Kalifen erhalten. Informiere dich im Internet und stelle ein Bauwerk in der Klasse vor (siehe Arbeitsschritte Internetrecherche auf S. 157).

zu S. 26/27:

In einem Handbuch zur Geschichte heißt es über die Bedeutung der Kreuzzüge:
In den Kreuzzügen kommt die Einheit des christlichen Abendlandes, das Gut und Blut für die religiöse Idee opfert, zu ihrem großartigen Ausdruck. Das christliche Rittertum schließt sich über alle nationalen Schranken hinweg zusammen und findet hier das höchste Ziel ihres idealen Strebens. Das Ansehen des Papsttums, das die Züge ins Werk setzte, erreicht einen Höhepunkt. Der schließliche Misserfolg dieser Unternehmen versetzt der Stellung der römischen Kirche einen nicht wieder verwundenen Schlag.

Ploetz, Auszug aus der Geschichte, 28. Auflage, Würzburg (Herder) 1976, S. 523.

Der französische Historiker Jacques Le Goff kommt zu folgender Einschätzung der Kreuzzüge:
Im Ganzen gesehen kamen die Kreuzzüge ihre Anstifter teuer zu stehen. Die westliche Ritterschaft, die ins Heilige Land zog, verarmte dort an Menschen und Gütern ... Sie hat dort auch durch die wiederholten Niederlagen gegen die Sarazenen einen Teil ihres Ansehens verloren. Und sie kam häufig eher zerrüttet als gefestigt zurück. Auch die Kirche hat mehr verloren als gewonnen. Indem sie die Kreuzzüge zur Institution machte, Ablässe und Sondersteuern für die Kreuzfahrer gewährte und Militärorden schuf, die, nachdem sie das Heilige Land nicht hatten halten können, sich auf den Okzident (Abendland) zurückzogen, ihn ausbeuteten und Ärgernis erregten, hat sie mehr Enttäuschung und Zorn hervorgerufen als Hoffnung genährt.

Jacques Le Goff, Das Hochmittelalter, Fischer Weltgeschichte, Bd. 11, Frankfurt a. M. (Fischer TB) 1965, S. 144.

1 Vergleiche die Einschätzung über die Bedeutung und Folgen der Kreuzzüge in M1 und M2. Worin wird die Bedeutung der Kreuzzüge für die Kirche und die Gesellschaft gesehen?

zu S. 30/31:

1 Nenne Gründe, warum es für einen mittelalterlichen König wichtig war, von Gott eingesetzt zu sein und die Unterstützung des Papstes zu haben.

Kapitel 2: Machtausübung im Mittelalter

zu S. 48/49:

1 Als Geschichtsschreiber bzw. Geschichtsschreiberin um das Jahr 1000 sollst du eine kurze Reisegeschichte schreiben: das Frankenreich von den Merowingern bis zur Aufteilung des fränkischen Großreichs.

zu S. 50/51:

1 Erstelle ein Schaubild für die Königsherrschaft im Mittelalter. Verwende darin folgende Begriffe: Bischöfe, Gott, Herzöge, König und Volk.
Tipp: Beachte die Stellung des Königs, die Aufgaben der einzelnen Gruppen etc.

zu S. 54/55:

M 1

Otto I. und seine Gemahlin Editha, Sandsteingruppe aus dem Magdeburger Dom, um 1250. Die runde Scheibe in der Hand Ottos zeigt den Erdkreis.

1 **a)** Beschreibe M1.
b) Stelle fest, welcher Machtanspruch bei Otto I. deutlich wird.

zu S. 56/57:

Die Investitur eines katholischen Bischofs heute: Ein neuer Bischof muss gewählt werden, wenn der bisherige Amtsinhaber stirbt, der Papst dessen Rücktritt mit Erreichen der Altersgrenze von 75 Jahren annimmt oder diesen in ein anderes Bistum versetzt. Die Neubesetzung verläuft dann z. B. in den Bistümern Freiburg und Rottenburg-Stuttgart folgendermaßen ab: Das sogenannte Domkapitel – bestehend aus den wichtigsten geistlichen Würdenträgern des Bistums – erstellt eine Liste geeigneter Kandidaten. Das Domkapitel schickt diese Liste direkt nach Rom in den Vatikan, in dem die Kandidaten unter Aufsicht des Papstes überprüft werden. Nach der Prüfung der vorgeschlagenen Kandidaten sendet der Vatikan eine Liste mit drei geeigneten Kandidaten zurück an das Bistum. Aus diesem Dreiervorschlag wählt das Domkapitel den neuen Bischof für das Bistum. Der Vatikan fragt bei der amtierenden Landesregierung in Stuttgart nach, ob Bedenken gegen den Gewählten vorliegen. Gibt die Landesregierung grünes Licht, ernennt der Papst den Gewählten, der den Eid auf die Landesverfassung von Baden-Württemberg leistet. Dann wird die Bischofsweihe im Freiburger Münster oder im Rottenburger Dom gefeiert.

In Anlehnung an http://www.katholisch.de/aktuelles/aktuelle-artikel/schwierige-wahl (Stand: 24. 2. 2016).

1 Vergleiche mithilfe von M1 die Investitur eines katholischen Bischofs heute mit den Regelungen im Wormser Konkordat.

zu S. 60/61/62:

1 Finde mithilfe der Karte S. 62 heraus, welche Bezeichnungen der damaligen Landesherrschaften sich in den Namen der heutigen Bundesländer finden.

Kapitel 3: Mittelalterliches Leben auf dem Land

zu S. 72/73:

Der Historiker Horst Fuhrmann über die Ernährung im Mittelalter (1989):
In der Anfangsepoche des Mittelalters, wo bei dünner Bevölkerung noch weite Flächen für die Viehwirtschaft zur Verfügung stehen, nimmt das Fleisch einen wichtigen Platz in der bäuerlichen Alltags- und Festtagskost ein. Mit der wachsenden Bevölkerung musste dann aber die Weidewirtschaft dem flächenintensiven Getreidebau immer mehr weichen, sodass eine neue Stufe der Ernährung begann, bei der die Nahrungsmittel aus der Getreidewirtschaft vorherrschten. Jahrhundertelang bildete der Brei, der vor allem aus Hirse und Hafer zubereitet wurde, das Hauptnahrungsmittel der Landbevölkerung ... Im Unterschied zum später aufgekommenen Brot, das im Mittelalter noch lange Zeit vorwiegend von der geistlichen und adligen Oberschicht gegessen wurde, war der Getreidebrei eine Volksnahrung, die aus zerriebenen Getreidekörnern hergestellt, mit Wasser oder Milch unter Beigabe von Salz zubereitet und in einem Topf gekocht wurde ... Berichte von großartigen bäuerlichen Festgelagen beziehen sich im Allgemeinen auf eine bäuerliche Oberschicht ... Die Mehrzahl der Bauernfamilien verfügte aber über so geringe Einkünfte, dass ihnen nur wenig zur Vorratsbildung für schlechtere Jahre zur Verfügung stand. Gab es Missernten oder traten Viehseuchen auf, waren verheerende Hungersnöte ... die Folge.

Zit. nach Werner Rösener, Bauern im Mittelalter, München (C. H. Beck) 1985, S. 107ff.

Bauernhochzeit, Holzschnitt von Erhard Schoen, 1527

1 **a)** Lies S. 148 M2 und fasse den Inhalt kurz zusammen.
b) Überprüfe die Aussage von S. 148 M2 mithilfe von M1.

zu S. 78/79:

1 Bildet eine Vierergruppe und gestaltet ein Streitgespräch zwischen den drei Verfassern (S. 79, M3–M5) und einem Gesprächsleiter. Tragt es der Klasse vor.

zu S. 92/93:

Aus der Klosterregel des Benedikt von Nursia (um 540 n. Chr.):

Vor allem: Gott, den Herrn, lieben ... Ebenso: Den Nächsten lieben wie sich selbst. Nicht falsch aussagen. Alle Menschen ehren. Und keinem anderen antun, was man selbst nicht erleiden möchte ... Den Leib in Zucht nehmen. Sich Genüssen nicht hingeben. Das Fasten lieben. Arme bewirten. Nackte bekleiden. Kranke besuchen. Tote begraben. Bedrängten zu Hilfe kommen. Sich dem Treiben der Welt entziehen. Der Liebe zu Christus nichts vorziehen. Den Zorn nicht zur Tat werden lassen. Der Rachsucht nicht einen Augenblick nachgeben ... Es kommt vor, dass ein Bruder... gegen die Heilige Regel und die Weisungen seiner Vorgesetzten handelt. Wenn er sich so als Verächter erweist, werde er ... einmal und ein zweites Mal im Geheimen ... ermahnt. Wenn er sich nicht bessert, werde er öffentlich vor allen zurechtgewiesen. Wenn er sich aber auch so nicht bessert, treffe ihn die Ausschließung, falls er einsehen kann, was diese Strafe bedeutet. Wenn er es aber nicht versteht, erhalte er eine körperliche Strafe.

Zit. nach http://www.benediktiner.de/index.php/die-ordensregeldes-hl-benedikt.html (Stand: 14. 4. 2015)

1 Fasse die Regeln des heiligen Benedikt (M2) in eigenen Worten zusammen.

Kapitel 4: Leben in der mittelalterlichen Stadt

zu S. 112/113:

In einer Chronik aus dem Jahr 1488 wurde über den Baubeginn des Ulmer Münsters im Jahr 1377 berichtet:

Sie wählten einen Platz zur Errichtung der neuen Kirche fast im Zentrum und der Mitte der Stadt, wo schon lange ein Badehaus gebaut war mit mehreren anderen Häusern. Diese Häuser kauften die Bürger, rissen sie ab und richteten den Platz her, um die Fundamente zu legen ... Als nun auf dem geebneten und gereinigten Platz die Größe, Länge und Breite der zu erbauenden Kirche bezeichnet war, ... gruben sie die Fundamente der Mauern bis aufs Wasser und schlugen in den Schlamm Pfähle aus dem stärksten Ulmenholz ein, um darauf die Grundsteine und große Felsblöcke zu legen, die eine so gewaltige Masse tragen sollten ... Als nun der Platz zum Fundament bereitstand, kündigten die Werkmeister ... an, dass die Fundamente zu legen seien. Da dies das Werk der Ratsherren war, mussten mit Recht die Vornehmeren von ihnen die ersten Steine legen. Sie beabsichtigten nämlich, dieses große Gebäude auf Kosten ihrer Stadt anzufangen, zu vollenden und abzuschließen.

Zit. nach Felix Fabri, Abhandlungen über die Stadt Ulm, in: Ulm-Oberschwaben, H. 13–15, Ulm 1908/09, S. 24ff.

1 Liste anhand von M1 auf, wer welche Aufgaben bis zur Grundsteinlegung des Ulmer Münsters übernahm und ausführte.

zu S. 114/115:

Die Historikerin Edith Ennen schrieb 1994 über Mädchenbildung in den mittelalterlichen Städten:

In den ... betrachteten Städten war in den bürgerlichen Kreisen kein großer Unterschied der Knaben- und Mädchenbildung festzustellen. Viele Frauen, vor allem Kauffrauen, konnten lesen, schreiben, rechnen und ihre eigenen oder des Ehegatten Geschäftsbücher führen. Aber seit etwa 1350 bahnte sich in den Städten eine Entwicklung an, von der die Mädchen ausgeschlossen blieben. Die Bürgersöhne besuchten in zunehmendem Ausmaß Universitäten in der weiten Fremde, in Italien und Frankreich, aber auch die Neugründungen ... in Prag, Heidelberg, Köln, Erfurt, Wien, Leipzig usw. Die Universitäten überrundeten die klösterliche Gelehrsamkeit und Bildung. Sie durchbrachen die überlieferte ständische Ordnung, an ihnen konnten Bürger- und sogar Bauernsöhne studieren ... Knaben- und Mädchenbildung gingen jetzt getrennte Wege ... Die Frau verfügte hinfort nicht nur über keine politischen Rechte, sie besaß vielfach auch gar nicht mehr die Voraussetzung für eine politische Laufbahn (weil ihr die Voraussetzung eines Studiums fehlte). In der Geschichtsforschung wurde festgestellt, dass Ärztinnen nach 1500 weitgehend aus den Urkunden verschwinden.

Edith Ennen, Frauen im Mittelalter, 5. Aufl., München (C. H. Beck) 1994, S. 194.

1 a) Untersuche anhand von M2 die Bildungschancen der Frauen im Mittelalter.

b) Methode: Notiere, welche historischen Urteile die Autorin fällt. Nimm die Arbeitsschritte auf S. 29 zu Hilfe.

zu S. 122/123:

Streit über Handwerkerinnen in Heilbronn

Anfang des 16. Jahrhunderts forderten die Leinenweberinen der Stadt Heilbronn den Rat auf, allen Ehefrauen von Handwerkern das Weberhandwerk zu verbieten, weil diese für sie eine bedrohliche Konkurrenz darstellten. Dagegen klagte der Mann einer Weberin.

2A Der Ehemann einer Weberin:

Und es ist weiter vorgebracht worden, dass meine Ehefrau das Leinenwerk treibt und ausübt ... Das stimmt. Sie hat es in ihrer Jugend gelernt ... und es ist ihr nie verboten worden ... Da nun meine Frau das Ihrige ... gelernt und von Jugend an ohne Widerspruch ausgeübt hat, glaube ich kaum, dass jemand so schlechten Sinnes ist, dass er es als unrechtens und strafbar empfindet und erachtet, wenn sie mir ... hilft, meine kleinen Kinder ehrlich zu ernähren.

2B Der Heilbronner Rat entschied 1511:

Wenn ein Wollweber eine Frau hat, die Leinen weben kann und will, die darf es tun, doch in einem gesonderten Raum. Dazu darf sie aber weder einen Knecht noch eine Magd dingen, anstellen, gebrauchen noch in irgendeiner Weise halten.

M2A und M2B: Urkundenbuch der Stadt Heilbronn, Bd. 3, S. 162f. und S. 164. Bearb. d. Verf.

1 Arbeite aus M2 heraus, welche Interessen in diesem Streitfall aufeinandertrafen.

2 Beurteile die Entscheidung des Rats (M2A).

zu S. 130/131:

1 **Internetrecherche:** Informiere dich, welche Aufgaben heute ein Gemeinderat hat. Vergleiche mit denen im Mittelalter.

Lösungshilfen zu den Seiten „Wissen und Kompetenzen prüfen“

Kapitel 1: Die Dreiteilung der Mittelmeerwelt (S. 42/43):

- zum Kasten auf S. 42: 1 a) z. B.: Dreiteilung der Mittelmeerwelt: Nach dem Ende des Römischen Reichs waren um 700 drei neue Machtzentren entstanden: das christlich geprägte Byzantinische (Oströmische) Reich, die islamischen Reiche sowie in Westeuropa das Frankenreich; islamische Kultur: die islamische Kultur des 8. bis 10. Jahrhunderts war der Kultur der christlichen Reiche in Westeuropa weit überlegen (z. B. Astronomie, Mathematik, Naturwissenschaften, Medizin); Hedschra: Die Flucht Mohammeds im Jahr 622 aus Mekka nach Medina wird als Hedschra bezeichnet - gleichzeitig beginnt die islamische Zeitrechnung; 1 b) Mohammed: Begründer/Prophet des Islam; Chlodwig: Frankenkönig, der durch die Taufe den christlichen Glauben annahm und die Kirche als wichtige Stütze seiner Herrschaft gewann (Salbung durch den Papst); Karl der Große: erster bedeutender Herrscher des Mittelalters, er verdoppelte mit Gewalt die Größe seines Reichs und unterwarf das Volk der Sachsen. Er wurde 800 zum Kaiser gekrönt und verstand sich als Nachfolger der römischen Kaiser der Antike und gleichzeitig als Schutzherr des Papstes und der christlichen Kirche im Westen Europas.

1 M1: Christentum
M2: Judentum
M3: Islam

2 1) Richtig, beide Religionen entstanden im Vorderen Orient (Asien).
2) Richtig, Byzanz, die islamischen Staaten und das Frankenreich
3) Richtig, sie waren Kaiser des Byzantinischen Reichs, das bis 1453 bestand.
4) Falsch, Karl der Große trägt diesen Beinamen, weil er sein Reich verdoppelte und eine politische Einheit der christlichen Völker im Westen und der Mitte Europas schuf.
5) Richtig, im 8.–10. Jh. entstanden dort große kulturelle Zentren, in denen Muslime, Christen und Juden lebten.
6) Falsch, seine Taufe war eine politische Entscheidung, um sich die Unterstützung der Kirche zu sichern.

3 Arbeitsschritte „Eine biografische Skizze erstellen“, S. 37:
zu 1.: Zum Beispiel: Wer war Kaiser Justinian? Was waren seine besonderen Leistungen?
zu 2.: Nutze die Darstellungen (S. 16/17) und Quellen (S. 39) der jeweiligen Seiten im Schülerbuch. Alternativ helfen auch weitere Informationen aus dem Internet, Lexika, Sachbücher.
zu 3.: Wer war Kaiser Justinian? Wann lebte er? Wann regierte er? Welche besonderen Leistungen vollbrachte er während seiner Regierungszeit? Wie herrschte er über das Byzantinische Reich?
zu 4. und 5.: Kaiser Justinian lebte um 480 bis 565 n. Chr. Er war ein bedeutender Kaiser des Byzantinischen Reichs. Er sah sich als Auserwählter Gottes, war oberster Richter, Befehlshaber des Heeres und Gesetzgeber. Als Schutzherr des Christentums beanspruchte er auch in kirchlichen Fragen die höchste Entscheidungsgewalt. Justinian regierte von 527 bis 565. Während seiner Regierungszeit gelang es ihm, große Gebiete in Nordafrika und Teile Italiens für das Byzantinische Reich zurückzuerobern. Viele Gebiete gingen allerdings unter seinen Nachfolgern wieder verloren. Kaiser Justinian ließ alle kaiserlichen Gesetze sammeln und ordnen, um die Rechtsprechung in seinem Reich zu vereinheitlichen. Einige dieser Rechtsgrundsätze beeinflussen unsere Rechtsvorstellungen bis heute.
zu 6.: Kaiser Justinian war ein Kaiser des Byzantinischen Reichs. Er regierte rund 20 Jahre. Während seiner Amtszeit konnte er das Byzantinische Reich vergrößern. Er ließ in dieser Zeit eine Gesetzessammlung niederschreiben, um die Rechtsprechung in seinem Reich zu vereinheitlichen. Diese Grundsätze prägen unsere Rechtsvorstellungen bis heute. Meine Informationen stammen aus dem Schülerbuch, S. 16/17 und S. 39.

4 In Europa setzte sich der Glaube an einen einzigen Gott durch. Dieser Monotheismus wurde durch drei Religionen verkörpert: das Judentum, das Christentum und den Islam. Die Christen im Westen Europas waren katholisch wie der Merowingerkönig Chlodwig. Im östlichen Mittelmeerraum lebten die orthodoxen Christen, die nicht Lateinisch, sondern überwiegend Griechisch sprachen.

Der Glaube an viele Götter, wie er in Griechenland und Mekka praktiziert worden war, gehörte durch den Untergang des Römischen Reichs der Vergangenheit an. Nach der Antike folgte nun die Epoche des Mittelalters.

5

Kapitel 2: Machtausübung im Mittelalter (S. 64/65):

- zum Kasten S. 64: 1. z. B. Gottesgnadentum: fußt auf der Überzeugung, dass der König/Kaiser seine Herrschaft direkt von Gott übertragen bekam und er von ihm eingesetzt wurde; Herrschaftsinsignien: Symbole der Herrschaft. Ein Herrscher musste die heiligen Gegenstände besitzen und sich mit ihnen dem Volk zeigen, denn sie verliehen seiner Herrschaft die Rechtmäßigkeit; Reisekönigtum: Mittelalterliche Herrscher hatten keinen festen Wohnsitz. Um zu regieren, reisten sie durch ihr Herrschaftsgebiet und hielten sich in großen Klöstern, Burgen oder eigens dafür ausgebauten Pfalzen auf.

1 Arbeitsschritte „Eine schriftliche Quelle analysieren“, S. 51:
zu 1.: Papst Gregor VII.
zu 2.: 1077, Höhepunkt des Investiturstreits (im Streit zwischen Kaiser und Papst ging es um die Einsetzung von Bischöfen)
zu 3.: ein für einen größeren Empfängerkreis verfasster und deshalb offener Brief
zu 4.: an die geistlichen und weltlichen Fürsten in Deutschland
zu 5.: individueller Klärungsbedarf
zu 6.: 1) Gruß an die deutschen Fürsten (Z. 1–4);
2) Zusammenfassung der Ereignisse (Z. 8–12);
3) König bittet Papst um Vergebung (Z. 15–22);
4) Zurückweisung durch den Papst (Z. 22–25);
5) Gang nach Canossa: der König erniedrigt und unterwirft sich dort dem Papst (Z. 25–34);
6) Lösung des Kirchenbanns durch den Papst nach Zusicherungen des Königs (Z. 43–49)
zu 7.: König wird mehrfach als „demütig“ (Z. 8 f.), „untertänig“ (Z. 16), „[g]ehorsam“ (Z. 19), „Mitleid erregend“ (Z. 30 f., 36 f.) beschrieben; Papst erweist ihm „Gnade“ (Z. 9, 20)
zu 8.: Der König hat sich dem Papst völlig unterworfen. Der Papst stellt sich als eindeutigen Sieger des Konflikts dar.
zu 9.: Darstellung als päpstlicher Sieg zu einseitig, erst 1122 wird der Konflikt gelöst, und zwar durch einen Kompromiss im Wormser Konkordat
zu 10.: Ein solcher Konflikt um die Vormacht zwischen Kirche und Staat ist heute nicht mehr möglich: Zum einen herrscht eine klare Trennung von Kirche und Staat, zum anderen beschränkt sich die „Macht“ der Kirchen auf die Regelung ihrer innerkirchlichen Angelegenheiten. Bei ihren Aufgaben in der Gesellschaft kooperieren sie mit staatlichen Einrichtungen (z. B. Sozialstationen mit Caritas/Diakonie, Kindergärten, Krankenhäuser, Altersheime etc.).

2 Arbeitsschritte „Ein Herrscherbild analysieren“, S. 59:
zu 1.: Zwei Personen, die beide auf demselben Thron sitzen.
zu 2.: Beide von vorne zu sehenden Personen sitzen eng nebeneinander und blicken sich gegenseitig mit freundlichem Gesichtsausdruck an. Jeweils ein Arm liegt auf der Schulter der anderen Person. Beide tragen lange Gewänder. Die aufrecht und breit sitzende Person links wirkt größer und nimmt mehr Platz auf dem Thron ein. Sie trägt die Mitra eines Bischofs und hält in der rechten Hand einen Bischofsstab, auf den sie sich stützt. Die deutlich schmächtigere rechte Person trägt eine Krone und hält in der linken Hand ein mächtiges Schwert, dessen Klinge senkrecht nach oben zeigt. Trotz des Lächelns wirkt diese Person angestrengt und verkrampft – nur mit Mühe reicht ihr sehr langer rechter Arm um den Hals der anderen, und das Gewicht des Schwertes scheint sie nicht mehr lange halten zu können.

zu 3.: Ein breiter Herrscherthron – links und rechts erkennt man an der Rückenlehne jeweils eine Kugel mit einem Kreuz.
zu 4.: Ausgestattet mit ihren typischen Herrschaftszeichen thronen der Kaiser (rechts) als die weltliche und der Papst (links) als die geistliche Gewalt auf ein und demselben Thron.
zu 5.: Aufgrund von Gestik und Mimik scheinen beide vertrauensvoll vereint zu sein. Allerdings unterscheidet sich die Körperhaltung deutlich: Will der schmächtigere Kaiser den dominanter wirkenden Papst etwas zu sich herunterziehen?
zu 6.: Die Abbildung stammt aus dem Sachsenspiegel, einer Gesetzessammlung aus dem 13./14. Jahrhundert.
zu 7. und 8.: Mitra, Bischofsstab und Thron mit dem Reichsapfel an der Rückenlehne sind Zeichen für den Papst. Krone, Schwert und Thron mit dem Reichsapfel an der Rückenlehne sind Zeichen für die höchste weltliche Gewalt im Reich, den Kaiser. Auf ein und demselben Thron sitzend üben damit beide gemeinsam die höchste Gewalt über ihr gemeinsames Reich aus.
zu 9.: Obwohl Kaiser und Papst als weltliche und geistliche Gewalt jeweils ihren eigenen Machtbereich haben, wird erst durch ihre Zusammenarbeit auf dem gemeinsamen Thron die Herrschaft im Reich gesichert. Die Perspektive ist klar: Die Frage „Wer hat den Vorrang: Kaiser oder Papst?“ wird hier eindeutig beantwortet: keiner, denn Kaiser und Papst herrschen einträchtig miteinander.

3 Otto I. sah seine Herrschaft als eine Fortsetzung des römischen Kaisertums und sein Reich in der direkten Nachfolge des römischen Imperiums. Gleichzeitig sah er sich als Beschützer des Christentums und seine Herrschaft durch das „Gottesgnadentum“ begründet. Er stellte sich über alle anderen Könige des Abendlandes und setzte diesen Anspruch vor allem mit militärischer Macht durch. Seine Macht sicherte er, indem er die Herzöge des Reichs an sich band und ihnen wichtige Ämter mit den dazugehörigen Herrschaftsgebieten verlieh. Als Gegenleistung mussten die weltlichen Fürsten ihm die Treue schwören. Gleichzeitig verlieh er aber auch Bischöfen und Äbten weltliche Ämter in seinem Reich und vergab auch höchste kirchliche Ämter. Seine Macht nach außen vergrößerte er, indem er die seit Jahrzehnten andauernden Einfälle der Ungarn beendete. Gleichzeitig verbreitete er in den östlichen Gebieten des Reichs das Christentum. Mit seiner Kaiserkrönung 962 wurde das „Heilige Römische Reich (später mit dem Zusatz „Deutscher Nation“)“ geschaffen, das bis 1806 Bestand haben sollte. Seit der Kaiserkrönung Ottos I. waren die ostfränkisch-deutschen Könige auch immer Anwärter auf die Kaiserkrone des Reichs. In den kommenden Jahrhunderten entstand aus dem Reich, das Otto geschaffen hatte, nach und nach das Reich der Deutschen.

4 Aussage ist richtig: Aufbau zusammenhängender Herrschaftsgebiete durch die Fürsten; in den Landesherrschaften Aufbau einer eigenen Verwaltung der Fürsten ohne Einflussmöglichkeit des Kaisers; Fürsten erhalten ihre Rechte schließlich in Etappen schriftlich verbrieft: Gesetz zugunsten der Fürsten (1232), Goldene Bulle (1356) – seit 1356 Wahl des Königs durch die Kurfürsten

5 individuelle Lösung; einerseits wird der Mönch sich bemühen, die Ereignisse in zeitlich genauer (→ Chronik) Reihenfolge aufzuzeichnen – andererseits wird er diese Ereignisse als Mann der Kirche eher aus der Sicht des Papstes einseitig darstellen (vergleichbar der einseitigen Darstellung der Ereignisse rund um Canossa in M3). Wichtige Sachverhalte/Ereignisse: Mit dem Papst gemeinsames Anliegen einer Kirchenreform → Einsetzung von Geistlichen, Äbten und Bischöfen allein Sache der Kirche; unzulässiger Eingriff des Königs in Mailand → Papst zurecht empört; König kann den Papst gar nicht absetzen → berechtigter Kirchenbann des Königs; Ereignisse rund um Canossa → Sieg des Papstes → berechtigte Vorrangstellung des Papstes.

6 Otto I. erhielt, wie der Frankenkönig Karl, den Beinamen „der Große“, weil er ein für die damalige Zeit sehr großes Reich formte und regierte, das bis in das Jahr 1806 bestand. Die Zuweisung „der Große“ kann vor allem mit Ottos militärischen, aber auch innenpolitischen Erfolgen begründet werden.

7 Städte werben vermutlich mit bekannten Persönlichkeiten, um Touristen und Besucher in die Stadt zu locken und um diese in einem positiven Licht darzustellen. In Magdeburg wirbt man mit Otto „dem Großen“, da er sich oft in der Stadt aufgehalten hat und weil man dem Namen Otto heute noch oft in der Stadt begegnet. Es soll das Bild einer historisch wichtigen, traditionsreichen und bedeutsamen Stadt vermittelt werden.

Kapitel 3: Mittelalterliches Leben auf dem Land (S. 100/101):

- zum Kasten S. 100: 1. Grundherrschaft: z. B. ein Adliger, ein Kloster oder ein Bischof verfügte über das Eigentum an Grund und Boden. Er war der Grundherr und überließ abhängigen Bauern, den Hörigen, Land zur Bewirtschaftung. Für den Schutz, den der Grundherr gewährte, waren die Hörigen zu Abgaben und Frondiensten verpflichtet – dadurch entstand eine gegenseitige Abhängigkeit. Unfreie Bauern, die Leibeigenen, arbeiteten auf dem Herrenland bzw. auf Fronhöfen, die den Mittelpunkt einer Grundherrschaft bildeten. Lehnswesen: Das Lehen war ein vom Lehnsherrn an den Lehnsmann (Vasall) lebenslang geliehenes Gut, für das der Vasall dem Herrn Dienste leistete (gegenseitige Abhängigkeit). Lehnsherr und Vasall begaben sich in ein gegenseitig verpflichtendes Verhältnis, in dem beide einander Treue schuldeten: Der Herr erwartete im Frieden Rat und im Kriegsfall militärische Hilfe. Als Gegenleistung belohnte der Herr den Vasallen mit einem Lehen.

1. **a)** links: Übergabe eines Zepterlehens an geistliche Kronvasallen; Wappen als Zeichen der Erblichkeit von Lehen; rechts: Kronvasallen geben Lehen (Kirche/Kloster) weiter an Untervasallen
   b) individuelle Lösung

2 **a)** Die Szene zeigt, wie adlige Männer eine vornehme Dame begrüßen. Alle Personen tragen kostbare Kleider aus teuren Stoffen und die für die Zeit typischen Schnabelschuhe. Sie bewegen sich auf einem Blumenteppich. Im Hintergrund kann man eine mächtige Burg erkennen. Das Bild zeigt das Ideal eines Lebens in höfischem Ganz, frei von Sorgen.
b) Das Bild auf dem Wandteppich zeigt eine Idealvorstellung. Die Wirklichkeit des adligen Alltagslebens sah anders aus, denn statt Blumenteppichen bestimmten Krankheiten, Dreck und Gestank die Umgebung. Die teuren Kleider konnten sich nur wenige Adlige leisten. Auch die Burgen waren in Wirklichkeit viel unscheinbarer, als hier dargestellt.

3 **a)** Von oben nach unten jeweils der Zehnt von: Lämmern, Obst und Wein, Fleisch, Getreide, Gänse und ein Geldzins für Eier und Getreide.
b) Die Bauern zahlten den Zehnt, da sie entweder als Leibeigene dem Grundherrn gehörten und auf seinem Hof lebten oder weil sie eine Hufe bearbeiteten, die sie vom Grundherrn zur Verfügung gestellt bekamen. Sie standen im Kriegsfalle unter dem Schutz des Grundherrn und mussten nicht wie die freien Bauern in den Krieg ziehen. Bei Missernten versorgte der Grundherr außerdem seine Bauern. Sie waren somit von dem Grundherrn abhängig – ebenso war der Grundherr von den Bauern abhängig, da er von ihnen ernährt wurde.

4 individuelle Lösung

5 Durch den Nachbau der mittelalterlichen Burg kann man heute untersuchen, mit welchen Methoden die Menschen im Mittelalter eine Burg errichtet haben und wie aufwendig dies mit mittelalterlichen Werkzeugen und Methoden gewesen ist. Der Bau nach mittelalterlichen Methoden und die Bauzeit von 26 Jahren sind heute natürlich nicht mehr zeitgemäß – mit modernen Methoden konnte viel schneller gebaut werden. Jedoch erhält man auf diese Weise einen Einblick in mittelalterliche Arbeits- und Lebensweisen. Darüber hinaus könnten Historiker auch überprüfen, ob mittelalterliche Quellen wahrheitsgetreu berichten, oder ob die Menschen im Mittelalter in der Realität eine Burg auf eine andere Art und Weise errichtet haben.

Kapitel 4: Leben in der mittelalterlichen Stadt (S. 132/133):

- zum Kasten S. 132: 1. z. B. Hanse: mächtigster Städtebund des Mittelalters. Sie vertrat die Interessen der städtischen Fernhandelskaufleute. Das Bündnis der Hanse: eine bedeutende wirtschaftliche und politische Institution; Zünfte: verpflichtender Zusammenschluss von Handwerkern eines Berufszweiges. Die Zunft regelte und überwachte Ausbildung, Warenqualität, Handel und Anzahl der Meisterbetriebe und verhinderte Konkurrenz unter den Handwerkern. Sichtbare Merkmale einer Stadt: Woran man eine mittelalterliche Stadt erkennen konnte: Stadtmauer, Befestigungstürme, Rathaus, Marktplatz, Rolande, Kirchen usw.;
  2. Frauen boten sich in der Stadt zwar viele Möglichkeiten beruflicher Tätigkeit, z. B. als Kauffrauen, Webermeisterinnen, Seidenspinnerinnen oder Weinhändlerinnen, dennoch gab es in der mittelalterlichen Stadt Unterschiede zwischen Mann und Frau. Frauen waren in der Stadt rechtlich frei, sie besaßen aber keine politischen Rechte. Aus diesem Grund durften sie keine politischen Ämter im Stadtrat, dem Gericht oder der Verwaltung ausüben. Im Privatleben war die Rollenverteilung zwischen Mann und Frau klar geregelt.

1 Von den anwesenden 30 197 Menschen hatten in Nürnberg nur 17 583 und somit nur etwas über die Hälfte der dort wohnenden Personen das Bürgerrecht inne. Ihnen standen die große Zahl der Einwohner ohne Bürgerrecht gegenüber: 150 Juden,

446 Geistliche und 1986 sonstige Nichtbürger. Dazu kamen noch 10 032 bäuerliche Personen, die nicht zu den Einwohnern zählten. Daraus ergibt sich, dass sich in der Stadt viele Menschen aufhielten, die kein Bürgerrecht hatten und auch nicht zu den Einwohnern zählten. Nur etwas mehr als die Hälfte der Bevölkerung verfügte über das vollständige Bürgerrecht und somit über politische Rechte und Freiheiten.

2 Das Bild ist in der Mitte durch die nach vorne laufende Stadtmauer klar geteilt; die linke Hälfte (Stadt) wird durch hohe, dicht aneinandergereihte Steinhäuser gekennzeichnet und durch Menschen, die etwas transportieren oder „bewegen"; die rechte Bildhälfte enthält das durch Landwirtschaft (Felder) gezeichnete Hügelland, nur von einzelnen Gehöften „unterbrochen". Auffallend ist, dass sich in der rechten Bildhälfte zwei Menschengruppen befinden, die sich von ihrem Aussehen (Status) und ihrer Tätigkeit grundlegend voneinander unterscheiden: vornehm gekleidete Reiter, die sich unterhalten, und auf dem Feld körperlich hart arbeitende Bauern.
Während es zwei Reitergruppen gibt, von denen eine in die Stadt, die andere von dieser wegreitet, wirkt die Gruppe der auf dem Feld arbeitenden Personen in sich geschlossen. In der Stadt lassen sich Personen unterscheiden, die Lastpferde vor sich hertreiben, eine Person, die eine Schweineherde treibt, und zwei, die etwas am Körper tragen. Die Darstellung von Stadt und Land wirkt deutlich stilisiert: Die Stadt-„Aufnahme" wirkt aufgrund der Enge und Farbgebung sehr energiegeladen und „bunt", die des Landes aufgrund der angedeuteten Weite (Hügellandschaft mit Baum- und Pflanzreihen) ruhig und offen. Aber auch die ländliche Lebenswelt ist eine strukturierte und kultivierte: Das zeigen die Begrenzungen, die offensichtlich von Menschenhand angelegt sind, und die durchgängig landwirtschaftliche Nutzung des Bodens. Das Stadttor, das die Verbindung beider Lebensbereiche darstellt, wird nicht selbst gezeigt, aber dadurch, dass Personen hinter der Mauer verschwinden, andere jenseits dieser hervorkommen, ist klar, dass sich unter dem Turm das Stadttor befinden muss.
Der Künstler macht in seinem Bild deutlich, dass die Lebensbereiche und -formen, die er durch Stadt und Land darstellt, sich unterscheiden, aber er verknüpft das nicht mit einer expliziten Wertung. Vielmehr erscheint es so, als seien beide Bereiche füreinander notwendig, als seien sie – trotz der klaren Trennung (Stadtmauer) – miteinander verbunden.

3 **a)** Die meisten Landbewohner waren von einem Grundherrn abhängig. Als Hörige bezeichnete man die Landbewohner, die persönlich von einem Grundherrn abhängig waren.
b) Die Stadt hatte für viele Menschen aus dem Umland eine besondere Anziehungskraft, weil sie sich dort die persönliche Freiheit, bessere Lebens- und Arbeitsbedingungen und eine verbesserte Rechtsstellung versprachen.
c) Für die Dorf- bzw. Landbewohner war die Stadt ein besonderer Ort, denn dort konnten sie ihre Waren gegen Geld verkaufen.
d) Die Dorfbewohner hatten großes Interesse an den Waren aus verschiedenen Ländern, die von den vielen Kaufleuten und Händlern in die Stadt gebracht wurden.
e) Viele der Landbewohner erhofften sich ein freieres Leben unter besseren Lebensbedingungen in der Stadt.
f) Schaffte es der Leibeigene eines Grundherrn, ein Jahr und einen Tag in der Stadt zu leben, galt er als persönlich frei und war nicht mehr vom Grundherrn abhängig („Stadtluft macht frei"), jedoch galt er nur als Einwohner ohne Bürgerrecht und durfte nicht jeden Beruf ausüben.

3 **b)** individuelle Lösung

4 Besucher und Darsteller von Mittelaltermärkten nehmen an solchen Märkten teil, weil sie sich für das Leben von vor rund 1000 Jahren interessieren. Für viele Menschen bedeutet es eine Abwechslung vom Alltag. Für Händler sind Mittelaltermärkte außerdem ein wichtiger Absatzmarkt. Sie bezahlen eine Standgebühr, um dort ihre Waren zu verkaufen. Die Besucher möchten das Mittelalter und das Fremde verstehen.

5 Für die Durchführung von Mittelaltermärkten spricht: Die Besucher erhalten durch den Besuch eines Marktes Einblicke in das Mittelalter und die mittelalterliche Lebensweise; für die Durchführung spricht auch die Neugier und Faszination am Unbekannten sowie das persönliche Interesse der Besucher. Gegen die Durchführung von Mittelaltermärkten spricht: Wenn der Markt nicht authentisch ist, bekommen die Besucher eine falsche Vorstellung vom Mittelalter; ein vollkommen authentischer Markt ist heute schwierig zu organisieren, da man nicht immer die modernen technischen Errungenschaften und Geräte verbergen kann. Auch werden Schmutz und Gestank vermieden, um Käufer und Besucher anzulocken.

Übersicht über die Fachmethoden aus Band 5 und 6

Die Seitenzahlen in dieser Übersicht verweisen auf den vorliegenden Band. Im zweiten Teil sind die Methoden-Arbeitsschritte, die in Band 5 eingeführt wurden, abgedruckt.

Methoden aus Band 5:

• Das Internet nutzen

Suche beginnen

1. Zu welchem historischen Thema suche ich Informationen?
2. Welche Internet-Suchmaschine wähle ich aus?
3. Welche Internethinweise gibt das Schulbuch?

Suchabsicht festlegen

4. Welche Suchwörter helfen mir zur Beantwortung meiner Fragen weiter?

Überblick über das Suchergebnis bekommen

5. Welche Links sind interessant und brauchbar für mich?
6. Welche Links stammen von glaubwürdigen Anbietern?

Ergebnisse ordnen

7. Wie gehe ich mit den Informationen einer Webseite um?

Informationen sichern und auswerten

8. Wie halte ich die gefundenen Informationen fest?

• Gegenständliche Quellen interpretieren

Die gegenständliche Quelle beschreiben

1. Was sind die äußeren Merkmale (z.B. Aussehen, Größe, Gewicht, Material) des Gegenstandes?
2. Wie alt ist der Gegenstand?
3. Wo wird der Gegenstand heute aufbewahrt?

Die Funktion und Bedeutung der gegenständlichen Quelle untersuchen

4. Wie funktioniert bzw. wie bedient man den Gegenstand?
5. Wozu wurde der Gegenstand in der Vergangenheit genutzt?
6. Wem gehörte der Gegenstand?
7. Welche Bedeutung hatte der Gegenstand damals und heute?

Die gegenständliche Quelle interpretieren

8. Welche Aussagen lassen sich mithilfe des Gegenstandes über das Leben der Menschen (z.B. auf Lebensweisen, Alltag, technischer Fortschritt) treffen?
9. Ist der Gegenstand für unser heutiges Leben noch bedeutsam oder wurde er von einem anderen ersetzt?

• Einen Sachtext lesen und verstehen

1. Schritt: Ersten Überblick verschaffen
Welche Überschrift hat der Text?
Wie ist der erste Eindruck von Inhalt und Aufbau des Textes?

2. Schritt: Fragen stellen
Was weiß ich schon über das Thema?
Wer kommt in dem Text vor?
Wo und wann findet das Dargestellte statt?
Worum geht es?
Welche Fragen bleiben offen?

3. Schritt: Schlüsselwörter klären
Welche schwierigen Wörter oder Unklarheiten muss ich klären?
In welche Abschnitte lässt sich der Text gliedern?
Welche Überschriften passen zu den Textabschnitten?

4. Schritt: Inhalt wiedergeben
Gib mithilfe der Überschriften und Schlüsselwörter den Inhalt des Textes wieder.

• Eine Geschichtskarte lesen

Den Kartentitel auswerten

1. Welche Informationen kannst du dem Kartentitel entnehmen?

Die Kartenlegende entschlüsseln und den Maßstab feststellen

2. Nimm dir Zeit, die Legende genau zu studieren. Sie ist der Schlüssel zum Verständnis der Karte: Wofür stehen die verwendeten Symbole?
3. Welche Bedeutung haben die kursiv gesetzten Namen?
4. In welchem Maßstab ist die Karte angefertigt?

Die Karte lesen

5. Häufig gehst du von vorformulierten Fragen aus, manchmal stellst du selbst Fragen an die Karten.
6. Was ist die Hauptaussage der Karte?

Weitere Fragen zur Karte stellen

7. Karten können nicht alle wichtigen Informationen zu einem Thema aufnehmen, da sie ansonsten mit Symbolen überfrachtet und kaum mehr lesbar wären. Ausgehend von einer Karte ergeben sich deshalb oft Fragen, zu deren Klärung du weitere Hilfsmittel benötigst.

• Eine Bildquelle auswerten

Einzelheiten des Bildes erfassen

1. Welche Personen sind dargestellt?
2. Wie sind sie gekleidet und dargestellt?
3. Welche weiteren Gegenstände oder Tiere sind zu sehen?
4. Wo befinden sich die Personen und Gegenstände?

Zusammenhänge erklären

5. In welcher Beziehung stehen die abgebildeten Personen, Tiere oder Gegenstände zueinander?
6. Findest du Merkmale, die auf bestimmte Eigenschaften, Beruf oder gesellschaftliche Stellung der dargestellten Personen hinweisen?

Zusätzliche Informationen heranziehen

7. In der Bildlegende findest du wichtige Hinweise. Sie gibt dir Auskunft darüber, wer wann für wen warum ein Bild gemalt hat. Manchmal hat das Bild auch einen Titel.
8. Weitere Fragen lassen sich oft durch eine zusätzliche Textquelle klären.

• Eine schriftliche Quelle untersuchen

Die Quelle mit Blick auf eine Leitfrage sichten

1. Eine Leseabsicht festlegen – welche Frage soll mit der Quelle beantwortet werden?
2. Lies den Text gründlich.

Informationen zum Autor und zur Entstehungszeit beachten

3. Wer war der Autor/die Autorin der Quelle?
4. Wann und wo wurde die Quelle geschrieben?
5. Um welche Art von Text handelt es sich (z. B. Tagebuch, Brief, Rede, historisches Werk)?
6. An wen war der Text gerichtet?

Inhalte der Textquelle entnehmen und verstehen

7. Welche Begriffe muss ich klären?
8. Wie ist die Quelle aufgebaut? Finde Überschriften für die wichtigsten Abschnitte.
9. Welche Stellen sind erklärungsbedürftig? Stelle passende Warum-Fragen und versuche sie zu beantworten.
10. Was ist die Hauptaussage des Textes? Beantworte die Leitfrage aus Schritt 1.

Absicht des Autors einschätzen und die Textquelle beurteilen

11. Welche Absicht verfolgte der Autor?
12. Wie zuverlässig erscheinen die Aussagen der Quelle? (Wann lebte der Autor? Wann schrieb er den Text? Wie groß war der zeitliche Abstand zu dem Ereignis?)
13. Welche Meinung vertrittst du zum Inhalt der Quelle? (Sind die Aussagen glaubwürdig, schlüssig, fragwürdig, einseitig, zweifelhaft?)

• Schaubilder verstehen

Einzelne Elemente des Schaubildes erfassen

1. Welche Fachbegriffe werden verwendet und müssen geklärt werden?

Aufbau des Schaubildes untersuchen

2. Wie ist das Schaubild zu lesen?
3. Welche Versammlungen und Ämter gab es?

Inhalt vertiefen und bewerten

4. Was waren die Aufgaben der einzelnen Ämter und Versammlungen?
5. Wie war die Macht im Staat verteilt?
6. Sammle offene Fragen.

• Schriftliche Quellen vergleichen

Ersten Eindruck festhalten

1. Wie ist dein Eindruck nach dem ersten Lesen?

Informationen zu Autoren und Entstehungszeit herausarbeiten

2. Wann sind die Texte geschrieben worden?
3. Wie groß ist der zeitliche Abstand zwischen Ereignis und Bericht?
4. Waren die Autoren Augenzeugen? Wenn nicht: Wen geben sie als Informanten an?

Inhalt der Textquellen zusammenfassen und vergleichen

5. Gib die Hauptaussagen und Schlüsselbegriffe der Texte wieder und vergleiche beide im nächsten Schritt.
6. Welche Informationen stimmen überein?
7. Gibt es Einzelheiten, die nicht in den Texten erscheinen bzw. unterschiedlich genau oder ausführlich wiedergegeben werden?
8. Was wird berichtet, ist es logisch oder enthält es Unstimmigkeiten?
9. Ist ein Urteil oder eine Meinung des Verfassers zu erkennen?

Weitere Informationen sammeln

10. Ziehe weitere Informationen hinzu, z. B. aus Sachbüchern, dem Schulbuch oder dem Internet.

Ergebnisse darstellen und beurteilen

11. Vergleiche die Notizen aus den einzelnen Arbeitsschritten miteinander. Formuliere eine eigene Meinung.

Geschichte darstellen: Geschichte erzählen

Wie du Geschichte und vergangene Ereignisse mündlich oder schriftlich darstellen kannst, hast du bereits auf den „Geschichte-darstellen-Seiten“ sowie bei den „Geschichte-darstellen-Aufgaben“ in Band 5 kennengelernt. Die Seitenzahlen in dieser Übersicht verweisen auf den vorliegenden Band. Im zweiten Teil sind noch einmal die Inhalte der „Geschichte-darstellen-Seiten“, die in Band 5 eingeführt wurden, abgedruckt.

Übersicht der Geschichte-darstellen-Seiten aus Band 5:

• Gegenständliche Quellen vorstellen

1. Bezeichnung des Gegenstandes
2. Aussehen (Größe, Gewicht, Material)
3. Fundort zu Hause
4. Alter
5. Herstellungsort
6. im Familienbesitz seit
7. frühere und aktuelle Aufbewahrungsorte
8. frühere Verwendung
9. heutige Verwendung
10. Bedienung
11. Bedeutung für Menschen früher
12. Bedeutung für Menschen heute
13. meine Informationsquelle(n)

• Einen Sachtext verfassen (zeitliche Verläufe darstellen)

Eine Leitfrage formulieren

1. Worüber soll der Sachtext informieren?

Informationen sammeln, ordnen und in kurzen Stichpunkten notieren

2. Suche nach Quellen und Darstellungen, die dir Informationen zu deiner Leitfrage liefern.
3. Schreibe dir stichpunktartig Informationen auf, mit denen du die Leitfrage beantworten kannst. Ordne diese nach Wichtigkeit.

Den Sachtext gliedern und schreiben

4. Die Einleitung
   - Stelle das Thema und die Leitfrage(n) vor.
5. Der Hauptteil
   - Formuliere aus den vielen Informationen und Stichpunkten aus dem dritten Arbeitsschritt ganze, zusammenhängende Sätze.
   - Damit der Sachtext verständlich ist, musst du das Geschehene zeitlich ordnen (siehe unten): Was geschah zuerst, was folgte darauf, was geschah gleichzeitig zu einer Handlung/einem Ereignis?

6. Der Schluss
   - Beantworte die Leitfrage(n) aus Arbeitsschritt 1 und erkläre, woher deine Informationen stammen.

Zeitliche Verläufe in einem Sachtext darstellen
Beim Schreiben eines Sachtextes, der über ein historisches Ereignis oder eine Handlung berichtet, helfen dir folgende Begriffe:

- **vorher** (zuerst, davor)
- **nachher** (später, danach, dann)
- **zeitgleich** (zur selben Zeit, gleichzeitig)

• Die wahre Geschichte? (Nachweisbarkeit prüfen und darstellen)

1. **sicher belegt:**
   Informationen, die sicher belegt werden können, lassen sich durch mehrere Quellen von verschiedenen Personen aus verschiedenen Sichtweisen übereinstimmend belegen.

2. **teilweise belegt:**
   Teilweise belegbare Informationen sind in einzelnen Quellen zu finden oder werden angedeutet. Es fehlen aber Quellen zu weiteren Sichtweisen von anderen Personen.

3. **vermutlich:**
   Informationen, die mit „vermutlich" gekennzeichnet werden, sind so direkt in den Quellen nicht zu finden. Sie können aber aus dem Zusammenhang einer oder mehrerer Quellen abgeleitet werden. Archäologen können auch anhand verschiedener Gegenstände oder des Zustandes von Knochen Vermutungen auf Verwendung eines Gegenstandes oder Lebensweise der Menschen aufstellen. Dabei können Vermutungen auch unterschiedlich sein.

4. **unklar:**
   Zu diesen Informationen können keine Aussagen getroffen werden, die sich durch Quellen belegen lassen.

Unterrichtsmethoden

Die Kugellager-Methode

- Bei der Durchführung sitzt oder stellt ihr euch paarweise in einem Innen- und einem Außenkreis gegenüber.
- In einem vorher festgelegten Zeitrahmen tauscht ihr euch mit eurem Gegenüber über ein vorher festgelegtes Thema aus.
- Auf ein vereinbartes Zeichen der Lehrkraft dreht sich der Innenkreis im Uhrzeigersinn zwei Plätze weiter. Dort findet der Austausch mit dem neuen Partner statt.
- Für einen erneuten Partnerwechsel dreht sich auf das Signal der Lehrkraft der Außenkreis gegen den Uhrzeigersinn zwei Plätze weiter.
- Nach mehreren Runden könnt ihr eure Ergebnisse gemeinsam auswerten.

Tipp: Schafft genug Platz, sodass ihr einen gewissen Abstand zu den anderen Paaren habt. Dafür könnt ihr Tische und Stühle an den Rand schieben oder vielleicht auf den Schulhof gehen.

Einen Kurzvortrag halten

- Vorbereitung: Sammle und ordne alle Informationen zu deinem Thema in einer Mindmap.
- Entwickle eine Gliederung für deinen Vortrag: Lege zu jedem Hauptpunkt eine Karteikarte mit den wichtigsten Informationen an und nummeriere die Karteikarten in einer sinnvollen Reihenfolge.
- Überlege dir einen interessanten Einstieg und Schluss für deinen Vortrag.
- Versuche, möglichst frei vorzutragen. Sprich laut, deutlich und nicht zu schnell.
- Schau dein Publikum an. So siehst du auch, wenn es Zwischenfragen gibt.
- Unterstütze deinen Vortrag durch Anschauungsmaterial (Bilder, Grafiken, Gegenstände).

Ein gutes Lernplakat gestalten

- Verwende für das Plakat mindestens die Größe DIN A2, besser DIN A1 (= 8 DIN A4-Blätter).
- Beschränke dich auf die wesentlichen Informationen.
- Die Informationen auf dem Plakat müssen sachlich stimmen (z. B. richtige Jahreszahlen).
- Das Thema des Plakats muss deutlich zu lesen sein.
- Schreibe in Stichpunkten oder in kurzen Sätzen.
- Unterstreiche Schlüsselbegriffe oder rahme sie ein.
- Verwende für die Schrift einen schwarzen oder dunkelblauen Stift. Andere Farben eignen sich für Pfeile, Linien oder Hervorhebungen.
- Achte auf die Lesbarkeit der Schrift (Größe und Ordnung). Du kannst Hilfslinien mit Bleistift zeichnen und später wegradieren.
- Gliedere deine Informationen durch unterschiedliche Schriftgrößen. Verwende Ordnungszahlen, wenn du eine bestimmte Reihenfolge darstellen möchtest.

4

Ein Rollenspiel durchführen

- **Ausgangslage festhalten:** Fertigt eine Situationskarte und mehrere Rollenkarten an. *Situationskarte:* kurze Beschreibung, welche Situation nachgespielt werden soll. Welche Probleme sind zu lösen? *Rollenkarte:* Je eine für die dargestellten Personen und für die Beobachter. Auf den Karten sind Tätigkeit, Eigenschaften, Verhalten und die Ziele der Personen notiert.
- **Rollen verteilen:** Vorgaben der Rollenkarten beachten, eigene Vorstellungen dürfen aber auch eingebracht werden.
- **Spiel vorbereiten:** Die Spielerinnen und Spieler heften sich ein Schild mit ihrer Rollenkennzeichnung an. Sie besprechen die Situation (Situationskarte) und die Rollen (Rollenkarten) untereinander.
- **Spiel durchführen:** Spielbeobachter machen sich während des Spiels Notizen zu den einzelnen Rollen.
- **Spiel auswerten:** Die Beobachter bewerten das Spiel und begründen ihre Meinung. Wurden die Rollen glaubhaft gespielt? Welche Argumente wurden genannt? Passten sie in die Situation und die Zeit? Was war gut, was könnte verbessert werden?

5

Ein Standbild entwickeln

In einem Standbild stellt ihr eine bestimmte Handlung oder eine Szene aus einem Bild nach. Dafür benötigt ihr:
einen oder mehrere Standbildbauer, einen oder mehrere Darsteller, Zuschauer.

- Der Standbildbauer formt durch Anweisungen und Vormachen das Standbild. Er/sie gibt dabei möglichst viele Einzelheiten vor, z. B. Körperhaltung, Gesichtsmimik, Gestik der Hände. Die Darsteller verhalten sich hierbei wie „lebendige Puppen" und folgen, ohne zu sprechen, den Anweisungen.
- Es ist auch möglich, dass jede Rolle doppelt besetzt wird: Ein Darsteller nimmt die Position einer bestimmten Person ein, der andere steht dahinter und sagt laut, was diese Person in dieser Situation vielleicht denkt.
- Die Zuschauer beurteilen im Anschluss das Standbild und können Veränderungen vorschlagen.
- Zum Abschluss berichten die Darsteller über ihre Wahrnehmung.

Tipp: Entwickelt mehrere Standbilder zu dem gleichen Thema, dann wird es noch interessanter, und ihr könnt im Anschluss die verschiedenen Blickwinkel miteinander vergleichen.

Lexikon

Im Lexikon werden Fremdwörter, historische Begriffe und Ereignisse erläutert, die in den Texten dieses Buches vorkommen und mit einem * versehen sind. Die Fachbegriffe, die auf den Themenseiten erklärt werden, haben einen Verweis auf die entsprechende Seite.

A

Abbasiden, eine muslimische Herrscherdynastie, die auf den Onkel Mohammeds zurückgeht. Von 749/750 bis 1258 stellten die Abbasiden die → Kalifen.

Abt/Äbtissin, Vorsteher/in einer klösterlichen oder klosterähnlichen Gemeinschaft (Abtei). Die Mönche und Nonnen müssen ihnen gegenüber Gehorsam leisten.

Adel/Adlige, bestimmte Personen in einer Gesellschaft, die besondere Rechte genießen. Sie gehören meist schon durch Geburt den herrschenden oder besonders einflussreichen Familien an.

Almosen, kleinere Spende für Bedürftige.

Altertum/Antike, Zeitabschnitt nach der schriftlichen Vor- und Frühgeschichte; beginnend mit den frühen Hochkulturen um 3000 v. Chr., endend mit dem Zerfall des Weströmischen Reichs ca. 500 n. Chr. Die Zeit der klassischen Antike beginnt mit Griechenland um ca. 1000 v. Chr. und endet um 500 n. Chr.

Archäologie (griech. Altertumskunde), Wissenschaft, die sich mit Überresten aus Ausgrabungen beschäftigt. Da hingegen erst seit etwa 5000 Jahren schriftliche Quellen vorliegen, umfasst der Forschungszeitraum der Archäologie den größten Teil der menschlichen Geschichte.

B

Berber, Bezeichnung für einen nordafrikanischen Volksstamm.

Bischof, ursprünglich Vorsteher der christlichen Gemeinden. Seit dem 4. Jh. verwaltete der Bischof als oberster Priester ein bestimmtes Gebiet (Diözese). Im Frühmittelalter wurden die Bischöfe häufig vom König eingesetzt. Dies änderte sich nach der Wormser Konkordat 1122.

Bürger, im Mittelalter und in der Frühen Neuzeit vor allem die städtischen Kaufleute und Handwerker. Im Gegensatz zur Landbevölkerung wurden im Laufe des Mittelalters die Stadtbewohner persönlich frei, konnten über ihren Besitz ungehindert verfügen und unterstanden einem eigenen Richter. Die wichtigsten Pflichten der Bürger waren Steuerzahlung und Stadtverteidigung.

Bürgerrecht, in der mittelalterlichen Stadt besaßen Bürger das Recht, Grundbesitz frei zu verkaufen und zu vererben; auch konnten sie ihren Wohnsitz wechseln. Ursprünglich besaßen nur wohlhabende Kaufleute und Handwerksmeister das Bürgerrecht; sie allein wählten den Rat und besetzten die städtischen Ämter. Frauen nahmen an den Rechten nur durch ihre Männer teil. Juden, Gesellen, Mägde und Tagelöhner waren meist vom Bürgerrecht ausgeschlossen.

C

Christlich-orthodox, die orthodoxe Kirche entstand 1054 durch die Kirchenspaltung in orthodoxe und katholische Kirche.

Chronik, Bezeichnung für eine Darstellung, in der die Ereignisse in zeitlicher Abfolge niedergeschrieben sind.

D

Deutsche Ostsiedlung, Bezeichnung für die Kolonisation östlicher Gebiete ab Mitte des 12. Jahrhunderts.

Deutsches Recht, Bezeichnung für das auf germanische Stammesrechte zurückgehende Recht. Neben dem römischen Recht ist es die bedeutendste Rechtsquelle für die Entwicklung des europäischen Rechts. In der → Deutschen Ostsiedlung war damit oft die Übernahme eines Stadtrechts (z. B. des Magdeburger oder Nürnberger Rechts) gemeint, denn viele osteuropäische Städte übernahmen das Stadtrecht deutscher Städte.

Dhimmi (Schutzbefohlene), Bezeichnung für Christen und Juden, die unter der islamischen Herrschaft in Al-Andalus eine besondere Kopfsteuer zahlten.

Dreifelderwirtschaft, bei dieser landwirtschaftlichen Nutzung des Bodens wird das Ackerland eines Dorfes dreigeteilt. Auf einem wird Wintergetreide und auf einem anderen Sommergetreide angebaut; der dritte Teil bleibt ungenutzt (Brache). Auf jedem Feld wechseln diese Anbauformen im festen Rhythmus; es kann sich also in jedem dritten Jahr erholen.

Dschihad, arabische Bezeichnung für „Heiliger Krieg". So bezeichnen Muslime den Kampf zur Verteidigung und Verbreitung des Islam.

Dynastie, Bezeichnung für ein Herrschergeschlecht oder eine Herrscherfamilie. Im Mittelalter gab es mehrere Herrscherdynastien, wie z. B. die Staufer, Salier, Ottonen, Karolinger oder die Merowinger.

E

Evangeliar, Buch mit dem vollständigen Text der vier Evangelien der Bibel. Besonders aus dem frühen Mittelalter ist eine Reihe prachtvoll geschmückter Evangeliare erhalten.

F

Familie, im Mittelalter verstand man unter „Familie" die Gemeinschaft aller Menschen eines → Fronhofes (vom Grundherrn bis zum unfreien Bauern). In der Stadt sprach man vom „ganzen Haus" und meinte damit alle in einem Haushalt zusammenlebenden Menschen. Der Adel und die reichen Bürger legten auf die Abstammung von einem bedeutenden Ahnherrn sowie auf die weiteren verwandtschaftlichen Beziehungen Wert, da sie für das Ansehen, die Geschäftsverbindungen und die Wahl des Heiratspartners entscheidend waren.

Fehde, bezeichnete im Mittelalter eine Feindschaft oder einen Privatkrieg zwischen Parteien (z. B. Städten oder adligen Familien) zur Durchsetzung vermeintlichen Rechts, wenn keine Gerichtsbarkeit angerufen werden konnte.

Fronhof, Haupthof und Mittelpunkt einer Grundherrschaft. Er umfasste das Herrenhaus, die Wirtschaftsgebäude sowie Äcker, Wiesen und Wälder. Auf dem Fronhof tagte das Hofgericht des Grundherrn, dem alle Angehörigen des Fronhofes, auch die Hörigen, unterworfen waren. Vom 12. Jh. an wurden die Fronhöfe meist aufgelöst und das Land an die Bauern verpachtet.

Furt, seichte Stelle eines Flusses, an der man selbigen überqueren kann.

G

Geld, im frühen Mittelalter tauschten Menschen ihre Erzeugnisse gegenseitig aus (Tausch- oder Naturalwirtschaft), sodass Geld kaum eine Rolle spielte. Seit dem 12. Jh. nahm mit dem Aufschwung der Städte und des Handels die Bezahlung mit Geld immer mehr zu (Geldwirtschaft).

Geselle, Bezeichnung für einen Handwerker, der eine Ausbildung in einem handwerklichen Beruf erfolgreich abgeschlossen hat.

Gewerbe, selbstständige, auf eigene Verantwortung betriebene Arbeit, bei der etwas hergestellt wird. Meist werden damit Handwerks- oder Industriebetriebe umschrieben.

Gotik, europäischer Baustil im 12. bis 15. Jh. Kennzeichen gotischer Bauwerke sind hohe, schlanke Gebäudeformen, bei denen im Gegensatz zum romanischen Baustil die Außenwände leicht konstruiert und durch Fenster durchbrochen sind.

Gottesgnadentum, siehe S. 49

Graf(schaft), Graf hieß im frühen Mittelalter der königliche Amtsträger, der in seinem Bereich (Grafschaft) die hohe Gerichtsbarkeit ausübte, zur Heeresfolge aufrief und den Frieden im Inneren sicherte. Das Amt wurde im 9. Jh. erblich und vom örtlichen Adel übernommen, der selbst neue Grafschaften gründete. Einige Grafen bauten ihre Herrschaftsbereiche seit dem 12. Jh. zu eigenständigen Gebieten aus und wurden damit zu Landesherren.

Grundherrschaft, z. B. ein Adliger, ein Kloster oder ein Bischof verfügte über das Obereigentum an Grund und Boden. Er überließ abhängigen Bauern, den Grundholden (= Hörigen), Land zur Bewirtschaftung. Für den Schutz, den der Grundherr gewährte, waren die Hörigen zu Abgaben und Frondiensten verpflichtet. Gänzlich unfreie Bauern, die Leibeigenen, arbeiteten auf dem Herrenland bzw. auf Fronhöfen, die den Mittelpunkt einer Grundherrschaft bildeten.

H

Hanse, siehe S. 127

Hedschra, Bezeichnung für die Flucht Mohammeds aus Mekka nach Medina im Jahr 622. Dies ist gleichzeitig der Beginn der islamischen Zeitrechnung.

Heiliges Römisches Reich (im 15. Jahrhundert mit dem Zusatz „Deutscher Nationen“), Bezeichnung für den Herrschaftsbereich der deutschen Könige und Kaiser vom Mittelalter bis zum Jahr 1806. Mit der Bezeichnung „römisch“ knüpfte man an die Tradition der römischen Kaiser der Antike an, mit dem Zusatz „heilig“ wollte man darauf hinweisen, dass der Kaiser sich als der von Gott gewollte Herrscher und Beschützer der Christenheit verstand.

Herzog(tum), ursprünglich waren Herzöge Anführer ihres Stammes. Als im 9. Jh. die Herrschaft der fränkischen Könige schwächer wurde, entwickelten sich in den Gebieten der einzelnen Stämme Adlige zu mächtigen Anführern. Macht und Stellung dieser Stammesherzöge war der des Königs vergleichbar: Sie waren oberste Richter, erließen Gesetze, riefen zur Heeresfolge auf und sicherten den Frieden ihres Stammes.

Hörige → Leibeigene

I

Insignien, siehe S. 50

Investitur, siehe S. 56

Islam (arab. islam = Hingabe an Gott, Ergebung in Gottes Willen), der Islam bekennt sich wie Judentum und Christentum zu einem Gott. Grundlage des Islam ist der → Koran. Der Islam wurde zu Beginn des 7. Jh. durch den Propheten Mohammed begründet.

J

Juden(tum), Bezeichnung sowohl für die Religion, die Tradition, die Philosophie als auch die Gesamtheit der Juden; erste monotheistische Religion. Die Heilige Schrift der Juden ist die Thora (hebr. = Lehre). Das sind die fünf Bücher Mose, die dem Volk der Juden von Gott übergeben wurden. Der Ort des jüdischen Gottesdienstes ist die Synagoge.

K

Kaiser, siehe S. 34

Kalif (arabisch chalifa = Stellvertreter), Titel islamischer Herrscher als Nachfolger Mohammeds.

Katholisch, bis zur Reformation die einzige Konfession im christlichen Glauben. Nach der Reformation und im Zuge des Konzils von Trient (1563) als „römisch-katholisch“ bezeichnet.

Kleriker/Klerus, allgemein der Geistliche; in der katholischen Kirche der Amtsträger; zu ihm gehören alle Personen, die durch eine kirchliche Weihe in den Dienst der Kirche getreten sind (Geistliche). Der höhere Klerus – Bischöfe, Äbte u. a. – gehörte in der Regel dem Adel an. Angehörige des niederen Klerus, z. B. Dorfpfarrer oder einfache Mönche, stammten auch aus dem Bürgertum. Die Geistlichen besaßen als eigener Stand bis ins 19. Jh. den Nichtklerikern (Laien) gegenüber Vorrechte.

Kirchenbann, begeht ein Mensch ein schweres Verbrechen oder weicht er von der rechten Lehre ab, so kann die Kirche als schärfste Strafe über ihn den Kirchenbann (Exkommunikation) verhängen, so wie die weltliche Gewalt die Reichsacht aussprechen kann. Damit wird er von den Sakramenten (z. B. Abendmahl) und aus der christlichen Gemeinschaft ausgeschlossen, d. h. kein Christ darf mit ihm sprechen, Geschäfte betreiben usw. Nach auferlegter Buße konnte der Kirchenbann wieder aufgehoben werden.

Kloster, siehe S. 93

Knappe, war im Mittelalter eine Bezeichnung für einen Jungen, der sich in der Ausbildung zum Ritter befand. Ein Knappe musste einem anderen Ritter Dienst tun. Die Ausbildung zum Ritter durchlief drei Phasen: Mit 7 Jahren wurde der Junge als Page an einen fremden Hof zu einem Ritter geschickt. Mit 14 wurde er Knappe. Mit 21 Jahren war die Ausbildung zum Ritter beendet.

Kolonisatoren, Bezeichnung für eine Person, die ein Gebiet neu besiedelt.

König, Adliger, der gegenüber den Herzögen (ursprünglich Heerführer, dann Anführer eines Stammes als dauerhaftes Amt, z. B. Stammesherzog über die höheren Herrschaftsrechte verfügte. Die Ursprünge des Königtums liegen im „Heerkönigtum" (Heerführer).

Koran, das bedeutendste Buch des Islam. Im Arabischen bedeutet das Wort Qur'an so viel wie „Lesung" oder „Vortrag". Darin enthalten sind die Offenbarungen des Erzengels Gabriel, die er im Jahre 610 Mohammed verkündet haben soll. Der Koran besteht aus 114 Kapiteln, den sogenannten Suren. Diese umfassen mehr als 6000 Verse.

Kreuzfahrerstaaten, die Kreuzfahrer gründeten im Verlauf des Ersten Kreuzzuges entlang der östlichen Mittelmeerküste vier sogenannte Kreuzfahrerstaaten: die Grafschaft Edessa, das Fürstentum Antiochia, die Grafschaft Tripolis und das Königreich Jerusalem. In den Kreuzfahrerstaaten fand kultureller Austausch zwischen Christen und Muslimen sowie weiteren Völkern und Religionen statt.

Kreuzritter, Bezeichnung für einen Kämpfer, der an einem → Kreuzzug teilnahm. Nach dem Aufruf des Papstes zum Kreuzzug sollten Herzöge, Fürsten, Grafen und auch Könige und Kaiser als christliche Ritter ins Heilige Land ziehen und gegen ungläubige Muslime kämpfen. Durch die vermeintlich gute Sache animiert, sahen sich Kreuzritter als Kämpfer Christis.

Kreuzzüge, siehe S. 27

Krönung, eine feierliche Zeremonie, durch die ein mittelalterlicher Herrscher die Macht als Regent erhielt. Zeichen seiner Macht waren die → Insignien. Eine Krönung fand im Mittelalter nach einem seit Otto I. gültigen Ablauf (→ Ritual) statt.

Kulturlandschaft, Bezeichnung für Landschaften, die durch den Eingriff der Menschen verändert bzw. nutzbar gemacht wurden (z. B. durch Rodung oder Trockenlegung von Sümpfen).

Kurfürst, einer der ranghöchsten Fürsten des Heiligen Deutschen Reichs. Den Kurfürsten stand seit der Goldenen Bulle 1356 das alleinige Recht der Königswahl zu.

L

Landesherr, siehe S. 58

Legitimation, Rechtmäßigkeit der Macht, basierend auf Anerkennung durch das Volk, Geburt oder göttliche Fügung (→ Gottesgnadentum).

Lehnswesen, siehe S. 81

Leibeigene/Hörige, waren persönlich abhängig von ihrem Herrn (Leibherrn). Die Leibeigenen erhielten vom Grundherrn Land zur Bewirtschaftung und mussten dafür Abgaben und Dienste leisten. Sie waren an das ihnen übergebene Land gebunden und konnten zusammen damit verkauft werden. Ohne Zustimmung des Herrn konnten sie nicht heiraten und mussten an ihn eine jährliche Kopfsteuer (vielfach ein Huhn) entrichten. Nach dem Tod hatten die Erben eine beträchtliche Vermögensabgabe zu leisten: das beste Stück Vieh, das beste Kleidungsstück oder sogar die Hälfte der beweglichen Habe.

Limes, die Grenzbefestigung zwischen dem Römischen Reich und den von verschiedenen germanischen Völkern beherrschten Gebieten.

Lokator, Bezeichnung für einen Siedlungsunternehmer während der → deutschen Ostsiedlung. Lokatoren warben Neusiedler an. Sie organisierten den Aufbau von Dörfern und Städten in den neu besiedelten Gebieten.

M

Markt, Handelsplatz, der mit dem Marktrecht ausgestattet war und eine eigene Rechtsordnung besaß. Der Marktherr (König, Fürst oder Bischof) garantierte den Marktfrieden und die Sicherheit. Streitigkeiten wurden vor einem eigenen Marktgericht verhandelt. Menschenrechte, Rechte, die jedem Menschen allein durch seine Geburt zustehen, unabhängig von seiner Herkunft, seiner Stellung in Staat, Gesellschaft, Familie und Beruf sowie seiner Religion und Kultur. Auch andere Merkmale, wie Hautfarbe, Geschlecht und Sprache, lassen die jedem zustehenden Menschenrechte unberührt.

Märtyrer, Bezeichnung für eine Person, die aufgrund ihres Glaubens Verfolgungen, schweres körperliches Leid und sogar den Tod auf sich nimmt.

Ministeriale (Dienstmannen), waren ursprünglich Unfreie. Seit dem 10. Jh. wurden sie von ihren Herren mit Verwaltungs- und Kriegsdiensten beauftragt. Sie waren für Könige, Fürsten, Bischöfe oder Äbte unentbehrlich.

Minnedienst, war im Mittelalter der höfische Dienst eines Ritters zur Verehrung einer Frau.

Missionare/Missionierung, siehe S. 32

Mittelalter, der Begriff bezeichnet den Zeitraum zwischen 500 n. Chr. und 1500 n. Chr., der Zeit zwischen Antike und Neuzeit in der Geschichte Europas. Die Völkerwanderungen, das Ende des Weströmischen Reichs 476 n. Chr., die Gründung des Frankenreichs um 500 n. Chr. und der Aufstieg des Islams (7. Jh.) werden als Beginn einer neuen Epoche gesehen. Sie endet um 1500 in einer Zeit wichtiger Erfindungen und Entdeckungen (1492 Amerika) und religiöser Umwälzungen (1517 Reformation).

Monotheismus (griech. monos = einzig), der Glaube an einen einzigen Gott. Das Christentum, der Islam und das Judentum sind monotheistische Religionen.

Muslimisch, dem Islam angehören.

N

Neuzeit, bezeichnet in der Geschichte Europas den Zeitraum von etwa 1500 bis zur Gegenwart. Die Abgrenzung zum Mittelalter wird mit dem grundlegenden Wandel durch Humanismus, Renaissance, der Entdeckung Amerikas und der Reformation begründet. Als Frühe Neuzeit wird die Epoche von 1500 bis zur Französischen Revolution (1789) verstanden.

O

Omaijaden, eine muslimische Herrscherdynastie und die erste Dynastie der Kalifen. Sie wurden von den → Abbasiden gestürzt und regierten zwischen 661 bis 749/750.

Orden, Gemeinschaft von Männern oder Frauen, die sich durch Gelübde verpflichten, ihr Leben in den Dienst Gottes zu stellen. Sie gelobten Armut, ein eheloses Leben und Gehorsam gegenüber dem Abt oder der Äbtissin. Sie ziehen sich aus der Welt zurück und leben nach festen Regeln in einem Kloster.

P

Patriarch, hochrangigster Bischof der christlich-orthodoxen Kirche sowie der römisch-katholischen Kirche. Dort wird er „Papst“ genannt.

Patrizier, im Mittelalter die Angehörigen der städtischen Oberschicht.

Perspektive, aus dem Lateinischen übersetzt: die Sichtweise einer Person. Die Perspektive spielt in der Geschichtsforschung eine wichtige Rolle. Einerseits muss man bei der Auswertung der Quellen die Sichtweise der Person oder Gruppe beachten, von der die Quelle stammt. Andererseits haben alle Geschichtsforscherinnen und -forscher einen „eigenen Blick“ auf das Thema.

Pfalz, siehe S. 52

Pilger, Bezeichnung für eine Person, die aufgrund ihres Glaubens eine längere Reise, meistens zu Fuß, zu einer religiös besonders verehrten Stätte unternimmt.

Pogrom, Bezeichnung für gewalttätige Ausschreitungen und Verfolgungen gegen Menschen, die einer Minderheit angehören.

Polytheismus, nach den griechischen Wörtern polys = viel und theos = Gott die Bezeichnung für den Glauben an viele Götter. Polytheistische Religionen, wie die der Alten Ägypter, Griechen und Römer, gibt es auch heute noch, z. B. den Hinduismus. Im Gegensatz dazu bezeichnet der Monotheismus (griech. monos = einzig) den Glauben an einen einzigen Gott.

Privilegien (lat. = Sonderrechte), eine Rechtsvereinbarung, die nur für eine bestimmte Gruppe von Personen gültig ist. Im Mittelalter wurden Privilegien von einem weltlichen oder geistlichen Herrn verliehen und meistens in einer Urkunde festgehalten.

Prophet, Bezeichnung für eine Person, die sich von Gott berufen fühlt, um göttliche Botschaften zu verkünden.

Prozession (lat. procedere = vorrücken, voranschreiten), ist ein religiöses → Ritual, bei dem eine Menschengruppe einen nach bestimmten Regeln geordneten (meist religiösen) Umzug vollzieht. Im weltlichen Bereich würde man es als Festzug oder Trauerzug bezeichnen.

R

Reform (lat. re = zurück, formatio = Gestaltung), im politischen Bereich eine Umgestaltung der bestehenden politischen Ordnung. Im Mittelalter und der Frühen Neuzeit wurde darunter die Beseitigung von Missständen in Staat und Kirche verstanden.

Reichsacht, bei schweren Vergehen (z. B. Mord) konnten der König bzw. Kaiser oder ein von ihm beauftragter Richter den Täter ächten. Dieser war damit aus der Gemeinschaft ausgestoßen und im gesamten Reich vogelfrei. Jeder hatte das Recht, einen Geächteten zu töten. Er verlor sein Besitz, und wer ihn aufnahm, verfiel selbst der Reichsacht.

Reichsfürst, hoher Adliger im Mittelalter, der keinen Lehnsherrn zwischen sich und dem König hatte.

Reichsstadt, im Heiligen Römischen Reich (bis 1806) gab es Städte, die unmittelbar dem König bzw. dem Kaiser unterstanden. Diese Reichsstädte zahlten zwar Steuern und sollten die Politik des Herrschers unterstützen, die inneren Angelegenheiten konnte der Rat der Stadt jedoch selbst regeln.

Reichstag, im Mittelalter rief der deutsche König die Vertreter der Reichsstände (Reichsfürsten, Vertreter der Reichs- und Bischofsstädte) zu Hoftagen zusammen. Diese Versammlung wurde seit 1495 Reichstag genannt. Er beschäftigte sich mit Reichsgesetzen und -steuern, Entscheidungen über Krieg und Frieden und dem Heereswesen.

Reisekönigtum, die Könige und Kaiser der Franken und später der Deutschen besaßen keine feste Hauptstadt, sondern reisten mit ihrer Gefolgschaft durch ihr Herrschaftsgebiet. Regieren bedeutete, politische und rechtliche Entscheidungen vor Ort zu treffen. Auf ihren Reisen hielten sie sich oft in großen Klöstern oder den eigens dafür vorgesehenen Pfalzen auf.

Reliquie, siehe S. 91

Ritter, adlige Reiterkrieger. Als Gruppe entstanden sie in den Kriegen des 9./10. Jh. Seit dem 12. Jh. bildeten sie einen Stand mit eigenen Idealen wie Treue und Gefolgschaft. Ihr Niedergang begann im 14. Jh.

Ritual, ist eine nach vorgegebenen Regeln ablaufende, meist formelle und oft feierlich-festliche Handlung mit hohem Symbolgehalt (z. B. eine → Salbung und → Krönung eines Königs oder Kaisers).

Rolandstatue, Bezeichnung für Figuren, die in mittelalterlichen Städten an Rathäusern oder Marktplätzen aufgestellt wurden. Der Ritter mit Schwert und Schild ist ein Symbol für die städtische Eigenständigkeit im Spätmittelalter und den damit verbundenen Privilegien.

Romanik, europäischer Baustil im 9.–12. Jh. Kennzeichen romanischer Bauwerke sind die dicken, festungsartigen Mauern, Rundbögen und kleinen Fenster.

S

Salbung, war im Mittelalter eine symbolische Handlung der Übertragung und Legitimation politischer Macht an einen König oder Kaiser. Die Salbung wurde mit heiligem Öl durch den Papst durchgeführt.

Staatsreligion, bezeichnet das innerhalb eines Staates als einziges anerkanntes oder dominierendes Glaubensbekenntnis.

Städtebund → Hanse

Stadtrecht, siehe S. 107

Stände, gesellschaftliche Gruppen, die sich voneinander durch Herkunft, Beruf und eigene Rechte abgrenzen. Im Mittelalter unterschied man zwischen dem Stand der Geistlichen, des Adels und der Bauern. In der städtischen Gesellschaft kamen noch die Bürger hinzu.

Ständeordnung, im Mittelalter bestimmte die Geburt, zu welchem Stand ein Mensch gehörte. Seit dem 11. Jh. wurde die Gesellschaft nach der Dreiständelehre eingeteilt. Nicht erfasst wurden von dem Modell Frauen, Kinder oder die Juden. Berufe wie die des Totengräbers, Henkers, aber auch Gruppen wie Schausteller und Bettler zählten zu keinem Stand. Die Zugehörigkeit zu einem Stand bestimmte über die Rechte des Einzelnen, den Zugang zu Berufen und die Bildungsmöglichkeiten. Wichtigstes Merkmal einer ständischen Gesellschaft ist die große politische, soziale und rechtliche Ungleichheit zwischen den einzelnen Ständen.

Sunniten und Schiiten, siehe S. 21

T

Tanach, Bezeichnung für die Heilige Schrift der Juden. Er besteht aus drei Teilen: Thora, Nevi´im und Ketuvim. Der Ort des jüdischen Gottesdienstes und des Gebets ist die Synagoge.

Territorium/Territorialisierung, bezeichnet die Herausbildung von Landesherrschaft vom 11. bis zum 14. Jh.; damit einhergehend kommt es zum langfristigen Machtverlust des Königs. Der entstandene Flächenstaat (Territorium) wird von einem geistlichen oder weltlichen Fürsten regiert und von Beamten verwaltet.

U

Urgeschichte, Zeitraum vom Beginn der Menschheitsgeschichte bis ca. 3000 v. Chr. Für diesen Zeitraum gibt es keine schriftlichen Quellen.

V

Vasall (keltisch = Knecht), ein Lehnsmann, der von einem Lehnsherrn abhängig ist und für ihn Dienste leisten muss.

Völkerwanderung, Bezeichnung für eine Völkerbewegung, die ihre Ursache in Landmangel, Klimaverschlechterung oder Vertreibung durch andere Völker hat. Mit dem Begriff wird üblicherweise die germanische Völkerwanderung zwischen 300 und 500 n. Chr. benannt, die 375 n. Chr. mit dem Einfall der Hunnen in Europa ihren Höhepunkt hatte.

W

Westgoten, Bezeichnung für ein germanisches Volk, das sich seit dem 3. Jh. mehrfach in Konflikten mit dem Römischen Reich befand. Im Zuge der → Völkerwanderungen gründeten sie auf dem Boden des römischen Imperiums ein eigenes Reich. Das Reich der Westgoten befand sich im heutigen Spanien und Frankreich und endete 711.

Wormser Konkordat, Regelung der → Investitur (1122). Ein Bischof hat sowohl weltliche als auch geistliche Aufgaben: Er verwaltet den Besitz der Kirche und die Sakramente: Die weltlichen Herrschaftsrechte verleiht ihm der König, die geistlichen Aufgaben werden ihm von der Kirche übertragen.

Z

Zehnt, war eine regelmäßige Abgabe an die Kirche, die ursprünglich ein Zehntel des landwirtschaftlichen Ertrags (Getreide, Vieh, Gemüse, Früchte, Wein) betrug. Der Zehnt wurde zwischen dem Bischof, dem Pfarrer und der Armenfürsorge aufgeteilt und außerdem für den Kirchenbau verwendet.

Zisterne, Auffangbecken für Wasser

Zünfte, siehe S. 122

Register

Die mit einem * versehenen Begriffe werden im Lexikon näher erklärt.

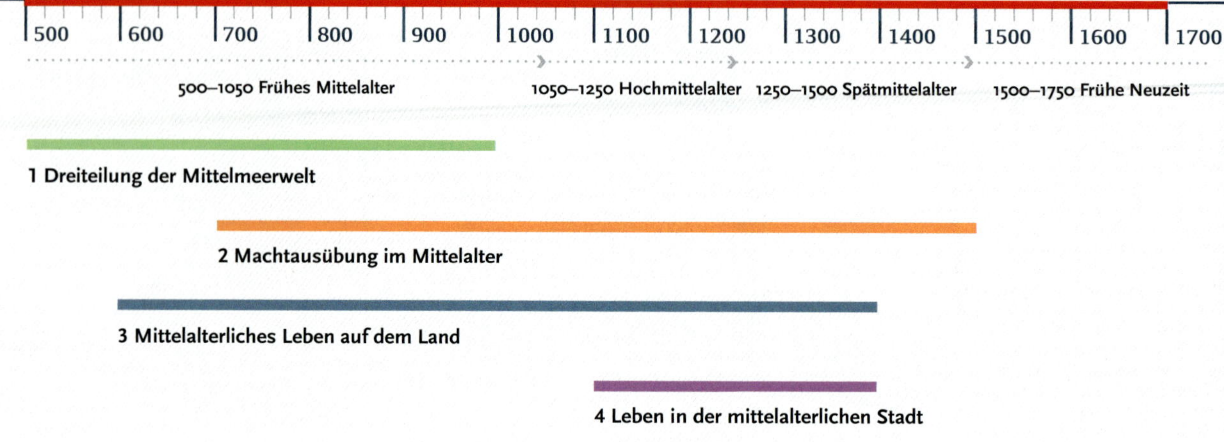

Chronologische Übersicht

Um die Geschichte zu ordnen, haben Historiker die Vergangenheit in große Zeitabschnitte – **Epochen** genannt – eingeteilt. Aus der Sicht der Europäer hat sich die Einteilung in die drei großen Epochen **Antike, Mittelalter** und **Neuzeit** durchgesetzt; außereuropäische Kulturen, z. B. die Chinesen, teilen die Vergangenheit aus der Sicht ihrer Geschichte anders ein. In diesem Band deines Geschichtsbuchs wird das **Mittelalter** behandelt. Der Zeitraum von über 1000 Jahren wird dabei zur besseren zeitlichen Orientierung noch einmal in Unterabschnitte (Frühes Mittelalter, Hochmittelalter und Spätmittelalter) unterteilt.

1 Dreiteilung der Mittelmeerwelt

395	Teilung des Römischen Reichs in ein Ost- und Westreich
476	Ende des Weströmischen Reichs
6. Jh.	Blütezeit des Byzantinischen Reichs
7./8. Jh.	Ausbreitung des Islam
8.-10. Jh.	Friedliches Zusammenleben von Christen, Juden und Muslime in Al-Andalus
800	Kaiserkrönung Karls des Großen

2 Machtausübung im Mittelalter

9. Jh.	Zerfall des Frankenreichs
936	Otto I. wird König
955	Sieg Ottos I. über die Ungarn
962	Kaiserkrönung Ottos I.
962-1806	Heiliges Römisches Reich (ab 15. Jh. Zusatz: Deutscher Nation)
1076	Investiturstreit
1122	Wormser Konkordat
1356	Goldene Bulle

3 Mittelalterliches Leben auf dem Land

6./7. Jh.	Europa wird christlich; zahlreiche Klostergründungen
7.-9. Jh.	Entstehung von Lehnswesen und Grundherrschaft
8.-10. Jh.	technische Neuerungen in der Landwirtschaft
seit 1100	Burgenbau und Dreifelderwirtschaft in Europa
14. Jh.	Zerfall des Rittertums

4 Leben in der mittelalterlichen Stadt

um 1100	Anstieg der Bevölkerung und Beginn der Städtegründungen
ab 1100	Handwerker schließen sich zu Zünften zusammen
1358	Gründung der Hanse
14. Jh.	Zunftkämpfte

Europa um 1000
0 100 200 300 km
Reichsgrenze unter Otto d. Gr. (†973)
Reichsgrenze unter Konrad II. (†1039)
Samos Themen des Byzantinischen Reiches
1. Bulgarisches Reich Mitte des 10 Jh.
Poln. Reich unter Boleslaw Chobry (†1025)
Reich Knuts d. Gr. (†1035) in blauer Schrift (z.B. KGR. ENGLAND)
Wikinger in Irland und Schottland
Hzm. Normandie (seit 911)
Reich Wilhelms d. Eroberers um 1087
Normannische Staaten in Unteritalien
KGR. SCHOTTLAND
KGR. ENGLAND
KGR. SCHWEDEN
KGR. DÄNEMARK
Nordsee
Ostsee
Atlantischer Ozean
FRANKREICH
KGR. ITALIEN
Böhmen
POLEN
KGR. UNGARN
KIEWER REICH
BULGARIEN
BYZANTINISCHES REICH
Schwarzes Meer
Mittelmeer
LEÓN
OMAIJADEN-KALIFAT V. CÓRDOBA
REICH DER ZEIRIDEN 972–1057 unter dem Fatimiden-Kalifat
REICH DER HAMDANIDEN 929–1003
SYRIEN 969/1004 an
Chazaren
Petschenegen
Mordwinen

Europa heute
500 km
Alb. = Albanien
And. = Andorra
BH. = Bosnien und Herzegowina
K. = Kosovo (zzt. nur von 62 Staaten anerkannt)
Li. = Liechtenstein
Lib. = Libanon
Lux. = Luxemburg
Mc. = Monaco
Mol. = Moldawien
Mt. = Montenegro
Mz. = Mazedonien
Slw. = Slowenien
SM. = San Marino
Europäisches Nordmeer
Barentssee
Atlantischer Ozean
Nordsee
Ostsee
Mittelmeer
Schwarzes Meer
Kaspisches Meer
Aralsee
Island
Reykjavík
Färöer-Inseln
Irland
Dublin
Großbritannien
London
Norwegen
Oslo
Schweden
Stockholm
Finnland
Helsinki
Estland
Tallin
Lettland
Riga
Litauen
Wilna
Russland
Moskau
Dänemark
Kopenhagen
Niederlande
Amsterdam
Belgien
Brüssel
Lux.
Deutschland
Berlin
Polen
Warschau
Weißrussland
Minsk
Ukraine
Kiew
Mol.
Chisinau
Rumänien
Bukarest
Bulgarien
Sofia
Frankreich
Paris
Schweiz
Bern
Li.
Österreich
Wien
Tschechien
Prag
Slowakei
Bratislava
Ungarn
Budapest
Slw.
Kroatien
BH.
Sarajevo
Serbien
Belgrad
K.
Mt.
Mz.
Alb.
Tirana
Griechenland
Athen
Kreta
Türkei
Ankara
Zypern
Nikosia
Lib.
Syrien
Irak
Iran
Georgien
Armenien
Aserbaidschan
Kasachstan
Usbekistan
Turkmenistan
Italien
Rom
SM.
Mc.
Malta
Sizilien
Korsika
Sardinien
Balearen
Spanien
Madrid
And.
Portugal
Lissabon
Marokko
Algerien
Tunesien
Ob
Ural
Wolga
Don
Dnjepr
Donau
Elbe
Oder
Rhein
Po
Loire
Tajo
Tigris
Euphrat
Bosporus

Exkursionsziele in Sachsen-Anhalt

Bildquellen

Abbildungsverzeichnis

Cover: Graham Horne/Corbis; 6–9 MINIATURSEITEN; **Auftakt 10** bpk/British Library Board/Robana; **13 M2** bpk/BnF, Dist. RMN-GP; **13 M3, 40** Bridgeman Art Library Ltd. Berlin; 13 M4 akg-images/Roland and Sabrina Michaud; 14 M1, 40 picture alliance/Artcolor; **16 M1** bpk | Scala; **17 M2** INTERFOTO/SuperStock/Fine Art Images; **18 M1, 40** Fotolia/ayazad 5087653; **19 M2** bpk/BnF, Dist. RMN-GP; **19 M3** Interfoto/PHOTOAISA; **22 M1** mauritius images/Prisma; **23 M2** akg-images/Herve Champollion; **25 M2** Science Museum/SSPL/Süddeutsche Zeitung Photo; **25 M4** IAM/akg-images; **25 M5** INTERFOTO/Granger, NYC **27 M1** bpk | Scala; **28 M1** akg-images; **30 M1** Württembergische Landesbibliothek, Stuttgart; **31 M2** RLMB/H. Lilienthal; **32 M1** akg-images; **34 M1, 3, 41** Interfoto/Alinari; **35 M2** picture alliance/dpa; **36 un.** akg-images; **37 M3** bpk/Staatliche Museen zu Berlin, Preußischer Kulturbesitz, Münzkabinett; **37 M4** Staatliche Museen zu Berlin – Preußischer Kulturbesitz, Münzkabinett/klug h; **39 M3** bpk/Staatsbibliothek zu Berlin; **42 M1** FOTOFINDER/Art Archive/images.de; **42 M2** Bridgeman Art Library; **42 M3** Interfoto/PHOTOAISA; **Auftakt 44** Biblioteca Apostolica Vaticana, Roma; **47 M2** akg-images; **47 M3** akg-images; **47 M4** bpk/Hermann Buresch; **49 M2** akg-images/Mondadori Portfolio; **50** ob. action press; **53 M3** Michael Schlotterbeck/Kaiserpfalz Ingelheim; **53 M2** Archimedix GbR, H. Grewe/Kaiserpfalz Ingelheim; **53 M4** INTERFOTO/Bildarchiv Hansmann; **54 M1, 3** bpk/Alfredo Dagli Orti; **55 M2, 63** akg-images; **56 M1, 63** Herzog August Bibliothek Wolfenbüttel: Cod. Guelf. 3.1 Aug. 2°, fol. 10R; **57 re.** cultureimages/Photo12 a; **57 li.** imago/Leemage; **58 M1** Biblioteca Apostolica Vaticana, Roma; **60 M1** bpk; **61 M4, 63** INTERFOTO/Jersicky; **64 M1** INTERFOTO/Granger, NYC; **Auftakt 66** Institut für Realienkunde, Krems; **68 M1** akg-images; **69 M2** bpk; **69 M3** akg-images; **69 M4** action press/CommonLensaction press; **71 M2, 4, 98** akg-images/British Library; **71 M3** akg-images; **72 M1** The Pierpont Morgan Library, 2016, Scala; **73 M3** bpk/RMN - Grand Palais/René-Gabriel Ojéda; **73 M4,1–3** INTERFOTO/Karl-Heinz Hänel; **73 M4,4** mauritius images/imageBROKER/Moritz Wolf; **74 M1, 99** bpk/Hermann Buresch; **77 M2** akg-images; **78 M1** akg-images; **80 M1** akg-images; **82 M1** bpk; **82 M2** li. akg-images; 82 M2 re. akg-images; **85 M2** action press/TRAXaction press; **86 M1** INTERFOTO/Bildarchiv Hansmann; **89 M3** INTERFOTO/Lebrecht Music Collection; **89 M4, 99** akg-images; **90** M1 INTERFOTO/Christian Bäck; **91 M2** SuperStock/Fine Art Images; **92 M1** action press/action press; **94 M1, 98** mauritius images/United Archives; **95 M3** bridgemanimages.com; 97 M3 Campus Galli, „karolingische Klosterstadt e.V.", Meßkirch; **100 M2** bpk; **101 M3** bridgemanimages.com; **101 M4** akg-images; **Auftakt 102** akg-images; **105 M3** akg-images; **105 M4** Your_Photo_Today/Frank Ihlow; **106 M1** akg-images; **106 M2** picture alliance/Luisa Ricciar; **107 M4, 131** Stadt Freiburg i. Br., Stadtarchiv, Freiburg; **108 M1, 4** SZ Photo/Uwe Gerig; **109 M2** picture alliance/Klaus Nowottn; **109 M3** F1online; **109 M4** mauritius images/Alamy/Michel und Gabrielle Therin-Weise; **109 M5** mauritius/Alamy/Bildarchiv Monheim GmbH; **110 M1** bridgemanimages.com; **112 M1** mauritius/Alamy/Julie g Woodhouse; **113 M3** akg-images; **113 M4** akg-images/Bildarchiv Monheim; **114 M1, 131** The Bridgeman Art Library/Giraudon; **115 M2** bridgemanart.com; **115 M3** The Bridgeman Art Library; **116 M1** INTERFOTO/Sammlung Rauch; **118 M1** Schapowalow/Reinhard Schmid; **119 M2** akg-images; **120 M1** INTERFOTO/A. Koch; **121 M2** akg-images/Jérôme da Cunha; **122 M1** Cornelsen/Peter Wirtz, Dormagen; **123 M3,1** mauritius images/Rene Mattes, **123 M3,2** Fotolia/ Marco Desscouleurs 22822339; **123 M3,3** akg-images/Hedda Eid; **123 M3,4** Shutterstock/Gyuszko-Photo; **124 M1** Melanie Schmitt; Vantaa/Finland; **126 M1** Archiv der Hansestadt Lübeck; **127 M4** akg-images; **128 M1, ob. li.** Fotolia/absolutimages; **128 M1 un. li.** Topkapi Palace Museum, Istanbul; **128 M1, re.** The Bridgeman Art Library/Giraudon; **129 M2** picture alliance/dpa; **130 M1** Topkapi Palace Museum, Istanbul; **132 M2** bridgemanimages.com; **Auftakt 134** action press/TRAX; **136 M1** picture-alliance/ZB; **137 M2** picture-alliance/ZB; **137 M3** picture-alliance/ZB; **137 M4** picture-alliance/ZB; **138 M1 100** pro imago life; **140 M1** Cornelsen/Stefan Weißhampel, Halle; **140 M2, 5** Cornelsen/Stefan Weißhampel, Halle; **142 M1** ddp images/Jens Schlüter; **143 M3** akg-images/euroluftbild.de; **144 M1, 5** action press/TRAX; **145 M2** picture alliance/Beate Schleep; **145 M4** akg-images/Schütze/Rodemann; **147 M1** action press/SOUTH WEST NEWS SERVICE LTD; **149 M1** akg-images.

Grafiken/Karten/Illustrationen:
Cornelsen/Carlos Borrell Eiköter: Umschlagkarte, 12 M1, 15 M2, 20 M1, 33 M2, 35 M4, 38 M1, 46 M1, 48 M1, 52 M1, 62 M5, 76 M1, 104 M2, 110 M2, 127 M3, 141 M3, 173, 174, 175; **Cornelsen/Elisabeth Galas, Peter Herlitze, Thomas Binder:** 81 M3; **Cornelsen/Elisabeth Galas:** 79 M2, 93 M3; **Cornelsen/Markus Kluger:** 70 M1, 75 M3, 75 M4, 104 M1, 130 M2, 145 M3; **Cornelsen/Elisabeth Galas, Gabriele Heinisch:** 75 M2; **Cornelsen/Thomas Binder:** 96 M1; **Cornelsen/Michael Teßmer:** 113 M2; **Cornelsen/Hans Wunderlich, Berlin:** 84 M1.